U0907393

人间事
都付与流风

我的祖父周立波（上）

周仰之 著

团结出版社

图书在版编目（C I P）数据

人间事都付与流风——我的祖父周立波 / 周仰之著. -- 北京 : 团结出版社, 2015.1（2021.8 重印）
ISBN 978-7-5126-3309-4

Ⅰ. ①人… Ⅱ. ①周… Ⅲ. ①周立波（1908～1979）一传记 Ⅳ. ①K827.6

中国版本图书馆 CIP 数据核字(2014)第 276193 号

出　版：团结出版社
（北京市东城区东皇城根南街 84 号　邮编：100006）
电　话：（010）65228880　65244790（出版社）
（010）65238766　85113874　65133603（发行部）
（010）65133603（邮购）
网　址：http://www.tjpress.com
E-mail：zb65244790@vip.163.com
tjcbsfxb@163.com（发行部邮购）
经　销：全国新华书店
印　装：天津盛辉印刷有限公司

开　本：170mm×240mm　16 开
印　张：18
字　数：252 千字
版　次：2015 年 1 月　第 1 版
印　次：2021 年 8 月　第 2 次印刷

书　号：978-7-5126-3309-4
定　价：48.00 元

目录

CONTENTS

引　子

1

1973年的秋天，我十三岁，个子已经和成年人一样高了，虽然一副天真烂漫胸无城府的样子，心智倒比实际的年龄要成熟。祖父周立波六十五岁，他是中国人中少有的高个子，有点瘦，腰背挺拔，衣着整洁，说话做事从容不迫。

在长沙岳麓山后山财经学院空旷的校园里，常常可以看到我们一老一小在散步，边走边谈。我们固定每天散步三次，早餐前，午餐和晚餐后。那时空气很好，气候十分宜人。在我们散步的那条笔直的林荫道上，常有健康的年轻军人骑马从后面追上我们。

在"文革"后期，财院好像没有什么学生，这里不久前应该还是热闹的五七干校。祖父从监狱放出来到了这里，但当时五七干校已近尾声，大部分的人已经到农村插队或回原单位工作了。我们住在作为五七干校的原教学大楼里，完全没有人来管我们，只有另外两家邻居。两家的男主人据说都是造反派，现在失势了，住在五七干校里等待分配。

祖父在"文革"中被关了好几年。一九七二、七三年政策稍稍松动，专政机关计划逐步恢复他的自由，曾经试着让他住医院，出院后就可以直接回家了。但祖父是性情中人，极爱说话，也容易和别人交朋友。他在住院的时候和病友说得太多了，就又被关了回去。我还记得父亲知道此事后铁青的脸，事后他当面数落祖父，祖父怪不好意思地听着。

这一回由五七干校过渡到恢复自由是祖父的另一次机会，父母不敢再大意，特让我这个初中生休学陪伴爷爷。所谓陪伴，主要是陪他说话。我不可能去告状，又满足了祖父说话的欲望，爸妈的这一计不可谓不高。

2

我带着我的功课搬进了五七干校，和爷爷合住在一间大教室里，中间拉一帘子，晚上睡在床上还在不停和爷爷聊天。我也是极爱说话的人，恨不得把我十三岁的人生点点滴滴都告诉爷爷。往往要等到爷爷说：好了，明天再说吧，我们的谈话才停止。我爱说话但并不似祖父般有教无类谁都能交心，我还是对人，对环境比较敏感的，有些人甚至认为我是沉默寡言的人。但我在爷爷面前话多，一是认为他有兴致，二是比较对他放心——我虽不怕专政机关，但有些小女孩的秘密，父母朋友知道了也是不妥。

楼下有一食堂，除了我们五七干校的三家去吃饭外，旁边还有一个侦察连或排在这个食堂进餐。但总的来说，食堂空空的，和整个校园一样。我们除了一日三餐在食堂吃外，还用一个小煤油炉煮一些营养品，像鸡蛋牛奶什么的。爷爷的烹调技术一般，对美食没有追求，整个饮食好像全是营养方面的考虑。我生长在物质生活极为贫乏的年代，觉得和爷爷在一起吃得好得不得了，人都长胖了。

那一支小部队在我们楼下的操场训练不休，祖父和我根据他们训练项目的繁复程度认定他们是侦察兵，也就是今天所说的特种兵，由此引发祖父说了好多他心爱的军人的故事给我听。祖父刚由军人看守着被关了好几年，对他们倒是一点成见也没有。他对军人，尤其是体力和智力俱佳的优秀军人总是欣赏不已，要是他能活到今天，一定是个体育追星族。

在食堂吃饭，军人也排在我们前面。看见他们列队进食堂我们就开始

1973 年，祖父刚从监狱出来，全家一起游玩，偶遇有相机的朋友，留下了这张照片。父母人逢喜事精神爽，但当时经济拮据，我这个花样少女也不得不穿着过短的土气衣裤，发型可笑的祖父和弟弟是一对老顽童、小顽童，其时我们老小常常想出些新点子疯玩，让父母操心不已。

清点饭菜票，还没等我们下楼，他们就出来了。这让当时的我惊讶不已，爷爷就告诉我说军人吃饭应该在五分钟内解决。我们和这支小部队同住了这么久，祖父和我常常议论他们，赞赏他们的朝气，估计他们对我们祖孙俩也有所关注，但我们从来没有过交谈、接触。那年头的人处世还是相当谨慎的。

我离开了父母、弟弟、朋友、学校，和祖父单独住在一起。没有电视、收音机和书籍，除了父亲隔几天来一次，我们过的几乎是与世隔绝的生活。奇怪的是我一点也不觉得生活枯燥，反而每天都过得很充实。可见与有智慧的师长在一起或有一个高明的谈话对手是人生一件多么宝贵的机遇，它会极大地丰富你的精神世界。现在看武侠书，常有少年英雄跟前辈高人在荒僻山中学艺的片段，我想这也不是完全没有可能性的。

3

我们每天从睁眼开始到睡着结束绵绵不断的交谈，内容主要有以下几个方面：

一是我的人生、前途。除了我本人的汇报之外，祖父也积极地为我设计未来。他的想法很多，但又不敢做主。等到我父亲来了，祖父就慎重地提出几个方案供他拿主意。父亲稍一凝神就果断地说：那就让小红将来当翻译家吧。祖父马上点头称是，并开始讨论起他能够提供的帮助。那天夜里送走了父亲，祖父兴奋地在房子里搓着手走来走去，一再说：今天解决了一个大问题，把你的前途大事决定下来了。

祖父是个待人接物不亢不卑的人，对我这个小屁孩和握有他生杀大权的专案组人员，他的态度都是一样的。只有对一个人他的态度是谦卑的，看其眼色的，那就是他的大儿子，我的父亲。我父亲个性随和，不拘小节。任何人包括老婆、孩子、学生、下属都可以顶撞他，而他多半是一笑置之，知错不改。他不算是细致负责任的人，可供抱怨之处甚多，我们对他说的话，十句倒有九句嗤之以鼻或不放在心上。唯独在他父亲——我祖父的面前，他扮演一个沉稳、负责、一言九鼎的角色。少年的我观察到了这个不同，但搞不清楚为什么。直到今天人到中年，经历了不少的人和事，我才算是明白了他们父子间的恩怨和态度的微妙处，让人忍不住发出一声叹息。

说到观察，我们祖孙间第二个重要话题就是文学。别小看了我十三岁的年纪，又生长在“文革”那种无书的年代，我费尽心思，瞒过包括父母在内的所有人，读了不少的书。祖父和我二人就品评起各类作品来。祖父为人谦虚低调，但说到他本行文学时就相当骄傲了，能让他看得上眼的作品不多，很有点批判地继承精神。我那时能找到书看就是幸福，对书的要求非常之低，对我来说只要有通篇的字的就算好书。我曾经津津有味地读过字典、批判材料、妈妈的语文备课本及妈妈班上学生们通或不通的作文。在没有书看的时候，我也可以反复阅读像《胶东人民革命斗争故事》之类的书，每每被祖父大胆的批评惊得合不拢嘴。

托尔斯泰的《安娜·卡列尼娜》，我们俩一致认为是好书，全票通过。

托老的另一大作《战争与和平》，孙女不好意思地说："好难看明白，特别是前面部分，我老是要回去找谁是谁。"祖父批评道："这就不妥了，开场一下子人物、线条太多就是败笔。"孙女大悟：让读者看明白并有阅读的愉快原来是作者的工作和责任啊！从此我不再为看不懂某书而内疚。

关于《红楼梦》，祖父说："曹雪芹的诗词写得一般，写得好一点的都给了黛玉。"微微一笑后他又有点不好意思地说："我的诗也写得不好。"孙女这回没那么吃惊了，再说爷爷也作了自我批评，不过我还是要为曹辩解一句："凡是字(不是诗词)的地方都好看。"爷爷点头："那是自然。"至今孙女看《红楼梦》无数遍，还是见到诗词就跳开，可见"中毒"已深。

说起正当红的浩然的作品，孙女眉飞色舞。那是当年唯一可以光明正大有头有尾看的书，还能不读个痛快？！爷爷微笑不语，没有评价。

偶尔放电影，我们提前一个小时就到了电影院，坐在最理想的中间靠前的位置。好长的时间剧场里只有我们二人，两人不停地说话，交换看法。看完后我兴奋得不得了，只是说不出其中的好来。祖父就总结说："还不错，写了一个人物，写他的成长过程，结局是高潮。"—— 是一部朝鲜电影，名字不记得了。

还有实战训练。看见一帮人在一起谈天，祖父就问：能说出他们是什么人，干什么的，彼此什么关系吗？我要是答不上来祖父就自问自答。偶尔我也壮着胆子上去问问，倒是八九不离十。

看见生性活泼言语诙谐的人——这种人湖南农村很多，祖父就兴奋莫名，必要追过去听，并仔细打量说话的人。他总是自言自语地说：真是小说人物、小说人物。祖父书中的语言以跳脱、风趣见长，我至今选看电视剧也是这一套标准，常向女友介绍：“这部韩剧不错，男主角没有哭。”祖孙二人都不喜自艾自怨的人，愿意亲近乐观有趣的人。

看到树他也要考一考孙女：“怎么描写这棵树？”我就开始嘀咕：树就是树，有什么好说的？学会了“批判继承”的孙女，碰到难题就开始腹诽爷爷书中那些华丽的景观描写，似有卖弄文采之嫌。那时的我隐隐觉得文字浅白让人容易亲近，道理明白能打动人心的应是文章的极品。

祖父应该是不会满足只和我一个人交流的，他丰富活跃的头脑需要各种养分和刺激。但到今天我都认为当年早熟的我还是给祖父带来了很多安慰和欣喜。那时候祖父时不时地拥抱我说：“我好喜欢你！”虽然是一种完全陌生的礼节，还是让我感受到了祖父温暖的爱意。

第三个主要活动是每天上午的学习。我带了学校的课本来，每天上午霸占了那唯一的书桌像模像样地做两三个小时的功课。祖父在一边看报，并自告奋勇地指导我的英文学习。他看了几遍我们简单的课本就全背下来了，一边踱步一边教我念。这是我们一个学期的功课呢，我要读好久才能记住，还很快就忘记了。我得承认我不如祖父聪明，我的英文是到美国后才好起来的，祖父竟可以靠自学笔译和口译，这世上还真有天才。

偶尔和那两家造反派也有来往。冬天的晚上围炉夜谈，谈什么呢？祖父出一个题目，说这家有多少人，几亩地，有没有雇工等等，让我们猜他应该算富农或中农什么的。大家猜的结果，我对的时候多。我现在认为：第一，我的逻辑思维能力还行；第二，土改的目的和后果不是此文能够探讨的，但当时土改政策还真是有逻辑思维的人弄出来的，以致我们能把它作为智力游戏正向推理又反向论证。第三，祖父是和人交往的高手，任何环境下，和任何背景的人，他都能找到可以交谈的切入点，这就是所谓文学家的特质吧。

我每天还拉一会儿小提琴。练习时，祖父平静地在房间里散步。之后对我的评价是声音像门锯子，又用手示范乡下的大门开关的时候怎么发出难听的声音。造反派之一也会拉小提琴，声音似乎比我的演奏悦耳，但有一怪癖，琴头必须靠在门上或别的有支撑的地方。祖父品评道：琴若要这样才能拉，应该算业余的。

周末我们走路回七中我父母家，要走好久好久。祖父总是显摆他身高力大走得快的能力，让我紧赶慢赶好不狼狈。

说到周末，我还设计了祖父一把。其时我祖母姚芷青常来我家帮忙家务，每次祖父来了她就回避。那天我知道祖母还在，就一路和祖父赶回家。祖父好胜，不知有计，和我比赛着你追我赶比平时早到了好多。当我们满头大汗从厨房进门时，劈头就碰见了还在忙碌的祖母。两人多年没见了，在完全没有准备的情况下火星撞上了地球。我这个“导演”目不转睛地观察二人的动向。只见祖母从容不迫地在围裙上擦了擦手，就主动和祖父握手。两人开始亲切而得体地互致问候，闲话家常。祖母和祖父同龄，但显得比他苍老，脸色灰暗。祖父虽然刚坐过好几年牢，但是脸色红润，腰板笔挺，看起来精神比祖母好。祖母一直主导着谈话，没过多久她就在再道珍重之后庄严地告退了。

事后，深沉的祖母对此次会见不置一词。祖父倒是兴奋得很，在此后的一个星期里，不停地夸我有心计，说：看过三国的孩子到底不一样。看得出来祖父确实开心，但仅仅是因为有个聪明的孙女吗？平

祖母芷青和我——灰暗年代里留下的印记。

时口没遮拦的祖父这次并没有说出别的感想，十三岁的我又在期待什么呢？

当时我们学校有个貌美又聪明的女生，是学校的风头人物。谁知她看上了同班一位爱好体育的帅气男生，写了好多文辞优美、缠绵动人的情书给他。大大咧咧的男孩传给同伴看，信又传到了老师手里。那年头中学生不许谈恋爱，老师当然处理了那女孩，她就从此消沉了下来。事后女老师们在我家传看那些信件，一致同情那位女生，议论说：信写得极好，但早了若干年，男生比女生晚熟，懵懂的体育健将还看不懂这些信，可惜了女孩子的一片深情。祖父母的会见和那聪明女孩做的傻事一起清楚地留在了我十三岁少女的记忆里。

以上种种，都只能占用到我们时间的一小部分，大部分的时间里，祖父都在讲述他的漫长而充满了传奇的一生。想到哪，讲到哪，前后并不连贯，但还是让我觉得比我看过的书都生动有趣。好奇的我连连发问，爱说话的祖父更是滔滔不绝地说了个痛快。到今天我也觉得祖父的一生和他周围发生的故事比他留下来的三百万字的文学作品更丰富更值得回味。可惜祖母是个不爱说话的人，我虽然跟着她长大，她告诉我的故事并不多，但我还是努力地寻找她生活的印记，希望把她的故事也记下来，因为像她这样的女子不会也不应该再存在了。

第一章
美丽的益阳

1

益阳离省城长沙九十公里，山清水秀。所谓“三湘四水”中的湘、资、沅、澧中的资江就流经益阳。旧时运输多靠水，这近水的地方就富裕、发达，所以自古就有“金湘潭，银益阳”之称。在十九世纪末，益阳人见多识广，爱干净整洁，收入来源多样化，日子过得很不差。益阳经济发 达，文风也盛。唐代刘禹锡曰：“潇湘间无土山，无浊水，人秉是气，往往清慧而文。”赞的就是益阳和益阳人。

一条麻石地的官道途经益阳到桃江、安化，官道上独轮车日日吱吱地响个不停。应运而生的小镇邓石桥就位于官道旁。邓石桥有三五家小客店，一家小吃店，一家包子铺，两家米铺，满足了夜宿邓石桥的行旅要求，也是附近人家的集市。

清溪村离邓石桥三华里，所谓抬脚就到的地方，有一户周姓人家，那时的日子过得还不赖，有一百多亩水田，有几座种了梧桐树和茶树的山丘。梧桐树出桐油，茶树出茶油，都可以卖得很好。桐油既可点灯又能油家具，茶油主要是食用。益阳人脑子活，周家老爷垂绅又在益阳市开了米铺，在邓石桥也有一座碾子房，自用之外也能带来收入。收入多样化之外，子女也不少，周老爷有五个儿子和数字持续增长的女儿。精明的周家老爷让长子学文化，考科举，其余四子就做劳动力了。周家老爷精明能干，但也有他算计不到的时候，其时有几件他控制不了的事让他的家道走了下坡。

第一是八国联军一战，中国战败后，天文数字的庚子赔款大大增加了农民的赋税。

第二是跟着国际贸易开放而来的洋油，价格便宜，点灯又明亮。桐油作为照明之油的用途就消失了。虽说洋油燃烧时发出的气味有毒，但当时人们的环保意识比较差，这个致命的弱点就被忽略不计了。无奈的周老爷只好把满山的梧桐树砍掉种上竹子。

第三是源源不断而来的女儿、孙女儿也让没有计划生育措施帮忙的周家老爷烦心。有点地位的他每次嫁女儿或孙女儿陪嫁都不少，久而久之也影响到了家计。无奈的他有一年出了下策，仿照当时穷人的办法把刚出生的小女儿放在箩筐里送到一家富裕人家的门口，放了一挂鞭子就溜之大吉，女孩子算是送给人家抚养了。一般的富户得了这样的财喜也就不得不收下，算是为社会作贡献。谁知箩筐上“周记堂号”的字样暴露了女婴的来处，那富户就依样画葫芦的把女婴送回周家大门口，也放了一挂鞭子扬长而去。周家老爷的“赔钱货”没有送出去反失了面子，真是糗大了。此事在乡间流传了上百年，成了大家茶余饭后的笑资，周家老爷也无可奈何。

周老爷儿孙众多，家事繁复心事重，年纪不大身体就走了下坡路。那时的人不知道体育锻炼，身体一弱，家里又有点条件就越发不动了，四十岁以后周老爷去三里外的邓石桥和再远一点的益阳市视察生意都要儿子们抬上轿子送他去，五十岁刚出头，他就去世了。

2

周家大儿子周仙悌肩负家族的期望刻苦读书，谁知一考再考也没有考上秀才。他自己总结经验教训是，因为字写得不好，所以留下家训：字是敲门砖。流传到我这个曾孙都练了好几年毛笔字。奇就奇在周家一脉相传字都不好看，却对写字写得好的人钦佩莫名。周仙悌弃文从武想考武秀才，练了一阵子也不得要领，只落下了相公之名。那时对读过书又没有考上任何功名的人都称相公，比如今称重考生或学不成归国人员要客气得多。

读过书又没有考上功名的人可以做幕僚，就是参谋的意思。周相公去湘西做了几年幕僚，见了世面。除此之外，周相公耕读之余就教小学生度日。

耕读传家，教书育人是几千年来中国在野知识分子理想的生活模式。周相公的生活方式决定了他在今后的时代变迁过程中始终保持自信而通达明理的思想和行为。

民国推翻了以字取人的大清国，周相公欢欣鼓舞迎接新时代的到来。有新思想但字写得不好的周相公去了县城，当县教育科科长。据说有胆有识的周相公还是益阳县几个首义的乡绅之一，如果当时民国没有成功，那可是要砍脑袋的举动呢。

几年后没了皇帝的中国兴起党争，出生乡野、心存高贵的周相公抱定了无党无派的宗旨，当然不受欢迎。他把科长的位置让给某党党员之后，就回乡当了小学校长。这一当就当了一辈子，直到战乱不已的20世纪三十年代，七十三岁的周相公仙悌死在小学校长的位置上，没有享过他最看重的小儿子的福。

周相公仙悌，清瘦而心事重重。

当时还有另一位首义的乡绅，姓林，为此周、林二家成了世家。周相公回乡之后，林家留在了益阳县城，两家的儿孙在以后的岁月里有极紧密的联系，这是后话。

3

周相公的县城公务员生涯为他带来了一位刘姓填房太太。周相公一辈子的遗憾就是没有考上秀才，刘姓太太可是秀才之女，颧骨高高，精明能干爱面子，为周相公生下了一子二女。这一子就是后来大有文名，被人戏称为文曲星下凡的我祖父周立波。

刘姓太太生下她唯一的儿子，周相公的第三子时，据说梦见了一只凤凰落在梧桐树上，所以给孩子起名叫凤悟，又名绍仪。

生儿子梦见什么兆头是中国的传统，凡是儿子以后有点什么名堂的母亲必有兆头告诉大家。但以我对这位老人家的了解，倒倾向于相信此兆。刘姓太太即我的太祖母刘昭珍可以说是一位没有拿执照、不收费的铁口直断预言家。此处我列几条她老人家的语录，让大家相信我所言非虚。

比方小我一岁的妹妹在生下来时就死了，我妈妈当然很伤心。刘姓太太斩钉截铁地告诉她不必伤心，你马上就会有一个儿子，还会是个很争气的儿子。我妈妈真的在第二年生下了我弟弟，如今是个年轻有为的经济学家，果然很争气。

再比方她老人家在我祖父声名如日中天，在经济上如散财童子般照顾众亲友时，一直告诉亲友们，我祖父将会落难而至没有水喝，她反复请求大家一定要送水给他喝。大家只当她老了说昏话，谁知几年后我那赫赫有名的祖父果然被抓到汽车上游街，有一天游到刘老太太原住所附近还真的是渴不可当，而住在附近的众亲友那天谁也没有在场，真的没有人为他送水。

更可怕的是老得迷迷糊糊的她有一天竟指着刘少奇的大幅相片说："这个人以后会死得很惨，死得很惨啊。"吓得众亲友恨不能捂住她老人家的嘴，须知当时是公元1962年，刘少奇正是堂堂的中国国家主席，每个中国人家里都有他和毛泽东主席并列的大幅彩照，离他1967年的惨死还有五年之久。

刘姓太太好好地享了几年小儿子的福，1962年85岁才过世，葬礼从长沙延伸到益阳，来送葬的官员、艺术家、亲友黑压压的一眼望不到头，据说有一里路长。她那有名的儿子认为场面太大，发了脾气，葬礼才没有被操办得更为宏大。依照旧时风俗，葬礼在由她的儿子出钱，由她的长孙也就是我的父亲主持下请乡亲们吃了一顿肉做收。这在经济困难的1962年算是大手笔，让很久不知肉味的乡亲们念叨了很多年。那时离她儿子开始倒大霉的1966年不过四年之遥，她算是一个有福气的老太太。

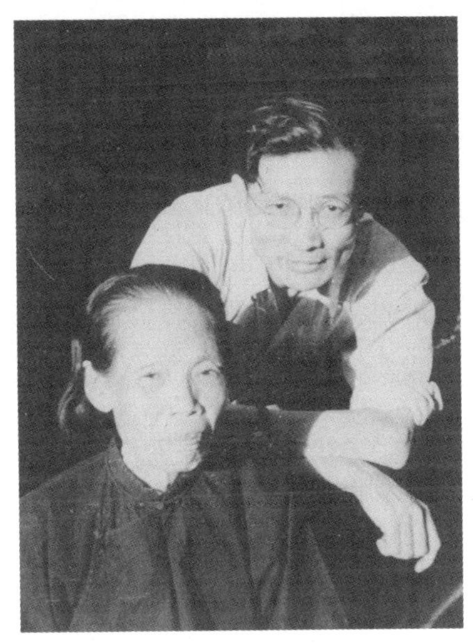

刘姓太太昭珍和儿子立波20世纪50年代的合影，俩人意态轻松。

我的家乡当时另有一位收费的预言家，人称“算命瞎子”的张子华先生，也为年少时的绍仪摸过骨。他断言：此人一生不缺钱，但留不住钱——此言不虚。若干年后，他又为绍仪的儿子也即我的父亲大人算过命，言：此子是四乡八里最有福气之人——此言又不虚。我父亲大人今年七十八岁。人说他上半辈子有父亲罩，下半辈子有儿子罩，是个有福之人。当然我父亲本人不大同意，认为他在父亲罩的上半辈子里灾难频频，算不得有福气。

刘老太太的三个子女都继承了母亲的高颧骨。但他们在言辞锋利，能控制局面方面都不如母亲，寿命也没有母亲长。

周相公在刘姓太太之前过世的姚姓太太也生了二子二女。家里没有这位姚姓太太的相片，但应该是位面容祥和的妇人。这点通过看她的儿女和她的侄女即我的祖母姚芷青就能猜得出来。

第二章
定 亲

1

姚家在益阳不算大姓。离清溪村三华里的枫树山姚家湾也位于官道旁。我祖母的父亲名叫姚愈全，被我们称作姚家外公。姚家外公认得一些字，职业背景有些复杂。他挑过煤，种过公田，也当过店员，但大部分时间从事杀猪这个行业。他上无片瓦下无寸土，只好为姚姓家族守祠堂来换取免费的住房。姚家外公生了一子四女，一子生得方头大耳，相貌堂堂，小时备受父母姐妹的宠爱，长大后却只能继承杀猪祖业并早早地过世了，只留下了一个儿子。

这位舅外公还有二事可录：

一是他幼时备受宠爱，引得土匪来绑票，想不到竟是穷人的孩子，没有什么油水，只好把他放了。

二是我父亲幼时，每当周家请客，必请他当屠夫的舅舅来帮忙。姚舅舅只从后门出入，从不上桌吃饭，让我父亲极为不满。也由此可见周家比姚家社会和经济地位要高出很多。

奇就奇在贫穷的姚家外公却生了四个如花似玉、知书识礼的女儿，个个都嫁到高于自家出身的人家。可见女儿是可以改变本人成分的，儿子就不能。还有一奇是姚家外公本人也长得相当好看。他一生性情平和，与世

姚芷青（左二）和父亲、弟弟、妹妹

无争，这一切都反映在他老年的相貌上。他虽是山野村夫却长了一副儒雅学者的样子。九十多岁时，白须飘飘的他在公园游玩，还被路人称奇，又被记者逮住照相。

我家的读书慧根和高颧骨来自刘姓太太，而温顺、克己、好相貌应该是来自姚家外公。

2

周相公只从周老爷处继承了二十多亩地和数间房屋，自然资源不够养活日益壮大的一大家子人，就对人力资源进行了合理分配。周相公自己当小学校长每月能带回家几块大洋。大儿子负责种全家的二十多亩地，二儿子送去镇上当学徒学做生意。刘姓太太所生的三儿子天分最高，负责读书，他作为重点培养对象，从小每天让其吃一个鸡蛋。

说起鸡蛋我忍不住要发些议论。我父亲生长在抗日战争年代，营养不良，个子、体力都不如其父母。我生于困难时期，长于“文革”年代，也属于先天不足、后天失调的主儿。“文革”时，父亲一再向我母亲宣讲一个鸡蛋的家史，强调其惊人效果，强烈要求我母亲让我们姐弟每天有鸡蛋吃。我母亲想着有数的一点鸡蛋票，对父亲的空谈嗤之以鼻，当然我们也没有每天的鸡蛋吃。我的个头、身段、智力都不如祖父母，尤其是体力没法与他们比，老是觉得累而提不起劲来，现在再加营养也似乎只帮助发胖而无助于其他了。

周相公为每个儿子选择合适的媳妇也动了不少脑筋。他为刘姓太太唯一的儿子定下的媳妇是他前妻——姚姓太太弟弟的大女儿。谁说乡村没有政治家，这亲上加亲解决了多少可能的家庭矛盾？再加上姚家的大女儿姚芷青德容工貌样样出众，深得公婆欢心，让周相公夫妇起心要栽培这媳妇，这是到今天都没有多少人能做到的。

省城时期的周绍仪

前面已经说过了，姚家湾离清溪村不远。两个村子的孩子想必常常在一起玩。周相公早年习过武，刘姓太太个性强悍，生下的儿子身体健康，发育良好。加上每天一个鸡蛋的特殊营养，周绍仪长得比两个异母兄长及同村的其他孩子都高大，是个个性冲动、好动拳头的顽皮孩子，人称凤蛮子。定亲时，两个人还小，当姚家大小姐听说把自己许给了周家三少爷，大表反对，气愤地说：“凤蛮子凶得很，会打人，我不要嫁他！”

大人当然不会理会小女孩的抗议，婚是定了。小女孩也慢慢地长成了少女。在怀春少女的眼中，周家三少爷变得越来越不那么讨厌了。那小子长大后变得文静了。周相公和刘姓太太的秀才基因开始起作用，他变成了在学校年年考第一的高才生，并被送到省立第一中学去升学。照当时的算法，省中毕业就等同于中了秀才，已经超过周相公了。当然他们已不在一起玩闹，彼此只远远地关注着将要成为一生中伴侣的另一半。

姚家四美中的老四像个男孩似的，最为顽皮。每次看见准姐夫从省城回来，就大喊大叫地来报信。姚芷青害羞地躲进房子里又忍不住偷看穿着学生制服的高大的未来夫婿。四妹并不因此罢休，她还会跑到准姐夫面前骚扰，吵着要些零花钱。这些都由老年的祖母和四姨祖母对幼年的我绘声绘色的描述。于她们是一生难忘的记忆，于我也印象极其深刻。

3

姚芷青长得高挑、苗条、丰胸、细腰，背挺得笔直，身材照今天的眼光看好得没话说。她样貌端庄，周正，勤快不多言，做得一手好菜，针线活更是百里挑一。

有新思想的周相公对这个未来媳妇越看越爱，在把儿子送到省城读书的同时，又把这个未来媳妇和两个女儿一同送到县城的县立女子职业学校家政专业缝纫科学习。这事发生在20世纪二十年代，到今天也不能不佩服周相公、我的太祖父的超前意识和对儿孙的深情厚爱。

当时时尚、思想先进的女青年姚芷青

第三章
学校生活

1

姚芷青和未来的大姑周翠英、小姑周育英由周相公安排住在周家在县城的世交林家，林家老爷就是和周相公一起首义反清的那位。林家未来媳妇贾小姐，余家小姐加上余家未来媳妇汤小姐一共六个女孩子住在一起。看来当时有新思想的士绅对儿女的未来有半新半旧的安排：既依照古例由父母安排门当户对的对象，又送女儿媳妇读书以求跟上时代的步伐，也能跟儿子有相对匹配的知识结构。周相公的了不起之处是他的经济实力、社会地位都比林、余诸家稍差，他是付出了很大的努力来栽培小儿子夫妇的。姚芷青一生得益于那几年受的教育，对公婆一辈子都存有感激之心。

六个女孩以余家的大小姐最为激进、能干，大革命时曾出任县妇女会会长，她的父亲出任县农民协会秘书长。短暂的大革命失败后，曹姓县团防局长带着兵到她家去抓人，但只抓到了女儿，没有抓到父亲。余小姐实在是年轻，将要被带走时忍不住朝屋顶上看了一眼，又被曹团长发现了躲在房梁匾后面的父亲。父女俩当即被带到大码头，一个被枪杀，一个被砍头。这一场屠杀让益阳人谈起来就色变，他们背地里称曹团长为曹屠夫。曹屠夫多年后也被人用计杀掉，算是为他们父女俩报了仇。

余小姐十七岁的弟弟藏在未来岳父汤姓商人的家中侥幸躲过去了，他连夜坐船逃离家乡，从此过着贫困潦倒、颠沛流离的生活。他当过兵，坐过牢，干过各种他吃得消吃不消的体力活，后来在鲁迅的帮助下开始写作，自费出了一本叫《丰收》的小说集，取笔名叶紫，在中国现代文学史上也有一席之地。余少爷小时也是娇生惯养，个子不高，身体也不太好，骤然遭此巨变，身心俱创，年纪轻轻就生了肺病，不到三十岁就过世了。

余家未来的儿媳妇汤咏兰小姐即后来的叶紫太太，身材娇小，有一张五官小巧、皮肤细嫩的圆圆脸，笑起来眼弯弯的很喜性，怎么看都应该是个有福气的人。她出身小康，娇生惯养，爱看戏，爱吃零食，不会干活。夫家遭此大难，她的一生也变得坎坷不幸。我曾见过老年的她，仍是一脸的福相，说话、做事都慢腾腾的，没有什么主意的样子。

我还见过鲁迅给汤小姐的信，印象深刻的是鲁迅称她为“咏兰兄”，内容大概是给了汤小姐一笔钱，让她去取。看来鲁迅是帮人帮到底，叶紫生前教他写作，帮他出书，叶紫过世了，又帮他照顾娇妻弱子，还极为尊重被帮助的对象，是个品格高尚，且讲义气的人。

除了余大小姐外，其余五位同学一直交往到老年，我也都见过。贾小姐咋咋呼呼，是个常有理，周大姑精明，周小姑厚道，姚芷青最具贤妻良母相。女子职业学校除了教文化之外，主要还是教女红。姚芷青是个中高手，她不但能做各式衣服，还会各种花式的刺绣。外面翻天覆地的变化，腥风血雨的世道，她并非完全没有见识、观点，她的胆子也大得很，但外表看来一直都是不声不响。她又快又好地做着各式各样的女红，对周围的人体贴入微。

作家叶紫像

林家家境不错，社会活动多。姚芷青就懂事地为林家女眷们缝制各种出客的旗

姚芷青和女伴们之一

姚芷青和女伴们之二

袍——袍的盘扣、花边最考功夫。特别是在大的红白喜事前，更是要常常赶工到深夜，不知不觉她眼睛就近视了。青年时代的姚芷青一直穿着合体的旗袍，戴着无边的白眼镜，很有几分书卷气。

二十世纪八十年代有一位心直口快的北京女编辑在我家大发议论，说她一向对二三十年代反封建的知识青年拒绝父母包办的婚姻，另娶有文化的相配女子深表赞同，但看了姚芷青年轻时的相片，听了我祖母的坎坷身世以后就不由得气愤起来。这样的完美女子上哪里去找？男人的心真不好琢磨，也许真的只能用“容易到手的就不珍惜”这句话来解释了。作为后人，父母和我听到这番议论也只有相顾无言了。

2

1924 年，十六岁的绍仪去了省城读省立第一中学。 学费是当时周氏祠堂的学谷（按成绩好坏增减）加上考第一、二名得的奖学金，周相公也还要补些钱。绍仪的压力不小，如果考得不好，奖学金就会成问题，学谷也会减少，书就不一定读得下去了。

绍仪的天分不错，读书考好名次难不倒他。他还有余力看不少的闲书，都是古代的小说、笔记等。他体育运动也不错，喜欢游泳、跑步。外面时代日新月异，绍仪只管读书，是当时学校的“品学兼优”生。

省立第一中学的第一、二名不是那么好拿的，绍仪却能年年拿到。这所学校至今还是有名的好学校。我老公当年在清华大学教书，每年到湖南来招生必提前到这所学校和另外几所名校看学生，好的学生当时就定下保送不必参加高考了。这所学校的第一、二名进好大学历来没有问题。绍仪照这条路走下去，应该是读大学、留洋的路子。

1926年，十九岁的周绍仪认识了他一生最重要的朋友和兄弟周起应，也就是后来领导中国文艺界几十年的周扬。

同是益阳人的周起应是造化的宠儿，他出身富裕，备受宠爱之外自身的条件也极好，他相貌俊美，智力超群，能言善辩有号召力，热情洋溢而不失理智。只比绍仪大一岁的他已经是上海大夏大学英文专业的学生。他在长沙一所有名的私立中学——广雅中学毕业。据说他是在妻子的陪伴以及佣人的照顾下读完中学的。

年轻时代的周扬

这样一个被娇养的富家子并没有成为纨绔子弟，而是个关心国家大事，积极学习和行动，紧跟时代潮流的上进青年。

起应一生喜欢结交聪明人，当他听林家兄弟谈到绍仪才华出众、聪敏好学时，就在那年夏天专程来找这位从未谋面的本家侄子，可算是颇有古风的性情中人。

两位同龄的朋友相见甚欢。起应是大学生，又是从上海大地方来的，见识当然稍胜一筹。他对绍仪古今中外大讲了一通，和他谈尼采的一切都要“重新估定价值”，又介绍他看新思潮的书，让绍仪大开眼界。另一方面，起应也惊讶于还是初中生的绍仪已经读完了《资治通鉴》，知识储备并不比他少。二人相见恨晚，惺惺相惜，开始了他们长达一生的友谊。

当时的年轻人对时事也不能不关心。绍仪有一位朝鲜同学，已经三十多岁了，在日本统治下长大，韩文和中文都不会，只会日文。他二等公民当怕了，跑到长沙来当超龄中学生，希望能学会中文。他孤独——只能跟留日的老师交流，无望——学得又累又不好，还加上贫穷。十几岁的同学还欺负他，有一次一帮孩子弄了一些烟头放在他的桌上，齐喊“亡国奴，抽烟头”，逼得他当场痛哭不止。这件事对绍仪刺激很大，让他明白亡国奴是多么可怕的人生。当时中国的形势比朝鲜也好不了多少，日本已经显示出入侵中国的企图。

开了眼界的绍仪读了起应介绍的书还不够，又和同学组织文学社讨论时事。“又觉得革命很好，很热闹，想找 C.Y.”。当时本地产的国民党和进口的 C.Y.(共产党) 关系铁得很，联合在一起打北方的军阀。各党派都有不少的政治活动。绍仪也去参加了好些，并在 1927 年四五月的时候登记参加了 C.Y. 的外围组织共青团。当时的组织工作恐怕有点乱，这次的登记好像没有算数，就发生了马日事变。

1927 年 5 月 21 日发生了有名的马日事变。国民党突然翻了脸，共产党变成了要消灭的对象，每天都要杀很多人。益阳的余小姐就是那时被杀的。革命不再是热闹、洋气的事，几天前还能在街头轻易加入的政党，一瞬间就变成要命的罪名。热心关心国事的青年被残酷地杀了头，一点转弯的余地也没有，事先也没有任何的警告。当时的长沙城不大，人口也不多，市里无时不能听到杀人的号声，城门口每天都挂着几十颗人头。

从汉朝开始就被中国统治者所沿用的儒家法理讲究三令五申，当时的国民党却崇尚突然袭击，并没有执政者的从容、大度。写到这里我真不敢相信这就是几十年前发生的事，也庆幸人类的理智有了长进，我们和我们的子孙不要再生活在这样的恐怖里。

马日事变对绍仪的震撼极大，当他在上海待了十年后写诗说，家乡最牵引他内心的就是 1927。诗是这样写的：

牵引你的
是南山十月的山茶花
是母亲想念儿子的流湿了皱纹的眼泪？
是夜深寂寞时的遥远的琴音
是友情的回忆？是荒野之中谁家散落的残花
是初吻之后的恋人的低泣？
不是
……
牵引我的，
是锁息了多年的，家乡的一九二七。
一九二七，你自由的花蒂
你几时再用你的花苞和花影，
掩尽那家乡的苦难和眼泪？

第四章
结 婚

1

1927年国民党开始清党，一时腥风血雨，周相公在益阳颇为不安。他也知道自己的儿子不是死读书的，思想活跃，保不定参加什么活动让人抓住把柄。周相公对儿子的期望也就是当个乡村小学教员，和他精心挑选的贤惠媳妇生儿育女，传宗接代。三儿子在省中读过书，虽然没有毕业，做小学教员是绰绰有余的，他自忖对后代的栽培也算可以圆满结束了。于是他召回了小儿子，安排他到自己朋友张尚斌当校长的一所小学当数学教员，一并开始着手准备儿子的婚事。

姚家外公对亲家和未来女婿都很满意。其时他在桃花江的南货商店里当店员，手上较为宽裕，就为心爱的大女儿打了一套极为精美的家具做陪嫁。这套家具经过了七八十年的风雨，仍然精美结实，式样不俗。现在在我家里还留有几件，益阳的老家也摆着几件。如今在时尚的美国家具店里常能看到一些古老家具，大多不如姚外公的这一房家具出色。这大手笔的陪嫁大大超出了姚外公实力，以致另外三个女儿嫁出去时就没法儿这么干了，有的只能带一个小包包去婆家了。

1928年，二十岁的绍仪和芷青结了婚。姚芷青坐着花轿，穿着红裙子嫁进了周家大门，一切都称心如意。十全十美的她在娘家受宠，在婆家也极受宠爱。刘姓太太当家，当然有点偏心自己亲生的儿子、媳妇，何况这媳妇又知书达礼、勤快能干，比大儿媳、二儿媳要强得多，老两口喜欢儿媳更胜儿子。

绍仪和芷青结婚了

绍仪长得高大，虽然结了婚，仍是少年人，三餐之外，常常会想吃些零食。那时有些家底的人家总会准备些待客的点心，周家的点心都放在刘姓太太房间的柜子里。当时的床很大，床上也有些小柜子，有些更精美的小点心，刘姓太太收在床上的小柜子里，节俭的他们并不会轻易给小孩零食吃。

芷青既然比丈夫更受宠，丈夫就常常指使她去讨或偷零食。零食到手两人分吃，当然是高大的丈夫吃得多得多。

周相公治家严谨、合理，大儿子种田，二儿子在益阳市的水果行当学徒，三儿子和父亲在小学教书。一大家人住在一起，由三个媳妇轮流做饭。每人做十天，另外的二十天就可以休息了。勤快的芷青在这二十天的空闲时间里就接些刺绣活儿做。挣的钱除了用作小两口的零花钱之外也能支援娘家的弟妹。节俭的姚芷青一辈子做人大方，永远有那么多的亲朋好友需要礼尚往来或支援。

2

每年秋天水稻收割后，周家的大儿子、二儿子就要去附近一处叫黄泥湖的地方买几千斤萝卜用船运回家。黄泥湖出产的萝卜味甜汁多，是别处比不上的。

萝卜运回家后，家里的女人就总动员，在屋前的晒谷坪里洗、切、晒萝卜，这要花上一个月的工夫才能把一个冬天所需的萝卜处理完。在秋天的阳光下，女人们一边做事，一边说长论短，小孩在旁边跑来跑去，热闹得很。几十年后的今天，我父亲还在怀念当时的田园生活，妇女们在秋天里共做萝卜就是他脑海里难以磨灭的美好景象之一。益阳的妇女说笑起来很豪放，我父亲常回忆起这些热闹的声音，可惜当时放肆谈笑着的妇人们都已不在人间了。

益阳菜原材料并不丰富，主要是猪肉、蔬菜和河、潭里出产的小鱼、小虾。但聪慧、勤劳的益阳女人们充分发挥了粗菜细做的创造力，把菜做得精致可口。益阳菜切功精细，搭配讲究，极为入味，称得上品种繁多而清淡，不豪华但异常清洁，到今天仍是我特别偏爱的饮食风格。

简单的萝卜就被做成好多的花样：水萝卜被切成花的形式作为饭前菜，萝卜丝晒干冬季里加上干辣椒蒸肉或煮鱼，糖萝卜作为待客的零食。辣椒萝卜更是被大量制作，放在半人高的坛子里，作为整个冬天的下饭菜。

豆角、辣椒和白菜可以晒成白色，在冬季里配猪肉吃。河塘里出产的小鱼、小虾被微火焙干，炒大蒜辣椒吃时有一种熏制品的特殊香味。家制的腊肉肥瘦相间，放在腊八豆上蒸熟，是过年必备的一道菜。

甜酒煮蛋是待客的点心。桂圆、红枣蒸肉是老人的补品。长期吃这些菜蔬和补品，又留在山清水秀的家乡的我家亲戚们好多都活到八九十岁，甚至一百多岁。

当时哪怕像姚家外公这样的贫苦人家的女儿也不下田干活，只在家里做家务和女红，体态大多苗条、修长，不似几十年后的铁姑娘那样粗壮。

因为地处交通要道而见多识广、出得场面，她们是那个年代出得庭堂、下得厨房的优秀太太人选，嫁给好人家的女子很是不少。在北美，我来自海峡两岸的女友们好些都有一位益阳籍的妈妈或祖母，带给我们吃湖南菜的共同爱好。

当年只收一季稻子，冬天也不修水利，农闲的时间不短。大家都在那段时间走人家，办喜事。周相公的大儿子、二儿子夫妇当时也都年轻，冬闲时打牌、赌钱玩得很疯，到了春天该上班时还收不住心。惹得周相公早上用手杖边敲门边骂人，赶着年轻人起床劳动。

常听我的益阳亲戚说：人要耍一下，瞄一下（看热闹的意思）。可见益阳人生活态度活泼有余，严谨不足。绍仪、芷青夫妇在乡间算是精英人物，不参加农闲小赌。芷青做针线，绍仪读书，两个人都不太合群。芷青的性格不算活泼，我认识的她从来没有轻轻松松地玩闹过。绍仪爱笑爱热闹，但也不会真正花时间去玩牌、下棋。除了读书、写作，他没有别的认真的爱好。

新婚幸福、田园生活都是绍仪所喜爱的、欣赏的。他后来多次写文章赞美、怀念家乡。他的怀念充满了色彩感，像是白色的山茶花和蓝布的围裙什么的。但年轻、高大而有活力的他似乎并不能完全满足于这种生活，书让他了解和向往外面的世界，书也让他了解历史而对未来有所知觉。

1927 年的阴影并没有过去，时局恶化带给人的压迫感，时代变迁带给人的紧迫感也只有敏锐的知识分子才能体会到。他似乎感到了这种田园生活并不能如几千年一样地永恒，很快就会被外界的力量打破。

杀了余小姐父女的曹屠夫不知从哪里打听到绍仪在长沙时参加过一些政治活动，向绍仪的校长张尚斌打听绍仪的情况。张尚斌对政治非常敏感，觉得此事非同小可，对曹屠夫极力保证绍仪思想没有问题，又到周相公家报信，让绍仪多加小心。张尚斌虽然摆平了曹屠夫，但绍仪的心里还是多少有些不安，觉得家乡不是自己久留之地，对张的好意他也常留感激之心。绍仪后来在上海当作家时曾用张尚斌作为笔名发表了不少的文章，这是后话。

3

起应从上海回来了，朋友们常常聚在一起。起应有极强的影响和感染别人的能力。这一点从他后来所发表的那些有名的演讲中不难看出。年轻的他非常的理想主义 —— 一直到老年他都是一位可敬的理想主义者——在上海接受了新的思想和生活，回到家也用他的热情感染同乡的朋友们。

绍仪动心了，想跟起应去上海发展。周相公夫妇不同意，认为他新婚不久，正应在家好好过日子。时局不稳定， 外面的世界变数太多，不是安分守己的耕读人家应该想望的。所谓中产阶级最稳定，周相公正是那个年代的中产阶级，并不想送儿子到外面去闯荡。双方意见不合之下，周相公夫妇决定不予经济支持。没有路费，想必小儿子也无可奈何吧。

绍仪跟岳父的关系很亲密，不但常见面，也能说得上知心话。在父母处碰了钉子的绍仪去见岳父，向他说明情况，表明了自己很想去的心愿。前面说了，姚外公极喜欢这个女婿，当然不忍心看他不能达成心愿，就请女婿第二天来帮忙，把自家的猪赶到大码头集市卖掉，卖猪的钱就给他做路费。

第二天一早，绍仪就去了姚外公家，赶着那头半大不小的猪去大码头。第一次赶猪不熟练，猪好几次跑到路下面的水田里，绍仪只好挽起裤脚追。几次下来到大码头的时间就晚了，天已经大亮，还好猪肉新鲜卖得快。绍仪帮着岳父卖完猪，带上所有的钱就去赶船。船已经开走了，绍仪沿着江边奔跑追赶那只小船，追了好一阵子才追上了起应一家三口，还有起应的刘姓表弟所坐的小船。小船换大船转往上海，从此开始了他崭新的生活。

绍仪赶上了他的命运之船，帮助他的是姚外公。后来姚外公看到心爱的大女儿和女婿分开后一个人带大两个儿子并奉养老人的艰难日子，很有些后悔当初支持女婿离家，觉得对不起大女儿，因而对她和她的儿子们特别爱护，尽力关心和帮助。

芷青直到这时都是备受娘家、婆家宠爱的幸运女子。她也尽心尽力地做一个好女儿、好媳妇、好妻子，回报这许多的宠爱。那时的她应该不懂什么“悔叫夫婿觅封侯”的道理，冥冥中似也觉得眷顾她的命运之神开始离开她了。夫君走了以后，她哭了又哭，好多天不能抑制。

大码头那只被周绍仪赶上的命运之船，把他们夫妇二人渐渐地带往了不同的方向。

第五章
初到上海

1

1928年，二十岁的绍仪跟着二十一岁的起应到了上海。1928年的上海，充斥着各种新的思潮，也充满了机会，但绍仪刚到上海的时候，多半的活动还离不开民以食为天的主题。

比绍仪和芷青更早结婚的起应家比较有钱，所以他带了太太及还是幼儿的大儿子艾若来上海，也照顾了他周姓的侄儿周绍仪和刘姓的表弟刘宜生同住。五个人挤住在两间小房间里，用小小的煤油炉烧饭。

起应年轻时即以美男子著称，和他同岁的太太吴淑媛更是号称益阳第一美人。她家境富裕，美且娇，爱打牌，小名就叫娇小姐。采买、带孩子玩、做饭等杂事就落在了同住的周姓侄儿和刘姓表弟的身上。

刘表弟有点迷糊，常常闹笑话。有一次他拿了钱放在口袋里出门买菜，选好东西才发现钱不见了，一路寻回来，急得满头大汗才想起钱放在另一件衣服的口袋里，衣服挂在门背后并没有穿出去。

绍仪并不知道要靠什么养活自己，但积极地寻找方向。他报考过店员、跑街的——就是现在的业务员、瓷器工人，还有别的什么奇怪的职业，都没有被录取。更夸张的是他还去考过电影演员，当然也没被录取，以刘姓太太遗传的高颧骨他应该也考不上，毕竟那年头男明星以俊美取胜，不时兴性格演员。倒是美艳的姚家三小姐差点当上了电影明星，只因要嫁人而作罢了。

除了跌跌撞撞地摸索人生的方向之外，几个年轻人在上海也玩了个痛快，没有钱也是可以玩的。口袋里只有一毛钱就去最拥挤的上海九曲桥，在人群中挤来挤去，反正也不在乎扒手，看到别的人因为怕扒手而躲来闪去倒也是一乐。

他们还学会了上海人的“人要衣装马要鞍装”的门面功夫，把唯一的一条好长裤叠好压在枕头下，第二天出门就像模像样了。虽然口袋里没有几毛钱，但站出来还是很神气的。

路上遇到有名的人也不忘指指点点，搞不好还跟上一段。有一次在路上看见了鲁迅。鲁迅先生当时颇有名，正搬家，抽着烟斗跟在搬家的板车后面压阵。好奇的绍仪和刘姓表弟直跟了好几条街。在五七干校祖父对我提起这段时还自嘲了一番：说我反鲁迅，我当时不过小混混一个，鲁迅已是大家，实在是抬举我了。

除了挥洒年轻的生命之外，有两件严肃的事情绍仪时时挂在心上，一是自己的前途，二是国家的命运。自己学历低，没有什么过硬的本事，很愿意多认识世界，看到起应是学英文的，就提出向他学英文。起应是个活动家，忙得不得了，也没有什么耐心教他英文，就拿给绍仪一本英文《莎士比亚全集》作为课本，每天噼噼啪啪念上好多页算是发音教育，别的方面就由着绍仪自己领悟了。

绍仪拿着厚厚的《莎士比亚全集》不知所措，心里想：有没有搞错？教我也得一步步来啊！既然指望起应指望不上，就自己来吧，拿本字典背总可以吧？绍仪就真的拿本字典背将起来，速度还很快。用这种克服困难的方式学出来的英文，后来他竟成了大翻译家。读着祖父优美的译文，想起自己学英文的条件和花的力气我不禁感叹：这世上还真有天才！既然我祖父是天才中的一位，这天分为什么就没有传给我呢？

他另一个严肃的思考就是中国的命运。绍仪跟了一个思想深刻的朋友起应，他们虽然年轻，但并不只关心自己的生活前途，对国家的前途也认真地思考，积极地行动。绍仪和他的朋友们感到需要学习外国特别是西方世界的文化思想、制度，了解西方为什么能在近代快速发展。他们都愿意学习英文，并把西方著作介绍到中国来。另一方面作为社会、家庭的精英，他们都极其维护个人、民族的自尊心，对上海特有的租界政治及文化十分不满。他们年轻气盛，学习能力强，“左倾”思潮接受得很快，他们经常阅读当时进步的左翼书籍，也参加左翼的活动。

2

当时有一所劳动大学，是国民党办的，免费，质量却不低。幸运的绍仪考进了这所学校的经济科。看到被自己从家乡带出来的周姓侄儿有了安身之处，既有前途又能减轻自己的负担，起应不禁大松了一口气。

我一直对周扬、周立波一生的朋友加兄弟的关系很羡慕。周扬一直扮演师长的角色，对周立波的一生起着重要的作用，虽然周立波后来的艺术影响比周扬大。周扬大部分时间都在从事政治活动，他的文学和翻译才华没有得到很好的发挥。我真希望自己也有一位这样亦师亦友的伙伴走过一生，可惜没有。

在劳动大学学习是免费的，但大家要做工友的工作以减轻学校的负担。比方买菜的工作，就由学生轮流担任。轮到绍仪买菜的次数一多，他感到了菜市场的种种有趣。绍仪一生都是生活美学家，很能够在各种生活环境中找到趣味，也会用充满趣味的语言或文字把自己所见所感告诉别人。

把买菜的趣事告诉了朋友还嫌不足，绍仪又写了一篇风趣的千字小文谈被迫早起去菜市的无奈、菜市的活力和市井的趣味，买菜后可以多吃东西的欢喜——两个早起买菜的同学可以吃平时八个人的早餐。文章写好后他还开玩笑地署了个“小妮”的女性笔名寄给当时在上海刚兴起的副刊。

劳动大学调皮而风雅的学生还不少，以前就有学生就吃辣椒的问题在副刊上打过笔战——湖南籍的学生买菜必买不少的辣椒而江浙学生吃不消，他们成立反辣椒大会，痛数辣椒的罪恶，并有《呜呼辣椒》一文，介绍辣椒风波的是非曲直。

当时时髦又稀罕的大学生活受社会追捧，平民学校如劳动大学学生买菜的事情也能够娱乐大众，所以绍仪有关买菜的小文就有了刊登的价值。现如今娱乐版或副刊有的玩笑开得低俗，有的又太过装腔作势，写得好、玩笑开得风雅的轻松小品仍然难得一见。那年头报纸的读者追捧大学生、关心他们的生活，如今的读者追捧明星、超级关心他们的言谈举止，真是大异其趣啊。

文章寄出后，绍仪天天追着报纸看发表没有，果然，没有多久就在报上发表了，他非常高兴，但并没有想到还可以有稿费拿。当报社通知他去领稿费时，绍仪没有放在心上，也懒得去领，指使刘姓表弟去。刘不干，绍仪就许他，取到的稿费全归他，刘姓表弟方前往领取稿费。

刘表弟领到稿费大吃一惊，稿费竟有四个大洋之多，当时一般的劳工三四个大洋就是一个月的工钱。刘表弟在回家的路上边走边吃各种平时想吃而不得的吃食，吃到肚子痛也只花了一个多大洋。回家他交出两个多大洋，绍仪把这笔意外之财全部拿出来请大家美美地吃了一顿。

四十多年后祖父在五七干校给我说起这件事时，还能历数刘表弟吃过的各种美食。刘表弟到家时嘴里还有东西，又反复多次地告诉大家他一路上吃了些什么，但并没有剩下任何吃食给大家。祖父言下很有些后悔没有亲自去领取稿费而能像刘表弟般遍尝美食。

一篇随意的小文就能带来不错的收入，绍仪发现他找到了谋生的路，自己能写，天生的文字优美流畅，而写作能带来不错的收入，从此就写起来吧。身形高大的绍仪体力好，不多愁善感，没有那个时代文人的坏毛病。失眠、抽烟、喝酒什么的都与他无关，也不需要什么特定的写作环境，竟成了一个多产的作家。

《买菜》这篇游戏之作就是他轰轰烈烈的文学生涯的开山之作，真要感谢当年《申报》副刊编辑的慧眼识人。这篇小文发表的时间是 1929 年 11 月 29 日，绍仪最后写的一首小诗是 1979 年 8 月 29 日，并在一个月后过世，写作生涯差三个月就是整整五十年。

回望当时的中国，政治、经济状况多让人痛心，唯有文坛极为活跃。在识字人口不多的那个时代，有文化的人精神生活似乎并不贫乏。照我看跟当时的高稿酬很有关系，吸引了不少有思想、有品位的人以写文章为生。

3

读上了书又可以写文章增加收入，绍仪在上海的生活上了轨道，但他旺盛的精力并不满足于这些。当时共产党在李立三的领导下，在城市以飞行集会的形式展开宣传工作。所谓飞行集会就是将要参加集会的人装成行人在繁忙的十字路口活动、行走。一声令下，突然聚合在一起开会，有人更站出来发表政论演讲。几分钟后当警察闻讯赶来之际，大家迅速散去。

发明这种集会形式的人一定很有浪漫情怀，钟情于此种具有震撼性而损失巨大的活动——每次活动都有好多人被抓。

绍仪当时还不是共产党员，但思想“左倾”，常常在身上带把小刀参加这种集会。因为身长腿快，一次也没被抓过，但不管怎样，学校对这些活动还是有所察觉。当时的国民党当局在思想上控制极为严酷，跟今天在台湾地区当在野党的作风大不一样。学校当局简单地出了一张告示，就把绍仪及多位有思想问题的学生开除了。

起应对绍仪被好不容易进去的大学赶出来很不满，觉得绍仪太不会自保，这下子生活、学习两下里都有了问题。

第六章
路易的出生

1

在上海闯了祸的绍仪回到了益阳老家，和妻子第一次过了较长的一段安稳生活，芷青不多久就怀孕了。周相公夫妇好不高兴，姚家也不例外，怀孕的母亲在大家的关爱下生活。两家都盼望第一胎是儿子，尤其是姚家，觉得女儿在婆家第一胎生儿子是极有面子的事。

绍仪很享受家居生活但并不善交际，他在家里的时候大部分时间都在房间里念书，芷青把饭都开在房间里，也负责小两口一切对外的活动，包括和周相公夫妇的交流。绍仪喜欢家乡的美景、美食，享受贤惠妻子的殷勤照料和安静的读书生活，在以后动荡的岁月里，就算是很有男子气、不大看得起儿女情长的绍仪也会怀念这些温暖的日子，他在诗里说：

春花未尽，
秋叶先谢了。那山茶花下的笑和情意呀，
于今日，梦一样的招遥。
最难忘的，
是微风十月的秋山里，
飘荡着的，

标致的蓝色小围裙。

乡居的绍仪安静而寡言，好像也没有什么朋友。他真的能快活而无悔地融入单纯的乡村生活吗？他能和他的哥哥们以及儿时的伙伴们交流他读书的心得吗？找到人畅谈对世界、对中国、对人生的担忧和抱负吗？也许时间长一点是可以习惯的，他在乡村的出路应该是像周相公设计的那样当一个小学教员，当一个稳重的丈夫和父亲，当一个学识、智慧都高于一般人的精神贵族而受到乡人的尊敬。

此时起应的一封信打断了他的乡居生活，他也再一次地扮演了改变绍仪命运的角色。其时起应很想通过翻译介绍一些西方特别是刚成立的苏俄著作到中国。他自己可以翻译，但社会活动太多，就想到了和绍仪合译这种方式，于是写信叫绍仪再去上海。

周相公夫妇和以前一样不赞同小儿子去上海，绍仪再一次地偷跑。芷青是支持或者是顺从丈夫的，她把自己长年绣花积存下来的钱都给了绍仪做去上海的路费和生活费。芷青瞒着公婆送绍仪走了好远好远，分别时还是不放心，把自己手上的金戒指，也是她唯一的首饰取下来给了绍仪，才依依不舍地告别了夫君。

2

绍仪对被劳动大学赶出来一事耿耿于怀，再次回到上海就发誓不再过问政治，一心只埋头学文学、译书，希望能独立生活。

起应和绍仪都只识英文，翻译苏俄作品只能从英文转译再参考日译本。英美日对苏俄的政治形态持批评态度的多，翻译介绍的苏俄作品一般政治性不强，以生活介绍为主，可供二位译者选择的书籍并不多。他们第一次选择的书叫《狗儿胡同》，主要讲大学生的私生活，作者在苏俄并不太有名，后来更受到批判。此书的译介多年后还为二周带来了麻烦。

书是这样译的：起应的英文较好，就由他把文章先讲一遍，绍仪译出来，再由起应修改一遍就算完成了。绍仪的英文虽然是自学的，但他中文文笔优美流畅，记性悟性俱佳，加上极为刻苦，可长时间工作，又没有太多的社交，所以负担了大部分的工作。在译作的同时，绍仪的英文也进步神速。

《大学生的私生活》出版所得维持了好几个月的生活，他二人便开始了第二本书的翻译。译书之外绍仪又找到了一份正式的工作，在神州国光出版社当校对，还可以住在出版社里，算是不需要起应的照顾，可以独立了。

短短的几个月又在上海立住了脚，但年轻的绍仪当然不会就此安居乐业。有了饭吃的他很快忘记了几个月前不问政治的誓言，又和“左倾”朋友来往起来。那些居无定所、神出鬼没的朋友还把行李寄放在他神光的宿舍里。

当时中国新兴的工人阶级劳动条件差，强度大。上海是大码头，见多识广的上海工人也和当时的西方工人们一样，常常罢工争取更好的权益。

神光的印刷工人也罢工了。校对周绍仪能写会说胆子大，被工人们推举出来担任罢工委员会的委员长。绍仪也当仁不让，写标语、开会、和资方谈判干得很起劲。

有一天他看见印刷厂工头要撕掉他写好贴上的标语，就冲过去理论，理论不成就动起手来。绍仪是落第武秀才之子，从小爱打架，上海人的嘴巴讨人厌，人又长得短小的工头哪是他的对手，三两下绍仪就把对方打趴下了。

神光出版社当然把让人头痛的罢工委员会委员长告进到租界的巡捕房。警察来带走绍仪并搜查其住所时有了意外的发现，他们在绍仪朋友寄放的行李中发现了一些违禁的“左倾”书刊。这样性质就变了，普通的刑事纠纷变成了政治问题。那时的政治问题是极为严重的，任何有“左倾”思想或可能有“左倾”思想的人都有被杀头的危险，绍仪的官司看来小不了。

3

消息传到益阳，一家人惊恐不安。尤其是怀孕的芷青，听到消息后既着急又伤心。想去上海看望打点，无奈怀了小孩，钱也不够，只好天天以泪洗面，哭个不停。哭久了伤身体也影响胎儿。孩子生下来不会哭，也没有呼吸，好像是个死孩子。接生的二奶奶是远房亲戚，极有经验，说“这不是死孩子，而是梦生”。她麻利地把脐带剪断，包衣泡在热水里，热气通过脐带传到小孩的肚子里，孩子终于哭出来了。

姚家外公外婆对大女儿的第一次生产极为重视，早早就准备了贺礼，只等生下孩子就送过去，好让女儿在婆家更加做得起人。生产期间他们派顽皮的四女儿去打探消息。姚家四小姐爬到周家房子旁边的大树上听动静。听到孩子的哭声，又得知生的果然是男孩，就一溜烟地下了树，飞奔回枫树山姚家湾报信。姚家兴高采烈地准备了一盒丰盛的礼物去大女儿的婆家贺喜。

益阳人礼信周到，外婆家为外孙做三朝是很讲究的。礼品放在有多层格子的大盒子里，盒子大到需要两个人抬，礼品包括红蛋、红糖、小孩的衣物、玩具等。一份好的三朝礼是需要花不少的时间和金钱准备的，姚外公很重视这门亲事，对女儿的三朝礼不遗余力地准备，务求丰富精致，对他来说也是一笔不小的负担。难怪那时人都说女儿是赔钱货，原来负担还真的不小。顺便提一下，三朝就是小孩生下来的第三天，这是一个美丽的名字也是美丽的风俗，想想看，刚刚能睁眼的小孩第三次看到太阳时就看到了最亲的外婆家送来的礼物。

1931 年，二十三岁的芷青和绍仪第一次当了父母，这个差点死掉的孩子就是我的父亲大人周路易。路易这个名字是绍仪起的，他当时是中国少数能用英文欣赏西方文学的知识分子，特别喜欢法国文学的典雅唯美，所以给第一个儿子起了个法国名字。依照惯例，小孩的名字都由祖父起，比方我的名字就是祖父起的。但周相公竟然允许不停闯祸的小儿子为孙子起了个这么古怪的名字，益阳的亲友们也毫无困难地把这个洋气的名字叫了好多年，他们应该对法国文学没什么感觉，只能说周相公开明，益阳的民风开放。

喂奶期间芷青仍然天天以泪洗面，弄得奶水不好，孩子发育不良。乡间相信哭泣让奶水带有毒素而影响婴儿的健康，此论不知有没有医学根据，但心情不好影响母子健康那是一定的。就算是有毒的奶水也很快没有了，路易没多久就断了奶，长得也瘦弱多病。

从我记事起就没有见过祖母哭泣。遇到不好的事，她也不过苦着一张脸忙进忙出，从来不抱怨，不发脾气，也不哭泣。年轻时那个爱哭的芷青是从什么时候开始不哭的呢？是从什么时候开始知道哭没有用，对夫君的情义已了、泪账已经还完了吗？那时的芷青并不知道，她只知道丈夫入狱就像天要塌下来了，让她哭个不停。

一直受人羡慕的芷家姐完美的生活不再完美，她仍然日夜劳作，但脸上时时浮现一丝无奈的苦笑。

我听过不少亲友用益阳话把芷青唤着芷家姐，声调抑扬顿挫，甚是好听。益阳女子讲话多又快，声音尖细又老是夹杂着笑声，几个人说起来好似一群小鸟叽叽喳喳。美国人总是教导女性说话要慢，把声音压得低一些，这样听起来让人觉得舒服又性感。益阳女子说话的习惯正好背道而驰，仔细想来倒也不是完全没有好处的。至少我见过的中老年益阳妇女大多显得生气勃勃又有善意，让人愿意亲近，虽然有些做作的殷勤但分寸拿捏得刚刚好，益阳太太受欢迎不是没有道理的。倒是芷青不同，她寡言，说话低沉缓慢，我也从来没有看见过她加入到叽叽喳喳的一群中去，她是天生不会益阳女子的那一套呢，还是实在没有那种心情？

周路易的生长过程远不如其父顺利，先天不足，后天失调。个头，体力等各方面都远不如父亲，比母亲也差一些，比起小他近三十岁、在绍仪全盛时期生下的小弟弟更是矮了一大截。这和生长在战争年代有很大的关系，也和缺少父亲的关爱不无关联。我父亲少时物质生活贫乏，导致身体发育不够完美，精神上倒并没有受到任何的压抑。芷青对儿子的照顾无微不至，周相公夫妇及众亲友对路易也是宠爱有加，他好似也没有受过什么无父之子欺负的样子，稍长更成了个神气的孩子王，可见益阳乡下的厚道民风。

第七章
牢里牢外

1

绍仪被捕后，审讯时嘴巴并不饶人，警察打他，他就用戴着手铐的手打回去，一点也不能吃亏。警察就威胁他："你的问题很严重，明天早上要杀你的头。"这威胁并非没有可能，当时的社会就是这样的，当局认为思想犯比刑事犯危险更大，处置也极为严苛，很多时候没有经过任何司法程序，就把犯人迅速处置了。绍仪如果不是被租界警察局逮捕的话，其命运很可能是真的被杀了头。

警察把他送进牢房后，还在当晚三番五次地去查看这位年轻人会有什么表现。出乎他们意料之外的是，这位青年晚上居然还睡着了，第二天的早餐胃口也不差，并没有为即将被杀头而惊慌失措。

绍仪一生经历丰富，上下起落极大，他经历危险多次，一向都能坦然处之，让人佩服。作为一个文人，他思想敏锐，感情丰富，但他并不因此而多愁善感。他一向能吃能睡能写能说而不需要特殊的条件，并为此而感到自豪，是一个身心非常健康的人。

对于祖父睡觉的神功，我是见识过的。话说祖父六十多岁刚从监狱里放出来时，和我们一家四口挤住在我妈妈教书的中学里两间只有三十多平方米的简陋平房里。有一天他宣布要睡两个小时午觉，就在前面房间的大床上睡着了。忘了是什么原因我们一定要在那个时间搬动床边的大柜子，还请了邻居来帮忙。大家齐喊一二三四搬柜子，还不时碰到床，觉得荒唐又刺激，忍不住地发笑，这一切都没有影响到安稳熟睡的祖父。

两个小时后，祖父自动醒来，惊讶地发现房间变了样子，他的惊奇让我们很得意。当我们对他像脑子里有一台闹钟式的能自动醒来表示佩服时，祖父马上不失时机地吹起牛来，说他如何能说睡就睡，说醒就醒，雷打不动，神功盖世，又说战时谁谁谁没有这种神功护体如何撑不下去等等等等。他面带微笑，声音娓娓动听，牛皮哄哄的样子真可爱，单纯的老人和小孩、小动物一样可爱，生活因为有了他们而充满了乐趣，搬柜子事件让我们乐了好多天。

该死，绍仪差点被杀了头，我倒联想到了四十年后搬柜子的笑话。

2

绍仪被抓后，起应忙着打点。神光印刷厂属于神光出版社，其负责人叫胡秋原，是个有名的文人。二十三岁的起应在上海也有些名气，他是左联的党团书记，还办了一个刊物叫《文学月刊》。起应去见了胡秋原，请他为绍仪担保。此人一听发现了“左倾”书籍，觉得担保可能会给自己惹麻烦，就回绝了。

年轻气盛的起应和周围的朋友对胡的见死不救大为气愤，就在自己所办的刊物上发表了一篇诗作叫作《汉奸的供状》，痛骂胡秋原的行为是汉奸行为。诗是另外一个叫芸生的年轻朋友写的，左联当时聚集了一批年少气盛的青年文人。

中年的鲁迅似是青年导师及仲裁者，就此事写了一篇文章告诫起应“谩骂不是武器”，此文名叫《辱骂和恐吓不是战斗——致起应的一封信》。郭沫若等四人又写文不同意鲁迅的观点，很热闹了一阵子。其后的岁月里早逝的鲁迅成了一面旗帜，他生前性格刚烈，又一向提倡有仇必报，痛打落水狗什么的，让后人觉得不能轻饶曾经得罪过他的人。起应们和鲁迅之间这次及以后的文笔交锋，就成了让他们倒霉的大事中的一件，尽管后来起应和绍仪们一再为自己年轻时的不懂事作检讨。

胡秋原也是有话语权的出版社老大，当然不会吃这种亏，就写了一首诗准备回骂过去。诗已经写好排出来了，被当时文艺界另外一位著名人士冯雪峰阻止。胡的性格应该不算冲动，胆子也不算大，从他拒绝担保的理由就能看出，他不担保不是因为绍仪是罢工委员会的委员长，是他公司的捣蛋者，而是因为怕麻烦才拒绝的。所以冯雪锋一劝，他就把自己的回骂诗作抽回来了。胡后来在台湾当了"立法委员"，又是最早一批到大陆访问的人，被人称作破冰第一人。照美国人的话说他是个能妥协、有合作精神的人。

找人担保不成，起应就转而请律师。他请了当时有名的红色律师潘震亚。潘为左派人士打赢了不少的官司，很有名望。潘律师新中国成立后曾任江西省的副省长，果然是一红到底。请律师花了起应三四十块光洋，在当时是一笔不少的钱。

潘律师在法庭上雄辩滔滔，审判结果反而是出乎意料的重，绍仪被判刑两年半。应该是律师的"左倾"色彩让此案更向思想案靠近了，看书的问题大过打人的问题。

审判结果出来后，绍仪表现得极为平静，他淡淡地和起应告别后就回到了牢里开始正式服刑。这一切使起应大受刺激，出了法庭后心情久久不能平伏，而在友人的陪伴下在黄浦江边走了整整一夜。这一夜应该是起应在思想上和当局彻底决裂的一夜。在强大的压力下，很多人都会屈服顺从，而使当权者认为压力是很好用的工具。但有些人会被压力推向反面，起应和绍仪恰好是后一种。

起应觉得绍仪是自己从益阳带出来的，出了这样的麻烦对绍仪的父母要有所交代。他为此事专程回到益阳乡下，向周相公夫妇说明经过。周相公夫妇表现得很大气，对绍仪的处境虽然伤心但并不哭天抢地，对起应的处置也表示感谢和理解。

写到这里，我再一次感叹起应和绍仪当年的友情可贵。如今这样既可以交流又可以托付的友情真的不多见了。

起应家境富裕，资质优异，受家族宠爱。但他成年后追寻自己的理想，热爱朋友，常常从家里拿钱出来办刊物，搞活动并资助朋友。起应还在日本坐过牢，益阳老家变卖田产救他出来更是伤了元气。后来老屋破旧凋零，好客的母亲连简单的招待客人都不能够，三个留在家乡的儿子也数次因为经济问题而不能继续学业，这是后话。

3

绍仪两年半的刑期因为遇到当局和日本签订《淞沪停战协定》后的大赦而缩短为二十个月。这二十个月的监狱生活对绍仪来说有得有失。

绍仪一生酷爱自由，他为自己取名周立波，立波是英文 Liberty（自由）的音译，所以他的名字就叫周自由。二十三岁的周自由被关在限制自由的监牢里当然痛苦，他甚至还没有见过他的第一个孩子。牢里的伙食不好分量也不够，让身高力大饭量好的绍仪吃了不少苦头。同室的工人比绍仪更能吃而常常抱怨，绍仪有时还不能不把连自己都不够的食物分给同室。绍仪一辈子慷慨大方，不论是食物、衣服、钱财都不断地送给亲戚、朋友，甚至毫不相识的人，倒是对至亲有时疏于照顾，算是钱财乃身外之物的忠实奉行者。

得的方面有三，其一是结识了另一位重要的终生朋友吴亮平。吴和立波同岁，年纪轻轻的他已是一个大人物。他是浙江奉化人，和起应一样是上海大夏大学的学生，学的是经济，精的是外语。不到二十岁就去苏联莫斯科大学留过学，毕业后还留校教过书。回到中国后在刚成立不久的共产党内担任重要干部，并主编中共宣传部的《环球》周刊。二十二岁的他还翻译了恩格斯的重要著作《反杜林论》和其他一些马列的经典著作。

年少多才、见多识广的他也不完全是一帆风顺的，在共产党内因为和当时的领导王明不大对劲被降了职，看得开的他利用这空闲定下心来翻译了二十七万字的《反杜林论》。共产党是地下组织，一天他在上海街上走时因被同学认出告密而被捕。

吴亮平知识丰富，性情开朗，风度儒雅，从容不迫，也是一个在任何环境下都能泰然自若、笑口常开的人。吴一直住在和绍仪相邻的房间，有一段时间更同居一室，和绍仪有长时间深入的思想交流，并教绍仪英文。

牢中思想犯居多，文化水平颇不低，大家用各种方式交流，取长补短。吴亮平花了不少的时间讲解《唯物史论》，绍仪为大家背诵唐诗。因为吃得既不好也不饱，大家也常常交流以前吃过的美食来过干瘾。

牢中还有一个难友后来也很有名，就是曾经担任过上海市市长的曹荻秋，他和绍仪一样也两次坐牢。曹担任过十年的上海市副市长，1965 年升为市长，才当了一年就碰上了“文化大革命”，被斗得七荤八素。当时有很多他挨斗的相片流传，让人看过后久久难忘。曹被关了很久才放出来，1976 年就过世了。

收获之二是读了不少的书，起应不断应绍仪要求送各种书籍进牢房，像《英汉大词典》《资治通鉴》等大部头的书都被绍仪仔细地读了多遍。有书又有高明的老师，绍仪的中西学问因而大进，心境更开阔，态度也更沉稳了。

收获之三是精神上彻底的解脱。绍仪从中学开始就麻烦不断，自己并非不苦恼。中国农民和农民知识分子讲究中庸之道，一般有可能不会想到要和当局作对。绍仪和他的朋友们思想“左倾”，和当时的正统思想有很大的距离，他少年气盛不善掩饰，难免不被别人抓到辫子。但这次坐牢前他并没有立定心思当反对派，还是有可能成为社会成功人士的，以他的才智努力加上年轻应该不难做到。从这次坐牢开始，他在思想上和当局决裂了，用他自己的话说就是：“获得了精神上的自由。”

关于吴亮平，还有些要补充的。他才华横溢，官运却并不是太好，在上海时和王明不大对付，但毕竟是在苏联正式学习过的，还是被归到二十八个半布尔什维克中的一个，不大被重用。后来担任化工部副部长，对资历老、懂经济的他来说算是屈才。个人生活方面倒是不错，他的太太是当时延安有名的三姐妹之一，个子高挑，美貌又有文化。吴本人爱看书、爱下棋，兴趣广泛，人生也算美满。

20 世纪八十年代我见过已是老年的他，是个好看又放得开的老人。下面的事是他告诉我们的，说到得意处坐在躺椅上的他竟像个老顽童式的把两只脚跷过头顶，两眼笑成了弯月形。

话说当时吴是大人物地位高，提审他时自然正式严谨，也留下了详细的审讯记录。绍仪照今天的话说只是个打架的小混混，找个人时时吓吓他就好，审讯记录也就马虎潦草。

这个差别待遇想不到几十年后大大影响了两人的生活和命运。“文革”中，吴的审讯记录让他轻松地摆脱了当时病态社会无所不在的叛徒指责。而绍仪马虎的审讯记录使得对他的叛徒怀疑陷入无穷无尽的调查。也是导致他再次坐牢长达七年之久的重要原因之一，不同的是这一次他坐的是共产党的牢。

20 世纪六十年代，“文革”中的极左派也同样认为思想犯比刑事犯更可怕。周自由两次都生逢其时，以同样的原因被不同的政党关押，真是被命运开了个大玩笑。吴亮平躲过了第二次不过是因为几十年前的敌人留下了一份清楚的审讯记录，难怪智慧又达观的他要大笑不止了。

第八章
牢前，牢后

1

二十个月的刑期过后，绍仪被送到苏州反省院继续反省。他只有初中学历，又是因为罢工被关进来的，就被编在低学历组和劳动阶层在一起。

低学历组的人因为文化水平不高，只被要求写日记汇报思想。已经修炼成大学问家的绍仪写的日记很没有水平，只反复报怨蚊虫太多、伙食不好之类。教官批评说："不要只注意这些小事，要多多注意思想改造。"但考虑到这个组的学历不高只能如此，也就不好强求。

高学历组的人士就没有那么容易过关了，他们必须写声明登报脱离党团组织或讲述思想改造的过程。这些人中很多后来成了新中国政权的重要干部，而在几十年后的"文革"中轻易地被定性为叛徒，百口莫辩。绍仪的低学历不但在当时救了他，也在"文革"中救了他，使得对他的叛徒调查持续了八年之久而不了了之。

周相公托人情找了两个当商店老板的朋友给绍仪出具了铺保，意思是说绍仪以后再惹麻烦的话，这两个保人因为有资产的缘故就跑不了。改造了一阵子又有了铺保立的字据，反省院就让绍仪回家了，只要求他隔一段时间写封信汇报思想。

消息传到益阳，全家都很高兴。芷青拿出绣花的钱请远近闻名的生裁缝到家里来做衣服。生裁缝在堂屋里架起门板做了好几天。家里像过节一样高兴，饭菜也开得比平时好多了。

衣服大部分是为绍仪做的，做了夏布衣裤、白绸布长衫以及各种贴身的内衣。衣服打包寄给绍仪，希望他出了监狱就能焕然一新，也希望他回家时穿得像模像样一点。坐牢不是什么光彩的事，邻里乡亲知情的并不多，好面子的周相公还要做人，芷青也愿意自己有一个人人羡慕的如意郎君。

小孩更是不能让他们知道，路易也是长大了才知道父亲坐过牢。瞒过孩子一是不会破坏父亲在他们心中的高大形象，二是免得他们受玩伴们的欺负。顽皮的男孩子口没遮拦，发现你家有什么弱点那是会当歌唱的。

路易小时候也是个口舌生非的调皮孩子。他曾经把堂兄的名字改成不文雅的谐音字当歌唱，被堂兄狠狠打了几下。刘姓太太知道后破口大骂已去世的姚姓太太的孙子不地道，欺负没有爹的路易，把那孩子吓得好几天不敢露面。可见有时弱点也能成为武器，关键是要有人撑腰。

2

1933 年，二十五岁的绍仪从苏州反省院回到上海，就带着起应为他筹得的一点路费和芷青寄来的衣物上路了。路经武汉时绍仪身无分文，把新做的衣物典当了几个钱，勉强回到了益阳。

到家时绍仪只穿了一件又脏又破的夹衣，脚上是一双开了口子的破鞋，一点也没有预先安排的衣锦还乡的样子，让老父老母及芷青看了心痛不已。他们毫无抱怨地迎接混得灰头土脑的浪子回家，以益阳人特有的温情抚慰着他受伤的身心。生裁缝再次被请进门，为绍仪从头到脚再装饰一番。

回到家乡的绍仪不大出门，每日里只在家里看书写字。周相公希望三儿子不再出远门，身体养好后就在他任校长的小学教书，这也是他对三儿子一贯的安排。芷青每日里把饭开在自己的睡房里，把绍仪照顾得极为周到。

凡是享受过芷青照顾的人都不会忘记她的无微不至，她对丈夫儿孙都是放任而毫无约束到溺爱的地步。她又极能干，可以包揽所有的家事而不知疲倦。

记得我小时候母亲崇尚苏联式教育方式，对子女不大表示爱意，我们被要求做不少的家务，也不能看像小说之类的闲书。但只要一进到祖母的家门，被她紧紧地搂着亲过后，就全身心地放松了。我们可以烤着火，吃着零食无休无止地看小说。长沙的冬天冷，祖母甚至在床上为我洗脸刷牙，让我在温暖的被子里吃早餐。

有一次我和同学在外面乱吃东西，回家后肚子痛。祖母完全没有责备追问，就让我躺在床上，又是热敷，又是汤药，还拿着针线守在我旁边，轻言细语地告诉别人不要打扰。

对我如此，对她心爱的夫君可想而知更是细心周到。祖父一生，特别是晚年，如得我祖母没有抱怨的细心照料，他的身心应该会舒畅很多，他必能像他的两个哥哥和家族中其他人一样活得更长久，写出更多的好文章，这真是他们二人的命运使然。顺便提一下，周立波1979年去世，享年七十一岁；他的大哥周大一辈子留在益阳乡下，活了九十多岁；他的二哥周二从益阳到了长沙，活了八十多岁。

当时的监狱和反省院对释放人员发放两种不同的证件，一曰刑满释放证，一曰自新证，其间区别已不可考。但六七十年代的“文革”中认为领取自新证的应是叛徒，而领取刑满释放证的应该还好，叛徒的嫌疑要小一些。

绍仪当时当然不知其严重后果，回家后就把刑满释放证或自新证随便地放在抽屉里。芷青看见过这张小纸片，后来这该死的纸片就不见了。

“文革”中为此事办芷青的学习班——有点变相软禁的意思，反复问她：“你丈夫拿回来的是什么证？”芷青一口咬定是刑满释放证。办案人员把两证盖住抬头，让她指认，芷青毫无困难地挑出刑满释放证，再一次帮了她夫君一把。可叹芷青唯一的男人一生好事轮不到她，一有什么麻烦，她回回跑不掉。

至于我，谁的玩笑都可以开，也希望把此书写得尽量轻松些，只有写到我祖母就轻松不起来。作为她唯一的女性后代，我时常在午夜梦回时为她的一生际遇扼腕痛惜，流下眼泪。

我常常对丈夫说：可惜祖母不能活得更久一些，让我们有机会把她老人家接到美国来养老。她一生物资贫乏，美国衣食无忧的生活可以满足她。她害怕火葬，这点我们也可以办得到。她虽然识字可以写简单的书信，但并没有知识分子的脾气，对北美平淡的生活应该没有抱怨。她和我丈夫从第一次见面就认定了对方是家人，关系异常亲厚。最重要的是和儿孙在一起过平静幸福的日子正是芷青一生所求。

另一异想就是，我下辈子如果投身为男人，一定要娶个像芷青式的女人为妻。我要疼惜她，尊重她，享受她无边的温柔爱意，一辈子也不负她的深情。

3

绍仪在家乡数月，二十五岁的芷青再次怀孕。孩子还没有出生，起应又有信来，邀绍仪再去上海。绍仪已被抓过一次，有了案底。按当时的不成文规则，再次被抓，不管是不是共产党都会没命的。这些当然挡不住绍仪去上海，他只在行前稍稍作了一些安排。

提前写了十几份信给苏州反省院，说益阳如何风景颇美，空气也新鲜，自己如何畏热异常，但每读书至佳处，凉风顿生等等。这些信放在周小姑的丈夫雷姓姑爷处，嘱咐他隔一段寄一封去苏州。

每次都是瞒着周相公夫妇出走的，这次连怀孕的芷青也没有告别。绍仪拿走了芷青绣花攒下的一小笔钱，在笔筒里留了一张纸条就悄然离去。纸条上告诉芷青要是生了男孩，就起名雅可，小名可可。这说明绍仪思想的转变，他从喜欢法国文学转到了喜欢苏俄文学，雅可正是苏俄文学中常用的名字。

大着肚子的芷青看到纸条后带着四妹赶到益阳县城。她知道绍仪钱不够，走不远，也知道他只有一个地方可去，就直接去了林家。进了林家的大门果然看见绍仪正在看林家少爷打牌。林少爷伯森家庭富裕、思想进步但爱打牌，他还有一个很激进的堂兄弟是贾小姐的丈夫。几年前正是这两位兄弟介绍起应和绍仪认识的。

林少爷当然知道绍仪为何而来，还是继续打他的牌。在绍仪的观战下他赢了不少的钱，就用手抓起来一把给了绍仪。芷青虽然不希望夫君离开但也知道拦不住，帮着打点了行装后就再次送走了夫君。

没有过多久芷青再次生下一个男孩，这个孩子长得漂亮可爱，像个洋娃娃。周相公也再次由着儿子的性子为孙子起了个洋气的名字，他对三儿子的离经叛道虽反对但并不坚决。辛亥革命积极分子周相公为路易起的名字叫周觉民，比儿子取的更像革命党的名字，他对儿子的思想行为似乎也有几分认同。

周雅可正是我的叔叔大人。兄弟日后笑谈：我俩不必叫什么路易、雅可，直接叫牢前、牢后就好。两兄弟相差四岁，恰是一个得于绍仪坐牢前，一个得于绍仪坐牢后。

第九章
上海的辉煌

1

绍仪这次非法潜回上海，需要隐姓埋名，加之他觉得几年来过得不顺，也许是名字不吉利造成的。思来想去就用了他以前用过的笔名——立波，这是从英文 Liberty（自由）音译过来的。这个名字脱去了周绍仪的土气，又点出了绍仪人生最大的想望，就是要自由地不受拘束地思想和生活。绍仪在上海从 1935 年到 1939 年都是用的“立波”这个名字，1939 年到延安后才加上姓，就是后来名满天下的周立波。

改用了立波这个名字后果然时来运转，风好像真的向他这个方向吹来了。这次回到上海，以前的积累终于有了爆发，他很快迎来了他文学生涯上第一次的辉煌。

起应这时也改名为周扬，他这次叫立波回上海也是为了翻译书稿。二周此时的眼界成熟了不少，为自己找来翻译的都可称为一时之选，比以前高明多了。二人也开始独立作业，形成了各自不同的风格。

周扬翻译的是托尔斯泰的《安娜·卡列尼娜》上卷。因为他其后主要从事政治工作，此书成了他一生最重要的译著。文字优美流畅，到今天还是中国有分量的译本。有些句子变成了大家随口就能引用的名句，比方：“幸福的家庭是一样的，不幸的家庭是各式各样的。”安娜耀眼的美貌和全黑装扮的另类审美观，以及她自毁式的悲剧经由周扬的精致译文深深打动了中国读者，成为几代中国知识妇女重要的审美潮流。

《安娜·卡列尼娜》也是美国中学生的必读书。我女儿和她的朋友们与当年中国的文艺女青年口味大不相同，她们很不能欣赏此书，认为安娜病态，故事沉闷，托老的文字拖沓。这和美国长大的孩子们心态阳光毫不压抑有关，我想也可能和所用英文译本不够高明有关。

摆脱了思想束缚的立波走得更远，选择的干脆是苏联的小说《被开垦的处女地》，讲的是顿河流域的土地改革和集体化运动，比中国的土地改革早了十年，合作化早了十五年。作者肖洛霍夫文采绚丽，修养深厚，是当时苏联重要的作家之一。这部作品得过列宁奖，他的另一部作品《静静的顿河》更得过诺贝尔奖和斯大林奖。立波的译文清丽流畅，既是翻译，又是再创作，是意译的成功范本。

两位二十六七岁的小周先生闭关译书好几个月，出来时都脸色苍白，走路摇摇晃晃。要不是身体基础好，恐怕都会像当年的好多文人一样吐起血来。拼了几个月的命，交出了两本漂亮的译著，两本译作都是风靡一时的读物。立波的选材和当时正富盛名的郭沫若撞了车。郭看了立波的译本说：“比我的译得好。”就把自己的译作放弃了。此事除了说明郭沫若有大家风范之外，也说明年轻的立波确有文才。难怪祖父在五七干校财院对我说起这段旧事时还很有些得意扬扬。

2

两本译稿由当时最好的出版社商务印书馆印出，收入《世界文库》。商务印书馆总编辑郑振铎是既有学问又有思想的青年才俊，娶了书局老板的二女儿后掌管书局的批印大权。他有胆有识，在那种社会环境下敢出《被开垦的处女地》这样红得可以的书。书刊出后在知识青年中影响很大，很多人因此改变了思想，甚至改变了人生道路。更多的人是通过这两本书了解了两种完全不同的生活形态。

郑振铎是个了不起的出版人，发现培养了不少的优秀作家，比方老舍，比方巴金。他学贯中西，兴趣广泛，著作等身；他社会地位高尚，夫妻生活和美有品位，但思想并不和当局合拍。他和鲁迅、瞿秋白等私交深厚，一直很有作为地扮演着社会良心的角色。新中国成立后担任文化部副部长，可惜 1958 年在飞机失事中去世。

最近看郑振铎的传记，对有一件事印象深刻。郑的太太出身富裕，从小养成了爱吃大闸蟹的习惯，结婚后郑想方设法满足太太的这个嗜好，不但让她在蟹季吃得过瘾，还能整年吃得上蟹。郑真是个知情识趣，愿意也知道怎么心疼太太的人，他的太太真好福气。

娶一个比自己社会地位高的太太，并从太太娘家继承家业或社会地位并不是一件容易的事，也并不是只要聪明能干有志气就能做好的事。我的长辈和同辈中，以及留学生朋友中不乏这样的例子，结果多半都不怎么美，有些还发展到恶的一面。家贫又有才的女婿少时受压或感觉受压，一旦得志就恩将仇报，把当年受的窝囊气还报在太太及太太娘家身上的例子多得很。

只有像郑这样坦坦荡荡、胸怀光明的奇男子才能一面把岳家的事业经营得更精彩，一面把家庭生活处理得这么完美，自己还活得不亢不卑很有自我，还能成就一番大的事业。我先生在美国读博士时的导师也是这样一位不同凡响的人物，以后有机会再说说他的故事。一般而言，如果不是碰到个性非常完美的人，我建议门当户对还是比较安全的选择，人性是经不起考验的，世俗的幸福多半都是平庸的。

言归正传，两部译著的另一重大成功之处，是此二书很快被选为大学外文系的翻译教材，成了范本。此二书的下部后来均由专业译者从俄文译出，但普遍反映第一部比第二部好看，可见译者的眼界和文学素养是译文好不好看的重要因素。立波的文学才华从此时开始得到极高的评价。周扬可惜没有继续走作家的道路，但后来领导中国文艺界也算是内行领导内行。

叫好又叫座之外，稿费也有些惊人。《安娜》书得稿费七百大洋，《被》

书得稿费六百大洋。当时一块大洋可买两担米，保姆月薪三四块大洋，教授的年薪也只有二三百元。二周大可以拿这笔钱出国留洋、买房买地什么的，但他们的兴趣显然不在这里。

二周的稿费很大一部分用在了左联的刊物上，另外一部分是支援朋友。当时沦落上海的文艺青年很多，经济状况大多不好，立波的手极松，对任何人都愿意帮一把。有一次出版社送来一大笔钱，就堆在桌子上，来了朋友一人抓一把去花，直到拿完为止。

还有一个重要的花钱处就是资助、营救坐牢的人。立波坐过牢，对坐牢的朋友特别关心，经常去看望他们，送钱给他们以及家人用。也像周扬为他所做的一样，拿钱为他们找关系担保，请律师辩护，极为尽心。

立波自己对生活没有什么要求，得了这么一大笔钱并没有让他改变生活方式。他仍然住在亭子间里，吃穿简单不讲究，也没有染上任何花钱的嗜好。这样的作风贯穿他的一生，他甚至相信复杂奢华的生活会影响写作，而常希望有一个单纯朴素的写作环境。他羡慕托尔斯泰能在豪华的庄园里安顿一间朴实的书房，有一个贤惠的妻子为他挡住一切生活琐事。

20 世纪 30 年代上海的“才子加愤青”的立波，相片的背面写着“送给芷青”。

到钱花得差不多的时候，立波才想起了家乡的父母妻儿，便寄了二十块大洋回家。其时周相公以不多的田产加上当小学校长的工资养活一大家子人，实在艰难，收到三儿子的第一次汇款，欣慰之情溢于言表。他指挥幼小的路易磨墨，然后郑重地在账本上记下：“今收到凤悟大洋二十大元正。”路易不堪磨墨重任，弄得满手都是墨，让刘姓太太大骂了一顿。这二十块银圆不但让周相公骄傲，也大大缓解了他的经济困难。

立波对自己的文学事业看得极重，似乎生命中一切都可以放弃，惟独事业不能放弃，但对于文学事业带给他的财富从不放在心上。他的钱来来去去多半是为了理想和朋友，但也没有什么周密的计划，对自己的家人儿女也无心照顾。不像如今的美国有钱人做慈善事业也要安排周全，务求把钱用到最好。

3

二周在文学事业上有了突破之外，开始参加一些政治活动，而当时政治生活其实相当危险。那时候对日战争艰苦，内战也如火如荼。当时共产党的红军在江西被“围剿”五次，江西红区十室九空，红军也损失了百分之九十。白区的共产党当时的报告称损失了百分之百。

在这种环境下，坐牢后从益阳回到上海的立波毅然加入了共产党和左联，并以相当激进的姿态开展工作。他担任了左联的党团委员，周扬是当时的文委书记，为左联刊物写稿，另外还发展和他们有相同思想的人加入组织。他们发现有可能的对象后，由立波去试探交往，时机成熟后再由周扬出面发展。

例如当时在学界很有影响的青年思想家艾思奇，《大众哲学》的作者，就是他们所选定的发展对象。立波到艾庭院深深的家里去看他，两位青年才俊一拍即合，艾完全没有犹豫，马上明确表示愿意加入共产党，遂由二周介绍入党。以当时的环境看，三人都是忠于自己思想、敢说敢干的人。

艾思奇比二周小两岁，云南人，父亲原是蔡锷手下的高级幕僚，后来在云南当官。艾是日本留学生，在日本时读了不少哲学书，其中包括马克思主义的哲学书，为之深深着迷，为此还学会了德文。

二十多岁的艾思奇就写下了他一生中最重要的著作《大众哲学》，用通俗的方式介绍难懂的哲学思考方式、辩证法，介绍哲学思维对生活的影响。文章好读又深刻，先是在《读书生活》上连载，后出单行本。出书之后在二十年时间里再版了三十二次之多，非常受欢迎，哲学书能销成这样，真是奇迹。

艾思奇有一个很重要的“粉丝”就是毛泽东，毛读《大众哲学》一书竟作了十九页的摘录。艾 1937 年到了延安后和周扬等组织“新哲学会”，毛泽东还参加进来当会员。艾思奇后来担任中央党校副校长、中国哲学会副会长，是共产党内重要的理论家，1966 年过世。他后来的重要著作还包括《辩证唯物主义纲要》《哲学与生活》等。

顺便提一下，艾思奇父亲在云南修的住所，高房大院，小桥流水，巍峨而不俗气，既有古风，和云南的自然环境相互依托，也有现代建筑的流畅和变化，简直可以作为旅游景点参观，也可作为建筑样本学习。

立波当时负责接触的另一位有意思的人名叫高士其，他比立波大三岁，那时也就三十岁出头，但已经饱经沧桑了。他是从清华留美预科班毕业的，在美国的芝加哥大学读医学博士做实验时不幸被细菌感染而全身瘫痪。了不起的他还是完成了学业才回国。回到中国的高士其本来在大医院当检验科主任，领取几百块大洋一个月的高薪，因为申请不到购买最基本的显微镜的钱，他一怒之下辞职。身体不好的他，志气不小，脾气也够大。

立波认识他的时候，他又穷又有病，住在《读书生活》杂志社的楼上，靠写小文章勉强度日。立波曾写过一篇相当郁闷的小文章发表在上海《大晚报》的副刊上，回忆他和高的一次会面，介绍高无可奈何的生活，发泄对现实的不满，名字就叫《科学小品文家高士其》。从立波的文章中知道，高还懂德文，能看《浮士德》，喜欢雪莱的诗，文章就是以雪莱的《西风辞》收尾的，就是后来极有名的那句：冬天来了，春天还会远吗?

O， Wind， If winter comes， can spring be far behind ?

高的科学知识丰富，文学修养也不差，加之在外国生活过，见多识广，又和艾思奇一样愿意把科学、哲学这类高深难懂的东西化繁为简，化难为易，深入浅出地让非行家的普通读者了解，所以他的科学小品文也像艾的大众哲学一样自成一家，广为流传。高和艾也是好朋友，坐着轮椅的他还去过延安。

新中国成立后高士其一直躺在病床上，也一直写科普小品文，虽然他只能口述，后来连说都不是很清楚了，要秘书用猜的办法写下来。身体不好但一直受人尊敬的他直到 1988 年才过世，比他当时的朋友二周、艾思奇都要长寿，他的不幸在年轻时已经到了顶峰，后来的生活反而比他的同代人要平顺些。

我小时也读过不少高士其的文章，他用细菌或毛毛虫什么的作第一人称写的，让小孩子知道生物或微生物的世界是什么样子，很有趣。据说我小时常喜欢玩毛毛虫，一点也不知害怕，恐怕和看了高的文章，把小小的虫子当了同类或朋友有点关系。

当时另有一批青年走学术救国的路，以胡适为代表，也形成了一种思潮，和当局的关系不错，算是正统。二周和他们的朋友们出类拔萃、资质超群，如果能稍稍与当时的社会将就妥协，命运也许会大不一样。换言之，如果当时正统的当权者能够有海量容纳这些和他们有不同想法的优秀青年，并得到他们的支持的话应该也不会保不住政权，狼狈地被赶到海岛上去了吧。中国那几十年在思想上黑白分明，非生即死，难以理喻。好在现在有非常多的学者专家对这段历史尽心研究，不学无术的小女子我就不宜多言了。

第十章
没有父亲的童年

1

芷青两次生孩子丈夫都没有在身旁，但还是被照顾得不错。除了婆家对她很好外，娘家也给了她最大的支持。芷青自己对孩子更是无微不至，带得极为尽心。雅可从小长得可爱，像个洋娃娃，个性讨人喜欢。路易聪明主意多，比较能惹是非。两个儿子都是芷青的骄傲，也是让别人羡慕她的地方。

周相公家虽不是大富人家，规矩还是蛮严的。芷青住在绍仪名下的两间房子里，公公从来不进屋，有什么事就在堂屋里高声说给媳妇听。周大、周二也不能到弟妹的屋里来，只有周大的女儿惠娥，还是个十几岁的女孩子，和三婶的关系最好，常常到三婶的房子里来帮忙照顾路易和雅可。

惠娥生母已过世，继母每年都生一个孩子，但每个都在临产前死在肚子里，她常年躺在床上保胎或坐月子。惠娥要照顾继母，又要忍受她因生育不顺而变得越来越坏的脾气，是个可怜又老实的孩子。只有芷青三婶常常安慰她，教她各种女孩子该知道的知识。

芷青要轮值煮饭，那是一个繁重的体力劳动，需要一边添柴，一边煮饭炒菜。时间紧，工作量大，一个妇道人家是很难照顾周全的。大嫂、二嫂当值的时候，大哥、二哥都会去帮忙，轮到芷青就没有人帮忙了。姚家舅舅就常常从后门经过磨子房进周家的厨房帮大姐劳作，一边和大姐聊聊家常。

知道舅舅在厨房，路易总要到厨房来玩一阵子。姚舅舅往往帮完忙又从后门回家，并不留下来吃饭。有时周家请客，也会叫姚舅舅来帮忙，对待他与其说像亲戚，不如说像帮工。这点让路易非常不满，因为他和舅舅的关系是极好的，生怕别人看不起姚舅舅。

外公的家也是路易常去的地方，去了总被好好地招待一番。舅舅更会带他去捉鱼摸虾，晚上用火把照着抓泥鳅，扎鳝鱼，玩得不亦乐乎。周大和周二也是好玩之人，常带着他们的儿子加上路易，后来更加上雅可在河沟里抓小鱼小虾。这些鱼虾用火焙干了炒辣椒吃是待客的好菜。

一点也不像乡下孩子的路易和雅可，不怕麻烦的芷青竟然给孩子穿很容易弄脏的浅色衣服。右前是一位堂兄。

2

每年有一天，姚家舅舅会堂皇地从周家的正门进去，且会留下来吃饭，那就是杀年猪的那一天。姚外公是附近唯一能杀猪的人，他把手艺传给了儿子。周家要杀年猪，姚外公作为亲家不好出面，就让儿子出马。

姚舅舅在杀猪的前一天就来布置现场，安排道具。像把前坪的杂物清理好，杀猪台子装好，刀子磨好什么的。惹得路易等一帮孩子跟上跟下，兴奋不已。到了晚上孩子们都睡不着，紧张地期待一年一度的杀猪大典。

第二天的一早，其实并不早，好戏的前奏是要磨的，杀猪英雄姚舅舅在小观众的热盼下来到现场。姚舅舅长得方头大耳，身材高大，很有些英雄气概。他杀起猪来手起刀落，干净利索，很快地就把猪杀好，肉也分割好。孩子们还没有看过瘾，又追到邻居家去看。姚舅舅要连续表演好多天。

猪的下水通常会当场放上萝卜煮成一大锅猪杂汤，请左邻右舍、亲戚朋友来吃，这是年前重要的社交活动。当然不是全家都来吃，而是每家派一个代表，通常是这家的男主人。

路易那时已经有五六岁，人长得像模像样，常常代表绍仪这一房出席乡间的红白喜事和年前的猪下水宴，他拿着芷青准备的礼金就正式上席了。刚才还和一群小屁孩围观姚英雄杀猪，现在居然挤在当家男人中间吃席，很难不叫路易顾盼得意。别的有父亲在的孩子是轮不到吃猪下水宴的。

雅可长得可爱乖巧，从来都是一脸甜笑，爱跟着妈妈的身边转。他小时老爱爬到前屋的一张摇椅上玩，因是祖母的宝座，每每被喝令下来，留下遗憾。晚年就买了一张相似的摇椅，一坐上去，他的表情就显得舒适和心满意足。上次我去看望叔叔，谈话前他让我坐摇椅，幸好我看出来名堂让回给他坐，接下来的谈话才进行得格外亲切、和顺。

芷青的心情当然没有孩子们轻松，没有负担。周扬的太太吴淑媛和她同岁，由丈夫送回益阳生老三。周扬回到上海就和苏小姐同进同出，不再接吴回上海了。吴夫人虽然不知道，但多少有感觉，心情好不了。立波之前是没有能力在上海养家，现在有能力了也从来不提接太太儿子去上海的事，芷青心里也不好过。

两位二十多岁的益阳夫人都念过一些书，是自尊自重的新女性，又有旧女性的贤惠美德，不想也不会在丈夫面前撒娇、撒泼。两位少妇常常见面谈心，除了互相安慰之外，双双对上海的丈夫和自己的处境都想不出什么解决的办法。

两家的五个男孩中以吴夫人和周扬所生的艾若为最大。当时已是少年的艾若记得芷青也就是他口中的姚妈妈和他妈妈只要在一起就有说不完的话，她们说话都关着门，背着人，不知她们在说什么。两个平时少言寡语、不讲是非的美丽少妇在一起到底都说了什么呢？她们如果能写会画，这漫漫无边的相思无奈应该能化作动人的诗情画意流传下来，而不会让艾若和我们这许多的后辈怀着遗憾揣测她们的轻言细语吧。

第十一章
落花有意，流水无情

1

谈到如诗似画、婉约多情的吴夫人，总让我想到“落花有意，流水无情”这样一句诗。吴夫人的祖父曾是湘军将领，官至一品，打败太平天国后曾驻守瓜州就在今天的江苏省，人称瓜州太守。娶了八个江南的美女做太太，好不神气。

清朝的皇帝以小族治大国，发展出了一套投其所好、分而治之的方法。他们一向娶蒙古姑娘当皇后、妃子，用蒙古小舅子掌军权，奉西藏喇嘛为国师，立西藏黄教为国教。汉人最喜欢读书，爱考试，就让他们考个够，考得好的做文官管理国家，武官就免谈。谁知太平天国一役，打得满人、蒙古人满地找牙，清朝差点亡国，还是湖南的读书人曾国藩在家乡自募民团，号称湘军，把不可一世的太平军打败了。

湘军救了大清朝，但清朝的规矩不能变，功高盖主对双方都不是什么好事，这点心思缜密的慈禧太后和饱读诗书的曾大帅都心知肚明。于是大战结束，曾国藩主动要求裁减湘军，朝廷也尽力满足胜利之师的升官发财愿望，湘军除红顶子满天飞以外，据史料记载，裁军时很长一段时间长江上千船万帆连绵不断，都是湘军将士们从江浙一带运送财富美女回湖南。

周扬外公家也是湘军将领，所以他也是将门之后。当时湘军将领几乎全部都是些以前只能纸上谈兵的书生，他们没有武士的家传，也没有什么实战经验，但出乎意料的是，一旦打起来，这些书生大都勇敢不怕死，仗也打得有章有法，出神入化，出了不少了不起的将帅之才。他们自称“上马能杀贼，下马能吟诗”，豪气冲天，很能左右当时的政局及文坛。所以周扬也是有韬略的文武全才，没有多少书呆子气。他的气魄也很大，很有点事业为重、家财为轻的味道，他的家产除了在日本为营救他出狱花了一大笔以外，其余的大都投入了他所信仰的事业。

谈吴夫人扯到了太平天国和湘军，走题何止十万八千里，其原因有二：第一我是学工程出身的，做事情难免古板，爱搞清楚为什么才肯下笔，所以为了写这本东扯西拉的小书还真下了点功夫；其二是我老公听我谈起这段往事极感兴趣，说是对了解湖南人的使命感和湖南人对近代中国的影响有帮助，他命令我不管看上去多生硬也要把这段插进去。湖南人的使命感什么的题目太大，让我有小船不堪重载之感，但我写文章老公是金主，咖啡钱是他出的，所以只好听命于他。

回到我们的故事。话说吴将军带着财富和八位出身江南的太太回到益阳，唱了三天大戏来表达他衣锦还乡的得意。后来他的一位有一半江南血统的儿子又再下江南，娶了一位扬州太太回家，生养了当时号称益阳第一美女的吴淑媛，很有些江南女子的婉转和柔弱。

她和周扬一样大，他们十六岁就成婚，人才、相貌、家世样样好，得天独厚的这一对少年夫妻带着佣人双双在长沙读中学并很快做了父母，生出来的儿子们也和父母一样长得健康、漂亮，穿着洋派。这漂亮的一家人让人印象深刻，就像传奇一样在亲友的口中流传下来。

吴夫人小小年纪就当了妈妈，还是跟当小姐时一样无忧无虑不需要操心柴米油盐。除了她的婆家是大户之外，她的娘家也给了她有力的经济支援。扬州太太虽然不是正室，但名下也分有一笔不小的家产，她心疼女儿，看重女婿，一直在经济上支援小两口的生活。

吴夫人靠着夫家的家产、娘家的支援在上海住了九年之久，陪伴丈夫读大学，写文章，办杂志，搞革命。吴夫人的思想单纯，对丈夫儿子满意，觉得自己婚姻美满。她是富家女，没有缺过钱，对钱财也不大放在心上，是个爱打牌、爱交友、没脾气的美丽太太。丈夫的那些革命同志，包括走得近对周扬颇为崇拜的苏小姐，吴夫人都没有心机地接待交往，当然她也谈不上和丈夫有什么志同道合的革命思想。

2

吴夫人当时也实在年轻，又一帆风顺惯了，没有什么办法对付稍稍复杂一点的事情。当时的第三者苏小姐年纪更小，我也不相信除了任性以外她有更复杂的心机。周扬方面思想好像复杂一点，他虽有美艳的妻子和三个像洋娃娃似的可爱儿子，但总觉得自己才二十多岁就成了三子之父，不符合青年革命家的形象。他不愿意别人知道他的父亲身份，常在客人来时把孩子藏起来，应该说他还没有准备好当父亲。三个人都不知道这缘分的后果竟是如此的严重。

苏小姐个子小巧，当时还是学生，她性格明快，言谈锋利，和吴夫人是完全不同类型的女子。苏长得不错，但和吴夫人的倾城之貌比起来就没有多少人提起了。苏小姐流传下来的故事多半都是有关她的能力、言谈的。

苏小姐在新中国成立后当了北京师范大学附属女子中学的校长，这所学校是名校，出了许多能干有成就的学生。我听到不止一个从这个学校毕业的成功女士提起她们干练的苏校长，佩服得不得了，都恨不得以她为榜样。她们特别提到苏的演讲，声情并茂，很能激动人心。

说实话，吴夫人这样的女子是让人来爱的，她的美丽柔弱需要爱的滋润，而苏小姐这样的女子是让人来欣赏、佩服的。可惜的是缘分让两个人相生相克，造成了悲剧。那年头的青年革命家们追求“志同道合”的爱人同志关系，几十年后青年革命家们掌了权后又希望夫人们“不得干政”。

这两句话分开来说好像都有道理，连在一起时就难免叫人莫衷一是，啼笑皆非。好像是说在革命艰难有可能送命的时候女人最好要“志同道合”，一旦掌得大权就请女人们“不得干政”。但事情总难两全，以吴夫人的个性不可能成为丈夫的爱人同志，丈夫当了官她也不大可能干政。苏小姐个性也很鲜明，年轻时她和周扬志同道合闹革命，年老时她干政也干得理直气壮，黑白分明，有什么说什么完全不惧是非人言。比方“四条汉子”之一的夏衍对此就颇有微词，背后戏称苏灵扬为“马列主义老太太”。这名头很快被人用到戏里面，一下子就传开了，成了专有名词，这恐怕连夏公都始料不及吧。

我一直认为葆有单纯的两性关系是一种自我约束也是一种福分，也是因为看到发生在长辈身上的这些无奈和悲伤。不算刻薄的我也常常嘲笑身边的某些人说，他这样的凡夫俗子也想玩这些三角、四角关系，是不是太自不量力了？多少的天之骄子在这件事上都摆不平，损人不利己，甚至造成不可挽回的悲剧。

吴夫人的悲剧是这样的，周扬在 1934 年送她回到益阳生第三个儿子后就再也没有接她回她已经住过九年的上海了，既没有吵架，也没有离婚，没有任何的交代。吴夫人在疑惑中过了七年，才在报纸上知道周扬和苏小姐在延安早就生活在一起，他们的孩子都已经上幼儿园了。不吵不闹的吴夫人从此得了病，脖子上生了个大瘤子，百般医治无效，在三十四岁的盛年去世，留下三个没有成年的儿子。我猜她得的是癌症，不明不白被丈夫抛弃的伤心和尴尬就是病根。

还不光是这样，吴夫人去世前几年，娘家和婆家都家道败落，让一向不知柴米贵的她陷入困境，加上一直支持、疼爱她的扬州太太过世，风刀霜剑，一场又一场地打向像花一样美丽，也像花一样娇弱的吴夫人，让她过早地凋谢了。她遗下的三个俊美的儿子寻找父亲的故事是那样的曲折离奇，幽怨动人，简直是真人版的苦儿流浪记。我在幼年第一次听到时就被深深吸引，好多年后还能记得不少的细节，容我在以后的篇章里慢慢道来。

生前吴夫人和芷青关系极好，俩人处境相同，常在一起聊心事。但芷青是农家女，生命力强，几年后受到同样的打击后不但生存下来，还罩住了两个儿子和婆婆，让路易和雅可的少年岁月过得比周扬的三个儿子平顺许多。

比起芷青来立波更在乎朋友、事业。芷青的好就像空气和水一样自然，不需要他费一丝一毫的心思。他多少还觉得芷青在用钱上过分小心，不像他一样的豪迈。他不知道正是芷青的节俭和勤奋，才让他的儿子和母亲能够生存下来，熬过了漫长的战争年代。立波和芷青同岁，但这时的他远不如芷青成熟、懂事。

3

说老实话，花不少篇幅写周扬家的故事是不是明智很让我费思量。周扬有着比我祖父周立波复杂得多的人生，他领导中国文艺界走过许多动荡的年岁，是非对错，恩怨情仇，千头万绪，我一个后辈，又是外行人，绝没有可能搞清楚的。但周扬是性情中人，他和他的家人的故事老是让我难忘，和我们家又有着密不可分的缘分，要不写还真的做不到。想到写文章就是我手写我心，干脆就放下思虑，让故事带着我走吧。

两个家庭的缘分是这样的，两个周先生相交深厚，相互影响自不待说，立波数年后对待芷青也用的是周扬抛弃吴夫人一样的方式，甚至可以说更加绝情。两位益阳夫人处境相同，关系密切，她们的儿子们也是儿时的玩伴，长大后更是同学、朋友。最奇的是后来的两位延安夫人也有很深的交情，虽然性格不同，但处理家事好像商量过一样有很多共同之处。

据传言，二十世纪五十年代有位优雅的单身女学者和正当盛年英气逼人的文化部副部长周扬工作交往密切，女学者似乎动了凡心。立波当时的太太林夫人也在文化部工作，发现此情况后忙去告之苏夫人。苏并不多言，只等那位小姐再来时从楼上一盆水照头泼下去，明白表示如果不知进退将不能善了。那位可能的第三者果然羞愧而去，没有再来。据说当时林夫人也在现场，两位延安夫人的强悍泼辣和益阳的姚、吴二位的忍让、婉转可说是大异其趣。我虽是芷青的后代，对苏夫人的果断明快还真有几分佩服。

苏、林两位夫人对丈夫原配的孩子也采取同样的态度，即千方百计地阻止已经成年的大儿子和父亲在一起，对年纪比较小的儿子们倒是比较愿意照顾培养。这也是为什么艾若伯伯新中国成立后一直留在东北，我的父亲一直留在湖南的原因了。二十世纪四五十年代她们是这样做的，经历了“文革”那样的磨难，她们的做法还是照旧。

比方“文革”后周扬想调我父亲去北京工作，苏夫人马上告知了林夫人，同时劝林夫人接受这件事。但林并不听劝，马上逼着病中的丈夫立波写信给文化部，表示自己的儿子应该多在地方锻炼，不宜调到北京来。和我父亲关系不错的苏夫人后来把这事告诉了我父亲。人要有了这样的继母，人生路上多了不少的暗礁呢。

有趣的是苏夫人对林夫人阻挡我父亲到北京工作的做法大不以为然，但当艾若伯伯“文革”以后调到北京时，她以当时文艺界领导人周扬夫人的名义曾经给几乎所有重要的文化部门打招呼，让他们不要接受艾若伯伯。吴夫人的另一个儿子娶了一位将军家的女儿做太太，长年在大西北工作的这对夫妇有机会调回北京时也是因为苏夫人阻挡而作罢，将军夫人对苏夫人此举大为反感，但我听说将军夫人自己对她丈夫以前太太生的儿子做法也非常类似。可见人人难过的是自己这一关。

但不管怎么说我都不能赞同苏、林二位和类似的夫人们的做法。北美是号称每两对夫妇中有一对会离婚的地方，我在这里差不多生活了二十年，确实见识了不少的复杂家庭，但复杂家庭也有复杂家庭的文明，还从来没有见过对非亲生儿女刻薄的继父、继母。据我观察，大部分的继父、继母对非亲生子女客气和有一定距离的亲热，小部分的继父、继母把非亲生子女当成了自己的孩子，倾注了全部的爱心。

比方我女儿有一位同学，个子不高，皮肤黑黑，是亚洲人的长相。他的父母兄弟都是高大的白人，原来他是他白人母亲前面一段婚姻留下的孩子，他生父是菲律宾裔，已经过世了。这样身世的孩子竟然被教养成成绩优秀、待人不亢不卑、性格开朗、招人喜欢的身心健康的好孩子。尤其突出的是，这孩子有音乐天才，担任学校乐团的指挥出神入化，是这个地区最好的指挥。

每一次我去听音乐会都注意到这男孩动人心弦的指挥，更让我感动的还有他的母亲和继父，他们简直是目不转睛地盯着他们的儿子看，眼里满满的都是骄傲。我女儿也学音乐，我当然知道，这样的音乐才华是天分没错，但也是父母花费大量的金钱和时间才能培养出来的，这对不怎么富裕的夫妻还准备培养这儿子当医生呢。这孩子虽然失去了生父，但有这样的继父也是福气了。

我心问口，口问心，要做到这一步是很难的，也要看大人和孩子之间的缘分。但起码可以做到理智的爱护，绝对不可以对孩子刻薄的，刻意阻挡孩子的前途，那绝对是性格的阴暗面了。出了灰姑娘这样童话的西方文明已经走出了那样的对无辜孩子的黑暗，出了“小白菜、地里黄”这样民谣的东方文明也应该可以摆脱掉这些阴暗面的。

4

1934 年，周扬送走太太孩子回到上海好似换了一个人，他除了和爱人同志苏小姐同进同出外，气度衣着都有了变化，据说是一直穿西装的周扬至此穿上了潇洒的绸质长衫，很有点开展新生活的意味，也似乎过上了他更想要过的青年革命家的生活。

青年革命家的生活当然不光是爱情的浪漫，文学事业的灿烂，更多的是环境的险恶。能够在白区共产党损失百分之百的大环境下生存下来，还时不时地写文章搞活动发出声音，靠的是极端的勇敢和机敏，当然运气也不错。周扬的眼力和记性都好得惊人，此特点在上海救过他多次，后来对他的领导工作也大有帮助。立波的特点是胆子大，遇事不慌，心理素质极好。

立波和周扬当时不停地搬家，过的是居无定所的日子，出门的时候更要眼观四路，耳听八方。有一次两人在街上走，突然周扬把立波拖到小巷子里，说前面有一人原来是共产党，现已叛变。幸好是那人还没有看见他们，靠着周扬的好眼力，他们幸运地逃过了一劫。

另有一次周扬回到旧居查看动静，见一女子叩门，正是苏小姐的女友。周扬虽只在相片上看过她，但一眼认出，上前招呼。此女子和他们联系上后，介绍了不少青年去延安，其中一人就是胡乔木。胡到延安后成为毛泽东的秘书，后来更成了共产党的理论权威。几十年后他成了周扬最重要的政治对手，发起并主持对周扬思想的清理工作，让老年时的周扬夫人苏灵扬顿足后悔，真是世事难料。

父母和祖父，脚并得很齐的那个老实丫头就是我。

第十二章
文学的全能冠军

1

在“五七”干校的关于文学的多次谈话中，祖父曾反复地提到文学要迂回曲折，所谓文曲星重点在曲。他自己的聪明才智、七窍机灵都用在了文学上，在政治上、经济上以及为人处事上，他都显得过于率直、简单、幼稚。他自己也深深知道这一点，就更进一步地把智慧、精神、时间花在文学上，对生活的其他方面，能放就放，能依赖别人就依赖别人了。立波是幸运的，他所喜爱的文学女神也同样地眷顾他。

二十多岁的立波以《被开垦的处女地》赢得了翻译家的美名，但勤奋的他并没有只走翻译的路。他住在小阁楼里写着各种体裁的文章，写得又快又好。当时的友人称他“在文学的各个单项都是冠军”。此话虽是溢美之词，但也并非全无根据。

立波在报纸副刊上以“雅哥”和别的笔名发表了不少的散文。“雅哥”这个名字是从“雅可”转化来的，可见他对尚未谋面的二儿子还是有些思念和歉疚的。他的散文描写了乡村、城市劳动阶级和知识分子生活的无望和压抑。很多篇章都比较了日占前和日占期间的生活，对日本侵华对中国老百姓正常生活的摧毁写得很多。

战时的上海有很多文化人都对人和生活作些有趣味的描写，以麻醉自己和读者来忘掉战争的痛苦。他们留下了不少美丽的文章、华丽的文字，是我们的文化遗产。这没有什么错，一般来讲，在艰苦的战争年代，人们需要用浅显的温情来平衡自己。美国战时的电影大多用甜美的妇女和儿童做主角，描写有美好结局的温馨家庭生活故事。

只有在和平、富裕的年代，人们才敢于揭开伤疤，正视现实，才有勇气审视自身和历史。美国在战后的全盛时期就拍出了不少揭示重大社会问题的深刻电影，这时的女明星不再是曲线玲珑的甜妞而是素面朝天的知性美女，深邃的目光直视你的内心，让你不能逃避地和她一起面对严肃的社会问题和人生大事。

年轻强壮的立波显然不需要用甜美的文字麻醉自己，他还很有些看不起当时的鸳鸯蝴蝶派，他的手法是直面黑暗。他的这一部分文字既不曲折，也不华美，他只是直接地把事件和人物交代出来，不加修饰到让你一看就知道是真人真事。你可以读到的是一个愤怒得要爆炸的青年在告诉你事情已经坏到了怎样一个不能忍受的地步。

他写农民一家三口清贫而温馨的生活，父亲为女儿预备嫁妆。到战时，母女都离世，父亲去当兵，一个家就消失了。他写一个打仗勇敢、很有爱国心的伤兵，没有得到政府的嘉奖和抚恤而沦落为乞丐，等等，都不算愉快优雅的文字，但应该是当时真实的社会和生活。

总的来说立波的散文很有男子气而少有缠绵细致的东西，作为女性的我常觉得他儿女情长不够。但仔细想来，也许正是他强健的体魄和不拘小节的性格让他能在残酷、动荡的战争年代生存并留下几百万字的文学作品而没有被环境压倒。

立波当时有一篇散文《雨》，写到他如何痛恨雨的颓废而没有热情，表达了他就算死也向往阳光的强烈愿望。写这篇文章时他年二十八岁，有青年人的盛气而没有中年人的成熟圆融，一口气把中国文人几千年来对雨的优美意境的欣赏和赞美踩在了脚下。

到我和祖父有思想交流时他已进入老年，当然不会像年轻时那样轻易地挑战大众审美观。但他自己毫无疑问是个阳光老人，总是满腔热情地参加一切群众活动，比方买菜、做饭什么的，绝不反复回顾让人不愉快的过去，也没有见他流露过忧郁、沉思之类的表情。他似乎打定主意把那些万古忧愁留给别人，他只像个老顽童似的活在当下，也把生活的愉悦带给身边的人。

我和祖父不同，是个喜欢雨的人。南方春天绵绵的细雨总能让我才情勃发，幸福感油然而生。但我也极喜欢和开朗有冲劲的人相处，工作环境太过成熟、有条理也会让我感到沉闷。看来我的个性比祖父复杂，不像他那么黑白分明，也许时代已经变得更多元而复杂起来了。

2

第二是诗歌。祖父曾对我笑称他的诗写得不好，我也认为他的诗写得不如小说。但他的诗胜在真，你能从诗里看出他的思想脉络。他的小说崇尚讲故事不讲道理，把思想隐在故事里面，他的诗就直白得多。比方他在《饮马长城窟》一诗中就反复地呼喊：“不当奴隶！”“还我河山！”这两件事正是年轻的立波心之所系。

在我写这本书时，就开始了每周一次和父亲的谈话。我曾不客气地追问父亲：“我们的老祖宗周老爷、周相公都是对家庭极负责任的男人，为什么绍仪作为家中最优秀的儿子，却对家中老父老母、娇妻弱子不闻不问，不尽为人子、为人夫、为人父的责任？”父亲不高兴，我们那天的谈话不欢而散。

第二周我又继续这个话题，我说：“我很喜欢祖父，和他关系不错，他也没有对不起我的地方，但你就是那个幼小时被抛弃的儿子，难道你就不怨？”父亲隔了好久才说：“你祖父当时有两件大事放在心上，一是日本人在中国步步进逼，国家将亡；二是中国人的不自由让他窒息而思变。”

父亲的回答并不能使我完全满意，但也只好停下这个话题。我一直认为母爱是天生的，父爱是后天的。理性而有历史感的知识分子应该是父爱最坚强的一群。立波学贯中西，恰是当时为数很少的高级知识分子。

上周的一个晚上我读母亲前几年写的回忆录。母亲写这些回忆的文字并不为发表，甚至不大推荐给我们看，却是极为真实可贵的文字。她写得最好的是抗战逃难的一段，我一看就放不下手，一直看到深夜。看到当时的老百姓无助无望的恐慌，看到母亲的家人和周围的人一个个死去，真是地狱一样的生活啊。我开始有点理解祖父了，他那样飞蛾扑火似地投身抗日战争，他那压不住的激情和愤怒，他那不顾自身也不顾家人的有今天没明天的活法，除了年轻气盛、个性跳脱之外，还有就是大环境的逼迫。他个人也许可以解脱，但整个民族必须战斗，不斗就会亡国就是死亡，而且是屈辱的死亡。

3

立波在文学上的第三个单项是翻译。《被开垦的处女地》译作成功后，他又翻译了另一本书，就是报告文学《秘密的中国》，是捷克一位新闻记者写的。此文共有二十三篇，介绍了当时中国的方方面面。我们现在对报告文学这个文章体裁非常熟悉，但当时刚刚走出文言文的中国对这个新文体闻所未闻，而这种文体非常适合用在一切求快的战时。

每一次的翻译对立波都是一次学习。报告文学这个新文体一年后被立波自己用得很好，他写下了当时相当有影响的两本报告文学集，即《晋察冀边区印象记》和《战地日记》。

立波当时还没有开始他最为成功的文学单项——小说，但也已开始学习。他的长篇小说技巧不少都学自《被开垦的处女地》。立波正规的学历只有初中，但他不停地从各个方面来丰富自己，是个相当聪明的学习者。另外他的文学学习、操练过程有板有眼，不紧不慢，就像有一个高明的导师引领一样，让人不能不佩服他的韧性，他的文学事业后来像烟花绽放一样的成功是有坚固的基础的。立波的幸运之处在于他精心营造的文学事业果然比他任性为之的人生更加成功，真所谓心想事成。

第十三章
“两个口号”的论争之一

1

想到要写这一段我的头就开始痛起来了，喝多少咖啡都没有用，不明白的地方实在太多。第一，“国防文学”和“民族解放战争的大众文学”这两个听起来很接近的口号有什么好争的？第二，在内外交困时期，两个观点极为相近的团队为什么要为这么两个很务虚的口号争将起来？第三，这样的笔战为什么在那么多年后还能影响一大批人的生活？第四，那时左派不是应该躲起来吗？不但不躲还自己在报刊上干仗，越干越大，人人参战不说，还一干就干了好几个月，那到底是个什么样的社会环境才可能发生这样的事情呢？

我没有受过正规的文史训练，也没有上过一天的文艺理论课，看来一辈子也不可能弄明白这件事了，但要我跳过这一段去又觉得有点太圆滑。况且现在已经没有多少人知道这件事了，当事人都已不在人间，间接的知情人像我的父辈们也已经七八十岁，能清楚表述的时间已经不多了，就把我到今天为止所知道的写下来吧，子孙后代们想看就看，不想看跳过去即可，能引起人了解研究的兴趣也不错。但我本人对为此事再打笔战、再争是非对错一点兴趣也无，更深入的研究工作也不要算我一份，我的兴趣只在故事上。

事情是这样开始的，第一次世界大战的战败国德国，不满意《凡尔赛条约》对它的种种限制，又逢欧美都遭遇历史上最大的经济危机，在纳粹的煽动下，德国的国家主义和民族主义抬头。三十年代初，世界特别是欧洲弥漫着战争的阴影，共产国际和苏联的一些人敏锐地感觉到国家间的矛盾和战争将会不可避免，也势必会代替阶级矛盾成为主要矛盾，保家卫国将成为第一等的大事，于是提出了“国防文学”，以前强调的国际主义就不提了。而中国当时也处于被日本全面侵略的前夕，和苏联的处境很相似，周扬、周立波等人认为可以借鉴苏联，在中国也提倡“国防文学”。

1934 年 10 月，周扬在《大晚报》上发表了文章介绍“国防文学”并提出他的观点，文章的名字就叫《国防文学》，但发出来后并没有什么反响。过了一年到了 1935 年的 12 月，立波在《时事新报》也发了一篇文章叫《关于国防文学》，认为国难当头，应该团结一切可能团结的人一致对外。立波再次提倡“国防文学”，认为进入“国防文学”的通行证应该只有两句话，就是：“我是中国人，我反对汉奸和外敌。”

这篇文章发表后也不知是因为时间对还是文笔带有更多的感情，总之一下子引起了相当大的反响，很多热血沸腾的青年文人写文章赞成这种观点，形成了风潮，以后又陆续出现国防戏剧、国防音乐、国防电影等。

当然也引来了反对的意见，1936 年 6 月胡风发表了《人民大众向文学要什么？》一文，提出了“民族革命战争的大众文学” 。据说，胡风提出这个口号是和鲁迅、冯雪峰等商议过的，由此展开了轰轰烈烈的“两个口号”的论争，渐渐波及整个左翼文坛，从上海到北平，甚至到东京，几乎所有的左派文人作家们最低限度是表了态，很多人还写了不少的论战文章。立波的笔头快，除了开场的那篇文章外，他还为论战写了四十多篇文章。

当时左翼文坛的重量级人物也都有态度。鲁迅当然是大众文学派的，郭沫若则是赞同“国防文学”的。小辈文学青年们赞成“国防文学”的居多，但在长征途中由红军派到上海来的冯雪峰却是赞成大众文学的。

冯雪峰是浙江人，比立波、周扬他们大五六岁。1927 年加入共产党，

1928 年结识鲁迅，并与鲁迅共同编杂志，1931 年任“左联” 的党团书记，是周扬的前任。1933 年冯到江西，后参加红军长征，1936 年春天他回到了上海，担任中共上海办事处的副主任。那时“国防文学”刚刚兴起，按说冯应该是当时任左联党团书记的周扬、任党团成员的立波的上级，但据说因为白色恐怖，环境不容许，他们并没有接上头，冯反而和当时并不是中共党员的鲁迅交往密切，观点相同。

2

郭沫若等人认为“国防文学”由左翼文坛提出， 已经得到社会大众的认同，包括的范围也广，就不必再提别的口号了。左派文坛的精神领袖鲁迅则认为两个口号区别虽然不大，但“民族解放战争的大众文学” 的提法精确也更有内容些。听起来分歧并不大，但争起来就不是那么一回事了，连周扬和鲁迅的一次会面都惹下了很大的祸根，几十年后还大大的发作起来。

话说意见不合，需要解释，周扬等人约鲁迅见面，原来定好是周扬、剧作家夏衍、报纸编辑阳翰笙去谈，临走时遇到戏写得好又讲义气，在戏剧界很有名，人称田老大的湖南人田汉，也自告奋勇一起去，一行四人年少翩翩、一身洋服出现在约好的咖啡馆里。对这次会谈，鲁迅应该不甚愉快，后来在给友人的信中描述了这次会见：

“……一位名人约我谈话了，到得那里，却见驰来了一辆汽车，从中跳出四条汉子： 田汉，周起应，还有另两个，一律洋装，态度轩昂，说是特来通知我： 胡风乃是内奸，官方派来的……这真使我口呆目瞪。我的回答是： 证据薄弱之极，我不相信，当时自然是不欢而散。……”

据四位回忆，他们的目的是解释。田老大性子急一点，提到胡风，要鲁迅注意。周扬知道鲁迅和胡风的关系，害怕起冲突，就悄悄用手拉田汉的衣服，叫他不要说了。当时倒也没有起冲突，鲁迅还拿出一百块大洋来交给他们作为左联的会费，那也是超高的会费。

几十年后的“文革”中鲁迅变成了分辨黑白的大旗，被鲁迅有所不满的四条汉子得到了差不多是死罪的惩罚。作为积极参加过论争的立波也被关了好多年。

鲁迅当时有名，思想“左倾”，为人爱憎分明，喜欢的极喜欢，不喜欢的也毫不留情面。贫病交加的叶紫就得到过鲁迅金钱上的帮助和文学上的指导，叶紫的文集出版也受到鲁迅的精神上、物质上的支持。叶过世后，鲁迅还不止一次地寄钱给他的夫人汤小姐，帮人帮得很彻底。

周扬、立波一群文学青年对鲁迅极为崇拜，文学修养和社会活动能力都比较强，鲁迅对他们反而相当苛求，大有要打下他们嚣张气焰的意味。周扬等人在鲁迅的生前死后多次检讨对鲁迅不够尊重，但还是为此付出极高的代价，算是得罪了得罪不起的人。

这次重读《鲁迅全集》还发现了一件有趣的小事。鲁迅的个性和周扬、立波们大不相同，他为人细致得多，写过的信、花过的钱都有详细的记录。以我这个受过腐朽或者是成熟的资本主义财务训练的人来看，鲁迅的账单只有支出，没有和收入对照的平衡表，也没有综合性的财务分析，只具有初级的会计功能。但他坚持多年，耐性超人，和散漫而鲁莽的二周们完全是不同的类型。

在这一点上我和我的祖父并不相像，和鲁迅倒是一国的，完全不能生活在一个财务混乱的状况下，受过训练的我还杀鸡用牛刀，连家庭账都带有平衡表和财务分析，比鲁迅还要走火入魔。

当时另一有名望的文士郭沫若为人随和，在年轻人中极有人缘。郭曾与立波同时翻译《被开垦的处女地》，见了立波的译文后大为赞赏，就把自己的译稿抽回了，很有大家风范。立波自称因为译《被》书之故，投入论争不够，只写了四十多篇论文。立波言下很有些遗憾，我却深为庆幸。试想如果没有《被》书打岔，立波搞不好要写出上百篇文章，言多必失，事情恐怕更不可收拾。

1936 年 10 月鲁迅去世，这时离胡风提出“大众文学” 只有几个月，离立波的《关于国防文学》发表也不到一年。鲁迅去世后周扬和立波都写了情深意长的悼念文章，论争也随着鲁迅的去世平息了下来。但这一切都不能让鲁迅夫人释怀，她在“文革”初重提旧事，让“四条汉子” 等人雪上加霜。多年后，据传毛泽东提到， 周扬已经关了八年之久，就算鲁迅还在世也会觉得够了。周扬诸人才被放了出来。

3

说到这里就不得不提出我的疑问了，不是说左派都是地下的吗？要抓起来坐牢甚至砍头的，为什么又能打这么一场轰轰烈烈的笔战呢？这就引起了我研究当时那个特殊社会环境的兴趣。当然只是抛砖引玉，希望专家们继续。

上海当时的特殊社会环境来自于它有好些自成一国的租界。租界的最初形成说起来荒唐。话说一八五几年的时候，上海还是个小地方，但也是五口通商的五个口岸之一，当时担任上海道的叫吴健彰，他同时还管着上海海关，每年可以从西方商人手上收不少税金。那时中国政府很不喜欢洋人和中国人混住在一起，就划了一些地方给外国商人和传教士住，这就是法租界，公共租界的前身，当时叫租借地。

江南闹太平天国，上海地方也闹起了小刀会，吴道台被抓了，于是外国侨民以英国人为主组织了义勇军守护租借地，除保护自己以外，顺便也把中国海关给占了，很有点趁火打劫的样子。

小刀会占领上海一年多，一直和有枪炮保护的租借地互不相扰。租借地里各国势力在这段时间里成立了临时政府，还从香港调来了印度籍警察，有了些类似于法律的条令，越来越有点国中之国的意思了。

租借地里原来没有中国人，但后来许多有钱的中国人，特别是被太平军追得无处藏身的乡下财主们很想住到相对安全的租借地里来，出多少钱都可以。一向对钱财有追求又现实的西方人，马上放弃租借地不能住中国人的原则，欢迎付得起租金的中国人住进来，房子不够又加盖了许多。

小刀会被打败后，逃出性命来的吴道台还是马上想起了自己的职责，单枪匹马跑去讨回中国海关和外国人代收的税金。这哪里是容易的事，租借地管事的一年多来只收了些白条子代替税金，有些根本就没有收，海关的房子也被人家占了，吴道台想在海关门口或在江边的船上为中国政府收税也让租借地管事的轰走了。

税收不成，吴道台想管一下人，租借地管事的告诉他按什么什么协议租借地的里面由他们自己管理自己，中国官员管不着。吴道台想管不了里面的外国人，管管中国人总可以吧，谁知连这点要求也被拒绝了。

负责的吴道台向他的上级汇报，清朝政府正被太平军搅得焦头烂额，也顾不上上海道里面的一小片地方，再说当时也不想与英国人法国人等再起纠纷。可以左右江南大局、饱读诗书但对西方人的思维不大了解的湘军统帅曾国藩则认为有洋人在那里维持着也不是坏事。

于是秀才遇到兵，有理说不清的吴道台治下的上海道里面就出现了几块他什么也管不了的租界，糊里糊涂下竟然有了殖民地的构架，而且这一构架延续了七八十年，这七八十年里中国翻天覆地、改朝换代，租界反而相对稳定，直到一九四一年十二月日本人占领上海后才结束这种局面，租界从那时起才不再存在了。

事情有时真是很难说，弊里面有利，利里面又有弊。租界是西方人趁火打劫，强占去的中国地盘，这事让人想起来就恼火，但小小的租界在中国近代起了很大的作用，就连上海一度成为远东第一大城市也和上海的租界有很大的关系。在租界非中国人当局的管理下，政治、经济、文化、法律都带有西方的色彩，可变性和自由度相当高。

尤其是文化方面，来自文化自由度较高的西方的当局者，对中国文化既不太懂，也不在乎，反而形成了你爱怎么折腾就怎么折腾的局面。当时写文章、办杂志也就变得只要读者买账，有人看就行。像周扬那样为了理想自己掏腰包，赔钱也要办杂志的人也不止一个。

当时的读者也很有水平，“两个口号”论争这样严肃的话题可以一说说好几个月，要是没有读者的捧场，报纸、杂志不可能一而再再而三地发表论争的文章。不像如今大家只对“超女”、“星光大道”感兴趣，就算是“星光大道”，玩了一季，第二季就没有什么捧场的了。

当时严肃又让人心情沉重的话题可真不少。国难当头，日本人要打过来了。同是中国人的国民党和共产党又不对付，不是你死就是我亡，就算是同属左派的作家们也为“两个口号”争得不可开交，那时中国人的日子还真是不好过。

第十四章
“两个口号”的论争之二

七十多年前的故事讲完了，一百多年前的故事也讲完了，现在介绍一下当时有名的“四条汉子” 中除了周扬外的其他三位。

戏剧家田汉生于 1898 年，比立波大十岁，湖南长沙人，曾留学日本，和郭沫若、郁达夫等人组织过创造社。回国后办了有名的南国剧社，演出活动频繁。他的话剧及电影剧本都写得好，有名的有《名优之死》、《丽人行》、《月光曲》、鲁迅的《阿 Q 正传》等。他还可以改编各种古老剧种的剧本，使其带来新的生命力，如京剧的《白蛇传》、《西厢记》等。

他最有名的作品应该是抗战初期创作的《义勇军进行曲》，这首由聂耳作曲的歌一直到今天都是中华人民共和国的国歌。另外有名的《毕业歌》也是他创作的。

田汉个性豪爽，肯帮忙，自己有五斗米，可以拿出六斗来帮人，另外一斗是借的。和当时那些没有文化也没有社会地位的艺人关系非常好，他们叫他“田老大” 。如果田老大要做什么事，比方组织义演什么的，那真是一呼百应，人人争先恐后。

田汉的南国社和他本人收留培养了不少的艺术人才。据说毛泽东夫人江青初到上海时就住在田汉家，还和他的弟弟谈了一场恋爱。恋爱不成功，田汉弟弟还很伤心了一场。

田汉对人讲义气，人家对他也讲义气。他的《义勇军进行曲》的歌词是写在烟盒子上从牢里传出来的，聂耳收到后马上谱成曲子放在电影《风云儿女》中做主题曲，在当时抗战中的中国一唱成名，二战胜利后也成了盟军的凯旋曲之一。

连最讲革命原则的周扬对田汉都义气深重，据说周扬在延安时曾受邀参加毛泽东和江青的婚礼，他竟然没有出席，人家问起，他说因为田老大的弟弟曾被江青伤过心，如去参加她的婚礼将对不起朋友。

新中国成立后田汉担任中国文联副主席、剧协主席，写了有名的话剧《关汉卿》《文成公主》，以及京剧《谢瑶环》。也一如既往地扮演戏剧界老大的角色，由于挽救小剧种有功，更进一步地被人称作“田青天”。他爱热闹，到处放炮的性格差点让他成了右派，由周恩来、周扬出面相保才得以脱身。

从1963年开始，田汉再次受到批判，周扬保他也没有用，到“文革”时更是升级，斗他时文武都来，搞戏剧的也很戏剧化，斗田汉时曾把他推倒在地，许多粗壮汉子再用脚踩他，名曰“踏上千万只脚”。1966年12月，“四条汉子”旧事重提后田汉被关进秦城监狱，两年后过世，活了七十岁。田汉是个孝子，他死时高龄的母亲还活着，没人敢告诉她田汉的死讯，老太太天天望着房门盼儿子推门进来。

剧作家夏衍，1900年生，浙江人，曾留学日本，学习电机专业。1924年在日本加入国民党，还担任了国民党据日总部的组织部长。1927年国共决裂，在日本的国民党中的左右二派开打，属左派的夏衍回到中国向国民党总部讨个公道，谁知公道没有讨到，他自己反被开除出党。他一不做二不休，马上在上海参加了正倒霉的共产党，被编入的支部多是文化人，他也受影响进入了文化界。

夏衍翻译过苏联最有名的作家高尔基的《母亲》，写过话剧《赛金花》、《上海屋檐下》。毛夫人江青在上海时为争演《赛金花》的主演还生了一场气。

夏衍更进入了当时非常时尚的电影行业，写了《狂流》、《春蚕》等电影剧本。

新中国成立后夏衍担任文化部副部长，分管电影和外事，写了《祝福》、

《林家铺子》和《革命家庭》三部电影。夏衍的戏平淡深远，趣味高雅，这三部电影都写得精彩，拍得不俗，是戏中精品。顺便说一下，《祝福》是改编自鲁迅的小说。

“文革”中夏衍也被斗得很惨，一条腿也被打断了。后来和另外三条汉子一起被关进戒备森严的秦城监狱，八年后释放，又过了几年复出，任电影协会的主席，主要从事外事工作。

夏衍老年提携后进，态度温和，人称夏公。他讲究生活情趣，种花养猫、收集邮票，享年九十六岁，是他们中间晚景幸福、得享天年的一位。当然他也忘不了过去，八十多岁时写了一本《懒寻旧梦录》，留下了他们那个时代和他自己思想的宝贵记录。

我的写作冲动之一来源于对这些人的兴趣，他们优秀又有思想，生活态度认真，谁都不是随波逐流的人。他们的能力和企图心让他们对自身的命运有很大的控制力，对社会也有很大的影响力，他们的不可掌控的不幸以及不幸过去后的痛定思痛就像卢梭的《忏悔录》一样值得后人反复回味思索。他们坦荡地留下自己思想的痕迹，也让后人有可能隔着时代的鸿沟了解他们。

四条汉子中的最后一位是电影剧作家阳翰笙，他的作品有《八百壮士》《天国春秋》《北国江南》等。他和郭沫若的文风很接近，非常激越地歌颂革命的狂潮。新中国成立后他担任文联副主席，“文革”中也和另外三人一起坐牢，“文革”后再次负责文联工作。

国防文学派诸君为当年的争执付出了很高的代价，大众文学派的几位也好不到哪里去，比方冯雪峰、胡风都倒霉了半辈子。

1937 年论争结束后冯雪峰回到家乡写小说，1941 年被国民党当局关押，1942 年出狱后去重庆，后回上海，老资格的他没有去过延安，似乎脱离了中国共产党的主流。新中国成立后冯雪峰曾担任人民文学社社长兼主编，当时的文化部副部长周扬成了他的上级。1954 年因胡风事件受批判，1957 年打成“右派”，受尽磨难，二十多年后才平反。1976 年患癌症过世。周扬在晚年曾亲自上门向冯道歉，认为自己应该对他多年的不幸负责，冯大度地表示不必挂在心上，为他们几十年的是非恩怨划下了句号。

第一个提出大众文学口号，揭开论争序幕的胡风一生遭遇的劫难更大。对近代中国历史有点了解的人应该都记得三十万言书和“胡风反革命集团案”。1902年出生的胡风比冯雪峰还要大一岁，曾在清华大学学习英文，后去日本留学，因组织抗日文化团体被驱逐出境。胡曾担任左联的宣传部长，和鲁迅私交也不错。顺便说一下，左联的全称是中国左翼作家联盟。在“两个口号”的论争期间，胡风发表了非常多的文艺理论批评文章，这些文章后来结集出版时都出了两本之多。

1949年新中国成立后胡风曾任中国文联委员，继续从事文艺批评。当时对胡风的理论主张有过不少的论争、批评，胡相当坚持自己的观点，也进行了反批评。1954年向中共中央写了《关于几年来文艺实践情况

1949年6月第一次全国“文代会”部分代表合影。右起：胡风、冯雪峰、冯乃超、杨晦、柯仲平、陈学昭、丁玲、李伯钊、陈企霞、马思聪、吕骥、周立波、田间。

的报告》，即三十万言书，说明他是个很较真的人，后被毛泽东亲自定为“胡风反革命集团”，牵连了不少的人。胡风本人被捕入狱，到 1979 年才放出来。据说胡在牢里曾经疯了。胡风平反后又活了五六年，八十三岁才过世，相对还算长寿的。

七十多年过去了，论争双方的主要人物都为论争付出了过分沉重的代价，似乎只有鲁迅一人全身而退，但是也许他付出的代价才是最大的，多病多思、细心又倔强的他在生命的最后几个月里受到小辈们的挑战，生了好大的一场气恼，也难怪有鲁迅夫人后来的不依不饶。

双输的结局不由人不叹息，也不由人不想把它从记忆里淡忘，从历史中抹去。我的祖父在五七干校和我几个月的长谈中就从来没有提到过这一段，只强调他对鲁迅如何敬畏和两者之间年纪和地位的悬殊如何的不可同日而语。晚年的周扬和鲁迅的儿子周海婴交往密切，感情深厚，表示出了对往事超脱的智慧。

1936 年 10 月鲁迅逝世，结束了沸沸扬扬的“两个口号”的论争，1936 年 12 月由张学良将军和杨虎城将军发动了震惊中外、影响深远的西安事变，事变的结果是国共合作，全面抗战。二周等年轻人的命运从此有了新的转机。

附　记

实在忍不住，还是要写一段我是怎样写“‘两个口号’”的论争的，因为自己感觉这本书最难写的两章之一就是这一段了。人做完了件难做的事就免不了要吹一下做的过程，就像母鸡下了蛋要咯咯叫几声一样。

2007 年夏天乱七八杂地写了一千多字放在这个题目下，不知所云，连我自己都不想看，就丢下手继续往下写，一路写到了第二十五章，然后回过头来从引子开始改这二十五章。

渐渐地又快碰到这个题目了，我就天天“狼来了，狼来了”地喊，不停地宣告： 我要写到一个难点了，我马上就要写一段最难的了，自己吓自己也顺便吓吓别人，别人不得不时时安慰我说：不怕，不怕。

我家的保姆家中有事不能来有些日子了，所以这阵子我工作之余就做家务，家务之余就写这本书，倒也不慌不忙什么都做得马马虎虎。感恩节我在朋友家吃饭，碰到了我“老婆”小戴。小戴是我跳舞时的朋友，因为给笨手笨脚的我改跳舞衣，就戏称要当我老婆，让我养她。为了掩盖不善女红的笨拙，我只好硬着头皮说：我别的不会，就会赚钱，跟我吧，没问题。从此比我还高大的小戴一见到我就追在我的屁股后头叫“老公”，惹人发笑。

小戴在日本待过七年，做得一手好日本菜，那天晚上她做的菜让我吃得肚子滚圆。听说小戴的真老公最近去了日本，她日子过得空闲我就开始打起主意来。第二天打电话给小戴，甜言蜜语，死皮赖脸地要她来帮我做饭。温柔的小戴被磨不过答应每周来一天，就定在周四，我推说不知道她要做什么菜就把买菜的事也交给了她。

决定就在周四小戴来的那天写“两个口号”的论争，周三还自己放自己假休息了一天，架势做了个十足。

周四早上小戴来到，我马上带她到厨房，烧了一壶咖啡，摆上小点心，两个人喝着咖啡看雨。加州一年三百六十五天只有五天下雨，这天正好就是下雨天。小戴喜欢阳光，不喜雨天，我在雨天倒是才情勃发，文思如泉。我告诉小戴绝不会在下雨时情绪低落，只会在老干活、不得玩耍时情绪不佳，小戴嘲笑我懒人有懒理。

好不容易去书房写文章了，磨磨蹭蹭干了一个来小时吃过早饭又吃了点心的我肚子饿了，跑到厨房时小戴正在做菜，我不顾她一再地说还没有完全做好就吃将起来。她只好慌慌张张地把菜端上桌。吃完了又和她谈笑了好一阵子才又不情不愿地回到书房。

这下终于写下去了，一气写完了“论争”一章之后我愣愣地发了好久的呆。

晚上和宝宝一起看《越狱》第一季录像，看完三集我还想看，懂事的女儿倒说明天要上学不能再看了。

我做事要是太认真就会梦见那件事，醒来了会好像做了一夜苦工似的累。这一夜倒是睡得真好，既没有梦见温柔小戴的好饭菜，英俊米勒惊险的逃亡，也没有梦见剪不断，理还乱，已经过去七十多年的“两个口号”的论争，脑子里清爽干净，好像加州的阳光。

雨只下了昨天一天就过去了，今天又是太阳天，又可以找个借口不干活了，记得吗，我下雨天才有文思。

第十五章
太行之行 I

1

西安事变后国共协议合作抗战，共产党不再是闻之就有杀头危险的地下组织，可以公开或半公开地活动了。1937 年 7 月 7 日卢沟桥事变爆发，中日间的战争再次升级，日军占领北平以及部分华北地区。8 月，红军改编为八路军，进入华北前线抗日。

立波、周扬他们放下上海的一切，往西北走，他们要到当时的共产党总部延安去参加抗战。到了西安八路军办事处后，周扬被分配到延安边区教育厅当厅长，立波则被派去陪同美国女记者史沫特莱访问山西的八路军战区及做翻译。史是美国女记者，出身工人家庭，思想“左倾”，很想了解共产党领导下的这支队伍。

1937 年的秋天，二十九岁的立波和另一文艺青年舒群陪同史沫特莱到了山西。这是立波第一次到北方，也是作为文人的立波第一次和军队生活在一起。他们拜见了八路军总司令朱德，发现他是一个极亲切的人。朱德非常支持他们的采访工作，提供了很多方便，和他们的私交也很好，甚至亲自做饭给他们吃。

立波陪着史沫特莱走访八路军驻地，访问八路军将领，有时还参加救护工作。自学成才的翻译家立波的英文口语在这之前没有经过锻炼，但笔译能力很强，他把很多政策性文件都一字一句地翻译成英文交给史沫特莱，帮助她很好地了解这支当时还不为人知的队伍。

战时八路军的饮食很简单，常常只能用辣椒和盐下饭。这对史沫特莱是很难适应的事，对立波倒是恰得其所，他常常把史的那份辣椒也吃了，饭也吃得不少。二十九岁的立波虽然是书生，但身体健康，性格阳光，很适应野外生活。加上上海已失守，死也不愿做亡国奴的立波参加到抗日的队伍里，心情极为舒畅。

黄河流域是中国古代文明的发源地，也是历代兵家必争之地。能够亲身游历以前在书中多次读过的古战场，今天又是对日作战的战场的山西，立波感触良多，他写文章之余给友人们写了不少的信。文章、书信还不足以表达他的心情，立波这一段时间诗兴大发，还写了不少的诗。比方舒群离开他们，立波就曾写诗相送。

在五十多天的行程中，立波把他的访问稿寄到武汉的报纸上发表，其时大部分上海的文化人和报纸、杂志已退至武汉，武汉成了当时的文化中心。

史沫特莱是美国人，虽然和朱德等八路军高级将领的关系很好，但不被总部在苏联的共产国际信任，朱德等人只好劝她离开八路军战区，还给了她一个为八路军筹款的任务。史很喜欢当时朴实而平等的八路军，也不太明白为什么要离开，临行前，在野地里哭了一整夜。

史沫特莱离开前线回到武汉后，积极为八路军、新四军筹集药品、医疗器材奔走，她募集了大量的资金、药品支援共产党的军队，也吸引了包括白求恩医生在内的医疗队来华服务，并写了大量的文章宣传这两支抗日的队伍。史 1941 年回美国，写了《中国的战歌》和朱德传记《伟大的道路》，1950 年过世前要求把骨灰葬在中国。当时的新中国政府为她举行了盛大的追悼会，把她的骨灰安放在八宝山，由朱德元帅题写碑名。

2

秋天里送走史沫特莱后，冬天立波又有了新任务。美国海军陆战队的情报官卡尔逊来到了山西。卡尔逊是第一个访问八路军战区的美国军人，他看事情的角度和记者有很大的不同，他的报告是可以影响决策人的。尤其卡尔逊曾经是罗斯福总统的副卫队长，和总统的私交很好，他既向他军队的长官写报告，也通过特殊的渠道向总统本人写报告，这些他个人有关中国见闻和意见的报告应该是总统希望读到的。

这次在立波的陪同下，卡尔逊访问山西八路军战区，以及后来去延安的一次访问，让卡尔逊对共产党军队、中国抗战的形势以及对美国的影响都有了他自己的见解，这见解也大大地改变了他自己的一生。

卡尔逊是第三次来到中国，他是美军中少有的远东问题专家，而且他这个专家的名号真不是浪得虚名，他后来对亚洲和中国有两次极为重要的预测，都神奇的准确，遗憾的是没有引起应有的重视。

卡尔逊回到武汉后曾接受记者采访，很正面地介绍他在八路军战区的观感，对远东战况和日军动向也发表了见解。这第一手资料和大胆的见解在美国国内引起反响，同时也引来了日本人的抗议。当时还是中立国的美国不能对日本人的抗议没有表示，于是军方警告卡尔逊不要再发表此类言论了。

接到警告信后卡尔逊一不做二不休，干脆辞掉军职，放弃了他经营了二十五年之久、大有前途的军队生涯，回美国当自由写作者，几年后发表了关于他的中国见闻的《中国双星》等两本著作并做了多次演讲，在演讲中他讲到了他在军队中已提出过但不受重视的关于远东局势的第一个预测。

卡尔逊的第一个预测，是日本在占领了远东之后必将在海上和美国决战。这一当时没有什么人爱听的预测果然在一年多以后发生的珍珠港事件中得到验证，而完全没有准备的美国海军在那次事件中吃了老大不小的亏。

珍珠港事件后，美军认识到卡尔逊对亚洲有极深的了解，又将他请回到军中。由于军队的条例，卡尔逊这次只能作为国民自卫队重新入伍，但给了他很大的权力去组建一支特种兵部队。这支部队有两千人，全部是志愿者，都签了生死书。罗斯福的儿子小罗斯福是这支部队的第二号长官。他们以八路军的治军方法训练军队，部队的口号竟然是中国话“工合” 的译音。这支队伍曾经在南中国海、缅甸战区都立下了赫赫战功，卡尔逊也被提升为准将。六十多年后的今天，这支队伍的老兵们还定期聚会，“工合” 作为团队的口号在诸如祝酒、演讲等场合被反复高呼。

卡尔逊第二个重要的预测是在二战结束后。国民党和共产党刚刚开始内战之时，卡尔逊又一次准确地预言中国将会成立一个共产党政府，国民党将会失去中国的统治权。曾经受到民众热烈欢迎的二战英雄卡尔逊准将对自己的政治理念充满自信，他希望从政，曾投入参议员的竞选，也被提名过副总统候选人，但可惜的是他的观点比美国大众超前半个世纪，不为

卡尔逊在山西

他所处的时代所理解。卡尔逊竞选参议员失败，对中国的预言也不被当时的美国政府重视。

1947 年 5 月卡尔逊准将在他五十一岁的盛年因心脏病去世。两年后共产党果然夺取了中国的统治权。这再一次证明了卡尔逊对亚洲局势的了解既深刻也准确。

美国对军人的训练有良好的传统和制度，军人中文武全才比比皆是。我工作过多年的那家美国大公司里的中高层管理人员中有军队背景的很不少，他们好多都非常有才华。我随便举两个例子就知道美国军队教育、历练有多厉害了。

一般美国人说话呱呱叫，拼字作文却麻麻地，反而像我们这种新移民大多曾经把英文作为第二语言苦苦操练，拼字一般都比土生的老美强。当时坐在我附近的美国人就常向我请教拼字和文法，谁知我的英文是到美国来后才学的，和他们一样中看不中吃，当不了他们的活字典，让他们好不失望。

后来我们才发现其实英文最好的是一位出身西点军校的帅哥，帅哥曾经以西点全校第一名的成绩毕业，除飞机开得一流外，出人意料的拼字功夫也是我们中的冠军。以后坐在那一圈的人谁也不查字典了，有什么疑难杂字只要高声一喊，他就应声拼出，百试百灵，叫人佩服得五体投地。

我和另一位西点军校毕业生同事作为双方部门的代表合作多年知根知底，发现他在政治斗争频繁的大公司里生存技巧一流，大事化小，小事化无，举重若轻，机灵敏锐，一叶知秋，听话听音，好似精研过孙子兵法和其他更高级的东方哲学，比起大部分直来直去，多少有点傻头傻脑的美国人来有智慧多了。

军人的天职是服从，美军中像卡尔逊一样能文能武有智慧的优秀人才不难找到，但像他一样特立独行的就几乎看不到了。我的有军队背景的同事们一般都听老板话，跟老板走，只在适当场合发表适当言论，是高水平的优秀员工，和卡尔逊的作风很不一样。尤其卡尔逊放弃军队的优厚待遇和终身福利只为写书和发表一些他认为正确的言论，在美国人和美国军人中尤其罕见，他实在是个生不逢时的英雄。

立波和卡尔逊都不知道彼此后来的发展。卡尔逊曾带领他的特种部队登陆日本不果，漂流至南中国海，当时有报纸报道他牺牲了，立波就一直误以为他已不在人间。卡尔逊去世前几年正是立波最红的时候，但因为中英翻译中的误会，他一直以为周立波的名字叫李波，当然对不上号。七十年代中国人写的卡尔逊传里都把他在太行山时的翻译写成李波。

3

八路军在西安事变后才算是可以合法存在了，但外界特别是中国以外的世界对这支军队没有了解，当然他们也就很难得到外界的支援了。卡尔逊是第一个访问八路军战区的美国军人，八路军对他的来访极为重视，让他访问了全部的战区和几乎所有的八路军高级将领。

1937 年 10 月至 12 月的五十二天中，卡尔逊和立波步行或骑马走过了两千五百多里路，不止一次地穿过日本占领区，备尝辛苦和危险。其时立波不会也不喜欢骑马，第一次经历北方的冬天，脚上又是冻疮又是水泡，裂的口子流血不止。八路军派了一个排的兵力保护他们，并派了一位年轻但已身经百战的团长田守尧和他们同行。

卡尔逊一边写报告，一边做写书的准备工作。立波也不停地向武汉的报纸写通讯。这还不算，最了不起的是在这艰苦的五十二天里，他们各自写下了详细的日记。这一部中文日记、一部英文日记是宝贵的历史文献，不但能帮助我们了解当时的情况，也能让我们了解这两位不平凡的人当时的心路历程。

祖父在五七干校时和我多次谈到这一次的经历，他的总结加上我以后知道的种种，我认为他从这两次征旅特别是第二次中有三个方面的收获：

一是长期从事笔译工作的他，经过这几个月高强度的口译锻炼，英文更全面了。须知当时真正会英文的人才少之又少，史沫特莱和卡尔逊要了解的东西有一般的生活，更有深奥的军事、政治问题，这些全靠立波的翻译沟通。对于口译，立波从早期的困难，很快就变得得心应手了。

二是快捷实用的写作方法。卡尔逊写作极快，有时他让立波站在窗前，描述窗外的景象，他就在打字机上打下来。这种实用的美式写作方法很适合当时的战争环境，也能迅速、全面地反映当时的情况。立波学习能力超强，他马上就学会应用起来了。比起他在上海反复地讨论两个近似的口号，现在的他过的是截然不同的生活，写作风格也改变了许多。

三是喜爱并接受了军人简洁、乐观的性格和作风。卡尔逊和田守尧都是优秀的职业军人，他们知道如何把思想和身外物的包袱减到最低。虽然每天都有生命危险，但他们仍能紧紧抓住自己的责任，而又能不失时机地轻松一下。

立波后来崇尚简约、朴素的生活方式，对身外之物包括钱财都看得很淡。他最在乎的就是文学创作，认为人在简单、健康的生活环境下注意力比较能够集中也才能写出好的作品来。这也算是一家之言，每个人的要求不同，有些人也许需要华丽、舒适的环境才能写出好作品。有些人对写作的要求就比较特殊了，比方《红楼梦》中的史湘云小姐，她在吃了烤鹿肉后，才情勃发，可以写出好诗。

我这个写作的新手要求也不低，要变着法子找新鲜感来保持写作的兴趣，比方到咖啡馆写，或换一家咖啡馆写等。我的经济学家弟弟周牧之曾嘲笑我写作的条件太多，排场太大，自夸他可以前面抱一个小孩，背上背一个小孩写他鸿篇大论的经济著作。我倒认为他生四个孩子的原因之一就是因为要抱着孩子才写得出东西来，所以他的排场比我大多了。

我这么说牧之当然有证据，几年前他曾经向我抱怨他太太和大儿子没有良心，在他深夜写作时他们呼呼大睡，只有当时两岁的老二有良心，趴在他背上陪他夜战。孩子半夜不睡他不烦，反认为是有良心的表现，可见他写作时需要孩子陪。我们的祖父立波一直坚持在简朴环境下写作，在他富裕的时候也要营造出简朴的环境来，比方把家搬到乡下去写，那恐怕也是排场中的一种。

立波是个旅行家，随时准备出发去追寻有趣的人或物，很有军人行动快包袱轻的作风。他曾经对我描述过一位和他一起长途行军过的文化人，带了过多的行李，累得半死之后还是只好放弃了。立波跟部队行动时，只死死地抱住他的日记，别的就不顾了。

记得祖父唯有的一次批评我是在我十三岁那年，有一次我要出门，一早上就忙上忙下地联络打点，连头发也来不及梳。祖父批评说："不要这样慌慌张张的，好像不能经大事的样子。"

我承认我小女人性格非常突出，每次出门带的身外之物都不少，喜欢生活中好多不实用的趣味，不仅毫不羞愧还非常高兴自己有这些生活情趣。让我为自己找一条大的理由来保有我的小女人生活方式吧，正因为我和大多数妇女儿童一样不适应艰苦的战争环境，我们就应该用各种不同的方式来维护和平。

和平富裕的时代让我们可以细细品味欣赏日常生活中的美食、美服、美景。美丽的人、愉快的谈话，哪怕琐碎、没有实用价值也没有关系，这就是安静平凡，没有英雄，也不怎么需要英雄的生活的一部分。

祖父的批评我有听但不接受，我们活在不同的时代，生活中追求的东西不一样。但这一切都不妨碍我佩服进而赞美祖父他们豪迈的青年时代，在没有选择的情况下，他们毫不犹豫地投入战斗，生存下来并让他们的生命放出了耀眼的光芒。

第十六章
太行之行Ⅱ

1

1937 年的夏天发生了七七事变，日本人占领了北平、河北及华北重要地区，9 月份共产党在与国民党当局达成协议后成立了陕甘宁边区政府，并在 9 月 25 号在山西平型关打了漂亮的一仗，打死一千多日本兵。之后在当时山西王阎锡山的邀请下进入陕西和河北之间的山西。

山西这个地方很有历史感，经历过多次的朝代更迭、文明和战争。比方中国的战神关云长和把他描写成战神的《三国演义》的作者罗贯中就都是山西人，当然关战神的很多仗也是在山西打的，所以在山西行走会让你时不时地碰到古代的战场。

比方中国古代最有名的军事家卫青、霍去病也是山西人。这两位在我们心中是智勇双全的军事家而不是满脸黑红、眼似铜铃的半人半神的关云长，是因为描写他们的是严谨的历史学家、《资治通鉴》的作者司马光，而不是小说家罗贯中。当然这从小就聪明过人知道打破缸救人的司马光也是山西人，他写的《资治通鉴》是历代中国管理者的必读书。而《三国演义》带给了世世代代中国老百姓说不尽的故事，演不完的戏，刘关张的思虑得失、言行举动对中国人来说都像家人一样亲切。

山西还有被《水浒》中神勇又装痴卖傻的鲁智深醉打山门的五台山，

有杨家将们浴血奋战镇守过的雁门关。山西还出过中国历史上唯一的女皇帝武则天。遗憾的是曾经带给中国人这么多历史和故事的山西这时却已衰败多时了，生活远不如秀丽的南方舒适富裕。一直到今天喜欢旅游的人还在抱怨山西尘土飞扬，民生不便，行路艰难。

二十九岁的立波在上海文名骤起，又会英文。在这国难当头的非常时期，如果有心为自己打算的话，进可以到国外留学，退可以回到相对安全的益阳写文章。当时也有一批文人就留在被称作孤岛的上海租界里写文章，也能做到名利双收。这种种都不是立波的选项，他选择到和日本人对峙的华北去，到比起他的家乡来既寒冷又贫穷的山西去，过危险而又不熟悉的军队生活。

战争的残酷和不可预知立波是心知肚明的，当时的他甚至提前自拟了墓志铭：

> 死者是一个普普通通的男子，
> 一个洞庭湖边的居民。
> 在生前，他唱过歌，他晒过太阳，
> 他爱过人，他也和人打过架，
> 他碰到过几次危险，在娘子关前，在九华山下。
> 在这盈满了忧郁的酸辛的泪水，
> 也迸发着庄严的战斗的火花的时代里。
> 留在人间的他的记忆会很快地消亡，
> 正和他的歌会很快地消亡一样。
> 但是，他所歌唱的刚强和反叛，会更加壮旺；
> 他所歌唱的美丽和真诚，会永远生存。

2

在太行山的一段时间是立波一生中几个华彩乐章之一，他自己当时就知道，所以原本就非常努力的立波那一段时间更是在体力和智力上把自己的潜能发挥到了极限，我写这一段时也感到一种生命力磅礴的痛快。让我来点算一下这几个月立波和卡尔逊他们走过的路，见过的人，写下的文章，你也许就会有同感了。

立波和卡尔逊一行从1937年12月26日到1938年2月21日短短的五十二天里走了二千五百里路。他们从山西南部的洪洞县出发，往东北方向走，到沁原、武乡、辽州即今天的左权、河顺、昔阳，进入河北过铁路封锁线，到最北的五台山。从五台山往西南方向回返，再过封锁线，经代县、静乐、汾阳到蒲县，回到洪洞。他们的行程相当于绕着山西走了一圈，真是非常较真的军事观察员和记者。

从他们的报告中知道当时的铁路是由日本人占领着，这也是为什么他们必须冒险穿过铁路封锁线，但铁路以外的地区就由共产党、国民党、晋军所把握了。通过这些，卡尔逊也就不难得出，日本并没有真正地掌握华北，中国人极有可能赢得这场战争这一后来证明非常正确的分析报告。

他们这一路采访的八路军防地，将星云集，他们手上的这支在当时不是很大规模的军队，在不久的将来变得锐不可当，举世闻名。这一点卡尔逊也看出来了，这也是为什么他后来坚持要用八路军的方式训练他的特种部队。

这批将帅包括：朱德，后来的十大元帅之首，中国人民解放军总司令。徐海东，有名的红军将领，后来的解放军大将。刘伯承，后来的中国人民解放军十大元帅之一。徐向前，十大元帅之一。宋任穷，后来的解放军上将，中共组织部长。陈赓，传奇式的将军，后来的大将，国防部副部长。贺龙，极有个性的将军，十大元帅之一。聂荣臻，十大元帅之一。还有后来和立波有很深的渊源，立波曾参加他的部队穿过大部分中国的王震将军，后来的解放军大将，中华人民共和国副主席。

走了这许多路，采访了这许多将军、士兵、地方官、老百姓，立波和卡尔逊还分别用英文和中文一天不落地写下了这五十二天的日记。前一阵

七十年后卡尔逊的孙女凯瑞和我在美国南卡罗来纳州见面（2006 年 11 月）

子见到卡尔逊的孙女凯瑞，我二人还把他们的日记对起来读，看他们对同一事件的相同或不同的看法，真是很有意思。卡尔逊认为立波是一位非常有同情心、有理解力又忘我的人，是很准确的评价。

3

由于有详细的日记，也让我们能够知道，这五十二天里，他们经历了不少危险的事和有趣的事。比方他们晚上在房间里烧木炭火取暖中了煤气，差点死去。比方又一个晚上烧炕烧得太厉害，把被子都差点烧着了，被烫醒。

又比方有一次立波的眼镜掉到了河里，一个班的士兵下河摸眼镜很费了一番功夫。还有一次立波连人带马摔了一跤，把稿子撒得到处都是，士兵们帮着到处捡也还是有许多被风吹走。又比方不善走路的立波脚上开了像小孩嘴巴一样宽的口子，卡尔逊看了大为吃惊，忙拿药给他擦。再比方立波开始不会骑马又不得不骑，样子十分可笑。

有一天长途行军爬到一个山顶，立波突然累得不管怎样也走不动了，躺在地上爬不起来。当时情况危急，后面的追兵马上就要到了，立波叫大家先走，不必管他，田守尧不肯放弃，不停地喂水给他喝，焦急地鼓励他爬起来，过了好一阵子，立波才勉强爬起，继续赶路，田守尧算是救了他一命。

田守尧当时年纪不大，就已经身经百战，是个很成熟的军人，和立波一路走来，关系极好。可惜田后来战死，没有过上和平的日子。立波一直很怀念他，写过有关他的文章，在五七干校和我的长谈中经常提到他，对他的救命之恩也念念不忘。

条件艰苦，但几个人还是找到了不少的乐趣。卡尔逊爱吹口琴，行军开始的第一天，他们夜宿在一家倒闭了的杂货店里，“屋子里充满了尘埃与寂寞，在一只洋蜡的黯淡的光下，卡尔逊用口琴吹奏《马塞曲》，曲声雄壮，流露了使人羡慕的欢喜”。

在路上，立波还一边唱京戏，一边为卡尔逊讲解中国文化。真不敢相信祖父还会唱戏，我们在五七干校那些无所不谈的日子他也没有唱过，真是人不可貌相，海水不可斗量，我无缘听到，很是遗憾。人是需要释放的，写作是释放，唱歌是释放，跳舞更是释放。我知道祖父曾经有过边走边唱的日子，真为他高兴。

立波有一次在农家的破烂中发现了一本《三国演义》，如获至宝，读了又读，在《三国演义》的故乡读《三国演义》，别有一番滋味，再说在没有书看的日子里偶尔看到一本书，其高兴程度可以想象。我多年前刚到美国时很少能读到中文的东西，偶尔得到一份中文报纸，总要翻来覆去看好几遍，直到连广告也看熟了为止。

爱书的立波更爱朋友，在战区不忘和朋友们通信有时还诗歌唱和。和他有同样文化背景的朋友们是他精神上最亲近的人。1938 年元旦那天，他没有收到任何一封朋友的来信，心情低落，写了一首少有的，不似立波风格的惆怅的诗：

塞北胡尘满
江南血泪遍
多情无一字
凄冷度新年

4

1938年2月，立波从山西回到武汉。他的本意是想很快再回到山西去的。他说，后方的生活太安闲了，没有战场的紧张有味；又说，想回到山西去看北方的春天。但生活出版社为他在武汉租了房子，让他整理在战区的采访记录。他在武汉住了三个月，写下了二十八篇报告文学编入《晋察冀边区印象记》一书。出版后反映极好，编者问他还有没有？他即把自己的日记整理发表了，名为《战地日记》。立波在上海时就翻译过报告文学集《秘密中国》，让他对这种体裁一点也不陌生。

这两本书现在看来简洁不花巧，没有多少文字修饰，信息量大，在当时意义很重大。当时除了斯诺、史沫特莱等几个西方人写了些关于红区的报道外，民众和外部世界对中国北方的那支军队知之甚少。立波的这两本书真实、快捷地反映了那个地区、那支军队的方方面面，影响很大，也为立波带来了不小的名声。八路军将领们都认识了他，国民党江南防区的将领也希望他去采访，立波俨然成了当时中国有名的战地记者。

立波完成“两记”后在生活出版社预支了一笔稿费捐给了抗日部队。在夏天的时候再次作为英文翻译，陪同苏联军事记者瓦里耶夫走访了江南的国民党抗日部队。有意思的是在不到一年的时间里，立波陪同美军情报官走访了北方的共产党防区，又陪同苏联的军事记者走访了南方的国民党防区。他一定对当时全国的军事形势、各方的想法都有一个完整的了解。好希望他现在还健在，那样我就可以好好地采访他，仔细地问个明白，一定很有趣。

立波少年气盛，自尊心强。他认为卡尔逊轻松自信是因为美国强大，国民没有思想包袱，言谈中带着几分孩子气的嫉妒。他知道苏联人对他不错，但仍讨厌有些苏联人的傲慢和自以为是。我忘了是不是说的瓦里耶夫，只记得他提过在采访中有一次不慎落水，上岸时狼狈不堪，同行的苏联记者抢拍下这个镜头准备题为“中国记者在前线” 发表。立波大怒，冲上去几乎砸了相机来阻止相片的发表。

江南防区的采访让立波伤了脚，溃烂了好几个月。国民党防区的做派他也看不惯，回来只写了《九华山下》一文，抱怨了一番就回益阳养伤去了。

补　记

写作《流风》的时候一起想去一趟山西却没有能够成行，《流风》完成以后却遇到了机会。2009 年 6 月，卡尔逊的孙女凯瑞和四个当年卡尔逊所组建的突击队中参加过第二次世界大战的老兵，组团来中国走访原来的山西战区，我也与他们同行。

虽然距离卡尔逊和周立波的山西之行已经七十多年了，但他们当年笔下山西干涸荒凉的山峦，尘土飞扬的道路，郁郁葱葱如有仙气的五台山却依稀如旧。同行的几位老人当年在卡尔逊的部队里都是最年轻的战士，如今却是九十多一百岁的老人家了。

这次山西行当然有很多感性的认知，也有很多理性的探讨。访问团的领队是美国海军陆战队一位对亚洲问题很有研究的将军，与将军对当年那场战事的多次讨论让我们得出了和卡尔逊当年同样的结论，战事最后结局的必然性和每一场战争胜负的偶然性相互依存，影响深远。

山西方面派出的接待人员中也有学识渊博的资深外交官，和他的长时间的交流让我受益匪浅。山西成为中国抗日战争的重要战场也有其必然性。山西作为最早的农耕社会，其所处的地理位置决定了它在历史上常年受到游牧民族的侵扰，为了守护农耕果实和保卫家园所经历的无数战事不但让这个地方名将辈出，所激发出来的彪悍民风也决定了其难以向强权屈服的特性。

第十七章
走出益阳

1

1937 年路易六岁，雅可两岁，他们在芷青和周相公夫妇的精心照顾下健康成长。为了贴补家用，芷青更勤奋地在不当值煮饭时绣花。二嫂子帮忙在益阳城里拿到刺绣的订单，绣品完成后交到益阳转往大地方，这就是有名的湘绣。两个孩子虽然没有父亲在身旁，但衣着整洁，神情可爱。芷青这个单亲妈妈一手包办他们的衣食住行，不但没有任何疏忽，反而极为精心，甚至有溺爱之嫌。

日常生活平静无波，但国家正处在大的动荡中。1937 年经历了西安事变的中国开始了全国抗战。国共合作的新国策不但改变了在上海的立波的生活形态，也改变了芷青及在益阳的那帮年轻人的生活。

当时日本人已经沿平汉线逼近武汉。长沙在粤汉线上，武汉如果失守，长沙将是下一个目标。年轻人都积极参加各种抗日团体，要为抗日出一分力。各抗日团体纷纷设立办事处，招兵买马，在长沙也有了八路军办事处。

芷青的大姑子周翠英在大革命中和余小姐一样非常活跃。她幸运地躲过了大革命后的清党，已经顺利出嫁了，婆家是书香门第，丈夫很有学问。十年过去了，周翠英泼辣能干的名声仍在，长沙八路军办事处给她开了介绍信，介绍她去延安参加抗日。翠英就邀请芷青、妹夫雷家少爷、林家少爷及夫人贾小姐同行。

芷青少言寡语，在外面并不是风头人物，万分不舍得两个儿子，但还是瞒着周相公夫妇，和几个同伴一起上路了。听话的芷青竟然也采取偷跑的形式离家，实在令人吃惊。

想想周相公夫妇真是可怜，最疼爱的小儿子夫妇一而再、再而三地不辞而别，留下的烂摊子，二位老人不管怎样也得接受。儿子、媳妇只要回家，二位老人还从来不为难他们。姚家外公更为奇特，他的社会、经济地位虽然都不如周相公，但心胸更为阔大。他一向支持女儿、女婿到外面去闯世界，所以小两口也从不瞒他，每次都在姚家策划、出发。

说到不辞而别这个特质，我父亲也有。新婚不久他突然失踪，让我母亲找了个天翻地覆，连湘江边都找过了，还报了警，几天后他安然回家，不过是和朋友出去玩了几天。

记得我多年前有一次出差，父亲送我去火车站，一路谈得愉快，他就提出陪我出差一同坐火车往南边去。我惊讶地说："妈妈还在等你吃中饭，你怎么可以这样？" 他不悦，当即买了一张往北方的火车票扬长而去。我出差回家时还悬着一颗心，谁知我母亲已经习惯了父亲的不辞而别，根本没把这事放在心上。

想我们周家世世代代都是循规蹈矩的人，要不然也不会留下几十代的族谱。立波、芷青是特殊年代的产物，我父亲算是余韵，到了我们这一代和下一代又成了规矩人。我是连和朋友吃饭、爬山都不迟到的人，我女儿更是极靠得住的孩子。她按时交作业，从不迟到早退，要她破点儿规矩，那比登天还难。

2

回到1937年，五个年轻人到了益阳城，事情就起了变化。翠英打了退堂鼓，她的丈夫不在身边，加上周围亲友的劝说，让翠英决定不去冒这个险。

贾小姐和她大吵一架后，其余的四个人还是决定拿着给周翠英的介绍信继续上路。

一路辛苦走到西安，进了八路军办事处。虽然介绍信不清楚，但问了问话以后还是给他们四人分配了工作和学习的地方。雷、林二位公子出身富裕学历高，需要多多锻炼，被分到了基层。姚芷青出身贫农，朴实无华，办事处安排她到学校继续深造。以芷青的能干、肯干，又是贫农出身，如果再经过系统的学习，应该很有前途。

四个人回到住处就发生了状况，雷、林二位一路奔波，到了西安就双双吐起血来。芷青准备独自出发到延安，已经走了一段路了被贾小姐追上来，哭着叫芷姐姐不能走，说她一个人照顾不了两个病人。于是芷青又回到了招待所。

二位男士的病越来越重，眼看着不能为抗战出力，还可能给抗战增加负担，只好决定返回家乡。芷青也很想念两个幼龄的孩子，再说也不能丢下病人不管，四个人又跋山涉水地回到了家乡。

小时候听亲友们议论这半途而废的延安之行，他们都为芷青惋惜。芷青是他们中唯一出身贫民的人，在当时非常注重出身的革命队伍里，她将会走得比其他出身多少有点问题的同伴顺利得多，再加上她能干肯干会做人、有点文化也肯学习，如果当时留在了延安，前途不可限量。芷青自己对这事倒从来没有抱怨后悔过，她也不是个有政治野心的人，对她来说，家人平安、生活幸福比什么都强。

据说立波因此事对芷青有些看法，认为她半途而废不能坚持。立波从没带过小孩，大概认为两个儿子晒晒太阳、喝喝水就会长得和他一样高大有力。

四个人离开招待所后没几天，办事处就接到了周扬的电报，讯问四位益阳老乡的情况，得到的回答是他们刚刚离开了。周扬对此大表遗憾，他认为雷、林二位笔头好，芷青很能干，都是不可多得的人才。周扬常年当领导，无时无刻不在挖掘干部苗子。到今天还有很多受过他栽培的干部对他知人善任的领导才华敬佩不已。

据说周扬非常爱才，只要遇到优秀的人才就倾心交结，有机会的话就大力培养，所以他周围总是围绕着各式各样的优秀人才，我本人也感受过他的热情。

我和周扬爷爷有过一面之缘。那是 1978 年的夏天，祖父得了肺癌在 301 医院住院，我和妈妈到医院去探望，在医院的会客室里遇到了来看望老朋友的周扬爷爷和苏灵扬奶奶。他们二位一看到十八岁的我就热情洋溢地赞美，说立波有这样漂亮出色的好孙女真是福气不浅，叔叔在旁边说明我在 1977 年考上大学，整个高中只有三人考上了是多么的不易，更让两位老人夸赞不已。

当年的我也算是个意气风发的少年，听到的赞美很是不少。但周扬爷爷和苏灵扬奶奶发自内心的、毫无掩饰的赞美让我感到他们是真的很喜欢我，也真的为我爷爷高兴。听说后来他们在我爷爷面前也好好地夸了我一番，让病中的爷爷得到安慰。

我如今也是中年人了，看到优秀的少年，比方我女儿的一些同学也油然生出喜爱之心，只要他们愿意的话，也很想提供点儿帮助给他们，让他们的人生少走弯路，才有机会去到更高更远的地方。我对孩子们的喜爱他们也能感受到，据我女儿说她的朋友们都蛮喜欢我的，在我面前也比较自在放肆。

3

芷青回到家乡继续过她的生活，两个儿子根本没有察觉他们差一点就成了没有父母的小孩。周家虽不富裕但极为守礼，芷青的丈夫不在家，周相公和家里的男人们从不跨进芷青的房门一步，有事只在堂屋就是我们今天说的客厅里隔门高声交谈。母子三人和大家一起在堂屋吃饭，从来没有在自己的房间里开过饭。

1939 年春季的一天，路易突然看见房间里来了个陌生的高大男人，芷青兴奋地忙进忙出，准备饭菜。吃饭竟然在自己的小房间里，那人抱着小雅可和他们一起吃饭，芷青嘱咐他叫那人“爸爸”。那人就是立波，他哪怕是在家里也不善交际，回到家乡也多半待在自己名下的房子里，全靠芷青代表他发言。还有就是他来来去去的地方不方便公开，芷青和周家多半对外宣称他去了泰国或美国，这也是为什么他不便出门的原因。

路易疑疑惑惑地和那人同住了一天，还没有混得太熟那人就走了。临走告诉芷青过几天会寄来路费，让她带路易去阮陵和他会合。芷青对丈夫言听计从，丈夫走后就积极地准备再一次走出益阳。

处于九省水陆交通要冲的大城市武汉失守后，日军沿粤汉线南下，湖南省城长沙是粤汉线上下一个日军志在必得的重要城市。暂时放下了内部纷争的中国军队奋起反抗，在长沙和日军展开反复的争夺。日军遇到了强有力的抵抗，不像在北方那样可以轻易地向前推进了。

我少年时曾住在岳麓山湖南师范学院的宿舍里，“文革”中不用上学、无所事事的一帮少年整天在山上玩。有个我们常去的地方叫鬼门关，那是一个用大理石建成的豪华墓园，埋葬着在长沙保卫战中牺牲的国民党将校官兵，我们曾经细读过那些碑文，好多的人，有些似乎是整个部队都埋在了那里。记得当时墓园仍然干净豪华但非常寂寞，只有我们偶尔在那里玩，大理石的墓园相当明亮，在那里玩并没有任何害怕的感觉。

想那些在年轻时就战死的官兵们静静躺在岳麓山，遥看湘江，也在看着时代的变迁。几十年没有去，不知那墓园还在不在？他们的亲人们还记得他们吗？我在北美还能看到经历过抗战的老人，保养很好地安度晚年，稍稍提一下，他们就会给你说一大堆抗战时的故事，好多都和长沙或湖南有关。

从武汉到了长沙的立波担任了另一项工作，就是出任《抗战日报》的主编。当时政府已经决定放弃长沙，在湖南西边的山城沅陵设立战时省会。政府机关都搬到沅凌，其中也包括八路军办事处。国民党政府还作出了一个古怪的决定，在机关撤退后将把古城长沙烧掉，所以撤退工作很有危机感，毕竟水火无情，放火的时间也不会布告得很清楚。

共产党南方局的负责人周恩来亲自到长沙八路军办事处主持撤退工作。周恩来把立波召到办事处，为他和他的《抗战日报》准备了一笔钱及一辆卡车，车上装有印刷设备，几位印刷工人和几位伤员与立波同行。车是办事处最后一辆车，钱是办事处不多的现金中的大部分，显然把立波和《抗战日报》放在极重要的地位。立波走时周恩来的房间里还留有不少的人在等待他一一谈话，交代工作。他们步行离开长沙时大火已经烧起来了。

他们出城时长沙已是一座空城，大火随时可能烧起来。一路上立波一面担心周恩来他们的安危，一面敬佩他们在危急时刻的镇定自若、办事有条不紊，一面感到自己身上责任的重大，这万千的思绪他都写在了一篇名为《长沙大火前后》的散文里。立波艺术家气质很浓，在以后周恩来位高权重的日子里除了陪他出访外，没有和他有过什么别的联系。

据说周恩来曾建议立波参加地下工作，很有自知之明的立波回绝了这个提议，认为自己更适合写文章。这事祖父晚年在五七干校和我长谈时也提过，很是得意自己的正确决定，我也认为心无城府，多少有些随心所欲的立波没有做秘密工作是件幸运的事。

《抗战日报》是戏剧界大老田汉创办的，影响不小。在长沙时的主编是后来有名的三家村之一廖沫沙。廖的妻子美而贤，又有文化。《抗战日报》当时的经费极为短缺，廖的妻子为了不成为丈夫的负担而影响抗战大业，竟带着幼小的孩子自杀以盼成全大业。中国深厚的历史文化培养出像廖夫人这样的刚烈女子，又怎么能轻易地让外族统治。日本人想用武力征服中国肯定是不会成功的。

写这一段时我和丈夫正在泰国度假，我给他讲廖夫人的故事时我们正在一条繁花似锦的小路上散步。他听到廖夫人杀子又自杀时打了个寒颤说："你不要再说了，我听得难过死了！" 我们家和廖家不熟，知道的细节不多，在网上查了半天也没有查到任何有关她的材料，我只希望我粗糙的描述能为这个美丽的烈女子和她可怜早逝的孩子留下一点点生命的印迹。

第十八章
古城沅陵

1

沅陵在湖南的西北部，是湘西的门户。此地自古是苗人居住的地方，苗人历史上多次造反而被反复围剿，后被圈居在这偏西一隅的山区，所以整个湘西处于半封闭状况。沅陵处于沅江的中游，交通便利，自秦汉以来，一直都是州、路、道、府等各级政府机关的所在地，也是长年和苗人打仗的基地。国民党政府选择它作为战时湖南省政府所在地是很有道理的。

湖南号称“三湘四水”中的“四水”指的是湘江、资江、沅江、澧水。1985年我随父母去张家界游玩，一次把四水全部见到，印象极深刻。那年从长沙出发，宽广的湘江混混浊浊，长沙的天空里飘着浓浓的烟尘废气。车到了益阳，资江比湘江要秀气干净得多，益阳城小，汽车刚开出城就把比长沙淡薄些的尘硝抛在了车后。常德的污染比益阳又少一些，沅江也比资江更漂亮，江边有些簿雾，似有仙气。但这还不是极致，极致是澧水，当看到清澈见底，在高山环绕下纯净得带一点绿色的澧水时，我差不多要感动得哭出来了，心真的好痛，好像见到了一个无邪的婴儿或小动物，让人忍不住要去拥抱它，爱护它。

随着一条比一条美丽的江水出现在我们眼前，所经过的地区也越来越贫穷和不发达。好像现代文明和自然美丽在作一进一退的拉锯似的，这也是让人心痛之处。当时的张家界晚上一片漆黑，少见人迹，干干的地里种着苞谷和长老了的粗硬的卷心菜，这和一片葱绿、有着水汪汪的稻田的益阳大不相同。现在的我走过世界上不少的地方，看过好多现代文明和自然环境浑然天成的人间仙境，但是没有一处美景能让我有心痛至流泪的冲动。二十多年过去了，湘西一定发达了，但澧水还像原来那样美得令人惊心动魄吗？

说了这么多我本人的经历，想说的是立波、芷青也会有和我一样的感觉，他们从益阳出发去沅陵，到了一个美丽而强悍，甚至原始的地方开始他们新的生活。特别是芷青，她和我一样是多感的女性，念家念旧放不开，她除了西安之行之外，没有离开过益阳。如果没有这次沅陵之行，她的一生多半会像她的大嫂、二嫂一样留在益阳老家做一个平凡的农家妇女，这对她本人来说也不一定是件坏事，至少她不必经历那许多的惊涛骇浪和伤心失落。

2

立波到了沅陵安顿好工作，在古旧的沅陵街一家店铺的楼上找了一间小房子，又寄了一笔小小的款子给芷青做路费，就算是完成了他们小两口第一次单独生活的准备工作，这在战时也是很不容易的。芷青再一次瞒着周相公夫妇走出益阳，不同的是这一次带上了七岁的路易。

三岁的雅可长得很可爱，像个洋娃娃，他太小了，这次不可能带他走。这一次出行既要瞒着周相公夫妇又要瞒着三岁的雅可，幸好走的那天家里的大黄狗生小狗，雅可极有兴致地旁观生产全过程，芷青和路易得以顺利地从厨房偷偷出门，绕过屋后的竹林子山，去了姚家湾。

姚家外公一如既往地是女儿、女婿的同谋，对女儿这次出远门兴高采烈，挑起担子，一头放着简单的行李，一头放着小小的路易，就送女儿去了益阳县城。芷青将在那里坐长途汽车去常德，然后转车去沅陵。

二十九岁的乡下少妇芷青第一次单独出远门。出门的前几个晚上都没有睡好，思前想后，舍不得雅可，怕公婆责怪，对将要到来的新生活喜忧参半，她要准备行装，又恨不得为雅可安顿好以后需要的衣物，而这一切都是瞒着家人进行的。

终于上了去常德的汽车，芷青就开始晕车。战时路况不好，破旧的汽车还挤得不得了，劳累紧张多日的芷青一坐上车就呕吐起来，一边吐，一边流泪到了常德，顾不上观赏周围的景致。

战时的长途汽车完全不按牌理出牌，车子到了常德以后就接不上去沅陵的汽车了。芷青带着路易住在常德的小旅馆里每天去车站打探，一天一天又一天，都是失望而归，手上不多的路费也快花光了。

终于有一天芷青的忍耐到了极限，当车站站长再一次告诉她今天没有票时，芷青突然大哭起来。这一哭并不是平时的默默流泪，而是大放悲声，像乡下妇人似的哭得惊天动地，惹得周围的人围观。站长也慌了手脚，急切间倒是为芷青母子弄到了两张票，母子俩终于搭上了去沅陵的汽车。

芷青的性格虽然不算活泼，但还是开朗、不轻易发脾气的那种人。这次旅行她是那样的不安，表现失常，似乎预示着她和夫君第一次开始小家庭生活的不顺利。她一点都没有美梦成真的喜悦，也没有终于有了依靠的安心。

沅陵其时已经满布大小机关和追随政府的有志青年和难民。贾小姐也到了沅陵。芷青坐的汽车在沅江边停了下来，立波没有亲自来接，贾小姐倒是出城来迎了。天色已晚，三个人就宿在沅江边的小旅馆里。

晚上贾小姐和芷青灯下夜谈，她为芷青带来了一个惊人的消息，凤哥哥即立波和别人好上了。这个别人就是在中共沅陵县委担任组织部长的陈小姐。贾小姐的报告让芷青又哭了一夜，茫然不知所措，这真是一个不顺利的开头。

陈小姐全名陈德明，年轻能干，是个风风火火的新女性。立波当时除了《抗战日报》的工作外，也兼任中共沅陵县委的宣传部长，和陈小姐有频繁的工作接触，彼此的印象都不错。据当时和他们都熟的老人回忆，陈不如芷青标致、贤惠，但应该比芷青拿得起，放得下。据我分析，她和立波互有好感，交往中多少有些暧昧，但并不见得有什么实质性的关系，要不然立波也不会把芷青、路易接到沅陵来。

立波和芷青第一次建立小家庭的尝试遗憾地以吵架开了场。乡下少妇没有经历过这种事，对小儿子的不舍，旅途的劳累，离开长辈、家乡熟悉环境的惶恐，新的人际关系的不安，种种都使她心力交瘁，再遇上和她一样年轻、更为鲁莽的贾小姐的不合时宜的报告，让从不发脾气的芷青见了丈夫就大大地发作起来。她发作的特点就是不停地哭泣。

立波应该也不知如何安抚太太，俩人一吵就吵到了要离婚的地步。这算是没有吵架经验的俩人唯有的一次争吵，年轻的他们不懂得正确的夫妻吵架法应该是把吵架作为一种情绪宣泄，可以大声嚷嚷，可以拍桌打椅，可以长时间反复争论些有的没的，但不可以轻易地提到离婚这样实质性的问题。

夫妻吵架其实也是心理卫生保健的一部分，完全不吵的夫妻缺乏处理或化解危机的能力，一旦吵起来反而后果堪忧。这是我这个长年担任朋友们免费爱情婚姻顾问的一家之言，随书赠送，不另收钱。

我认为他们俩对这次吵架都后悔得不行，恨不得这件事从来没有发生过。两个人都异口同声地对我否定他们曾经吵过架。老年时的他们连说辞都是一样的，他们说："我们的感情好得很，从来没有吵过架，红过脸。" 但经过我反复调查论证，他们在沅陵确实吵过架，为的就是陈德明小姐。

陈小姐见了芷青大吃一惊，见了路易更吃惊，对立波说：想不到你们还有孩子！当时正好有延安来的特使到沅陵传达文件，陈小姐迅速和特使确定了恋爱关系，二人一起去了延安并结了婚。几十年来特使和陈小姐工作、生活都不错。长大后的路易即我的父亲大人曾在偶然的情况下见过陈小姐，她大方地和我父亲合影，当然没有提到当年和立波短暂而影响深远的似真似幻的那段情事。

3

一个不太相干的人深深地破坏了立波和芷青的感情。古人云：“最难消受美人恩 。”芷青多年来对立波情深意长，在这件事之前，她一直认为自己的夫君是世上最好的，他们的婚姻是最完美的，这也是为什么她的眼里揉不进一粒沙子。再说她也是读过书的新女性、有追求的有志青年，怎么能容忍丈夫加爱人同志的哪怕是背叛的苗头呢？想到老年芷青的忍耐随和，我终于懂得了那是她在反复挑战对她颇为无情的命运不能成功之后的无奈的顺从，她并不是没有追求、没有感觉的人。

立波在此事之前对芷青也不错，他当然把理想、事业放在第一位，但也没有伤过芷青的心。以此事为分界线，立波第一次做了在情理上说不过去的事情，受到芷青的指责和旁人的非议后，反而一而再再而三地做出伤害芷青也使自己后悔的事来。优质男人的逆反心理真是可怕。

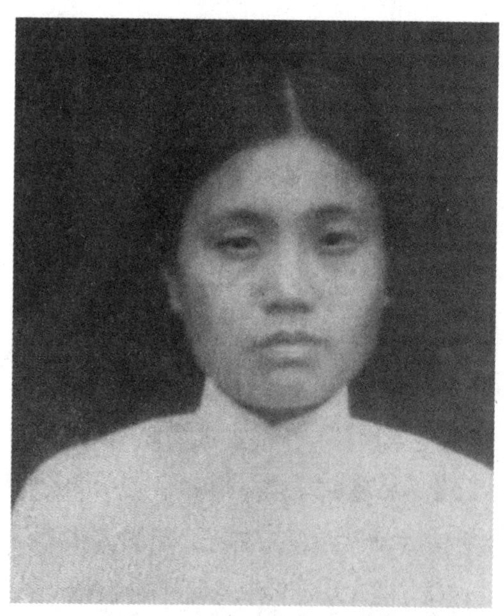

在沅陵加入了地下的共产党，在难民缝纫工厂作女工时的芷青，正从贤妻良母走向职业女性。那时的她也面临夫妻关系的危机和把儿子送到孤儿院的伤痛，眼神面相都写满了倔强。

我的同学、同事中男性占绝大多数，可以深谈的男性朋友很是不少，我的免费爱情婚姻顾问业务也对男性朋友开放。可以说我对男人特别是优质男人的心理很有些了解 。他们大多从小就优秀，听到的夸奖比吃的饭还多，他们被寄予厚望，自我期许也很高。他们不怕苦，甚至不怕死，不达目的誓不罢休，但自尊心强，容不得他人的轻视和责难。受委屈时还好一点，因为他们有极强的自我意识来坚持到底，渡过难关。最怕就是他们真正做错了，自己也知道这是错的，又被别人抓个正着，这时就凶险了，有的时候能过去，有的时候事情就急转直下了。他们很可能一不做，二不休，干脆错到底，来维护自己比生命更重要的自我肯定。尤其是优秀的他们很难听进别人的意见，周围也难找到比他们更优秀而使他们信服的能开导他们的人。据我推断，二十九岁的立波此时的情形就是这样的。

立波和芷青这次的生理反应也非常明显，以前情投意合的他们每一次短暂的相聚都会孕育一个孩子。但这一次沅陵的小家庭生活，芷青在心理压力下没有怀孕，遗憾地没有生下一个她一直想要的贴心的女儿。更遗憾的是这就是他们最后一次的家庭生活了，一段受到大家祝福的美好婚姻结束得这么莫名其妙，我想当时的他们也是没有想到会有这么严重的后果。

第十九章

父母双全的孤儿

1

小家庭生活虽然出了些状况，立波、芷青夫妇还是积极地投入抗战的工作。立波除了主持《抗战日报》的工作外，还深入湘西山区旅行了几次，研究走访了苗人集聚地，写下《湘西苗民的过去和风俗》、《湘西行》及《雾里湘西》三篇介绍民俗的文章。

湘西的苗民很早以前是从北方迁来的，本来散居在南方包括洞庭湖在内的广大地区，从汉朝开始就和中央政权关系不好，多次被剿，就被迫退居到湘西山区。他们拥有自己的语言、风俗，俨然化外之民。清朝政府和苗人的关系处得特别不好，乾嘉时代曾动员七省兵力，花了三年时间剿苗。和平时期也在苗人居住地外围建碉堡屯重兵，一副随时准备打起来的样子。

苗人因为生存条件差，祖祖辈辈打打杀杀，个性彪悍勇猛，就算是和平时期也常常打冤家，一旦结了仇，又冤冤相报不易化解。后来的共产党政府民族政策还不错，慢慢地化解了苗人和汉人几千年结下的冤仇，但这个地区还是有不少和别的地方非常不一样的习俗。在七十年前，又是战时，立波有此心境作这样认真的民俗调查，写这样的文章，不能不说他是一位天生的文学家，随时不忘文学家的使命。

1985 年我去湘西时那里仍然不太方便。一到山区，我们的司机就拒绝开车了，由湘西方面派了一位当过兵的本地人来开车。那位年轻司机黝黑英俊，身手矫健，阴沉寡言。在崎岖险峻的山路上，他把车子开得又好又快，我们谁也不敢请他开慢一点，看着飞逝而过的美景和车下的万丈深崖，还真有几分冒险的快感。用脚趾头想也知道这位苗族青年是个在危险面前能保持镇定的好军人，恐怕他生下来就已经有了这种品质，军队只是教给了他一些像开车这样的技能。

立波在沅陵期间还翻译了一本三十多万字的苏联报告文学集《北海运河》，此书在桂林印刷时遇日军飞机轰炸，已排好的字版和手稿都被炸毁。战争可以轻易地摧毁很多的东西，书稿算什么？不过是一个人的心血罢了。

2

芷青到了沅陵不久就由韩淑仪介绍加入了共产党，贾小姐和她同时入党，成了中共的地下党员，并改了个不那么女性化的名字叫姚陵华。韩淑仪和立波在一个支部，但依据秘密工作条例，此事并没有告诉立波，他一直不知道自己的太太是位共产党员。

叫姚陵华的女子果然比叫芷青时变了许多，她变得不那么柔弱爱哭了，行动能力强了许多，特别是她变得越来越有主意了，成了一个干练的职业妇女，一个有特殊使命的革命家、社会活动家，还是一位负责任的单亲妈妈。当然她脸上女性柔美的线条也渐渐地褪去了。

韩淑仪是读过书的新女性，嫁给一家有钱人的大少爷，生了两个女儿。大少爷鸦片抽得凶，生活颓废。苦闷的大少奶奶只能从书上看到一点光明，小叔子刘建安和她是读书的同窗好友。久而久之两个进步青年终于走到了一起，决定从家里逃走。他们不放心把孩子留给抽鸦片烟的爸爸，就把两个孩子也带出来了。

大嫂和小叔子都参加了共产党并结了婚，成为名副其实的爱人同志。刘健安对两个孩子很好，但职业革命家是没有家庭生活的，两个孩子中的一个送给了一户有钱人当养女，韩带着另一个和路易差不多年纪的女儿住在沅陵，刘健安则在军队中工作。

立波在《抗战日报》的工作估计即算不是义务劳动，收入也非常有限，要不然他的前任廖沫沙的太太也不用走投无路地自杀了。芷青带着路易到了沅陵后生活没有着落，她的领导韩淑仪也有同样的问题。韩就决定把自己的小女儿送到孤儿院去，也指示芷青把路易送去，贾小姐当时还没有孩子，她们三人同在妇女会办的难民缝纫工厂做女工，一则解决生活问题，二则在女工中做些革命工作。

芷青对孩子非常溺爱，七岁的路易是她一手带大的，吃饭要她喂，衣服要她穿，此时要谎称是父母双亡的孤儿送到孤儿院去，如何能舍得？但革命的丈夫和革命的上级都要求她这么做，她也就万分不舍地放了手。

说到这里再补充几句，几年前弟弟牧之到了沅陵，当地人知道他是芷青的后代，竟然找到了一位芷青当年的学生。这位皮肤粗糙已经没有几个牙不识字的乡下老太太不但记得芷青，还当着众人的面就大大方方地唱起歌来，告诉牧之说这就是当年芷青她们教的。

今天的我们也许觉得韩淑仪芷青她们当年太缺心眼，付出了那么大的代价追求理想，但对于这位缺牙齿的老太太来说，和韩淑仪芷青她们的短暂接触却也是她艰难的生活闭塞的环境中的亮点，那几首简简单单的歌曲几十年后还能张口就唱出来。

3

一向被娇养的路易去了孤儿院后日夜啼哭了好一阵子，终于明白妈妈真的不能照顾他了。七岁的小孩只好收拾心情，自力更生。吃饭要快，才能抢到第二碗，自己的那点小家当要守得住，不能让别的孩子摸走了，该打架时得出手不能让人欺负等等，路易迅速学会了孤儿院的生存法则。韩淑仪的女儿更小，哭得更长久，始终不能适应孤儿院的生活，路易到现在还能记得那个不停啼哭的可爱小女孩。

孤儿院是教会办的，开始时条件还过得去，吃得饱，住得也不算太挤，还教孩子认认字、唱唱歌什么的。但随着武汉失守，大批武汉难童涌入沅陵，孤儿院改成难童收容所之后，情况就迅速恶化了，吃的东西紧张，不用抢的根本吃不饱，一间房间塞进了比以前多得多的小孩，卫生条件变差，疾病流行，每天都有不少孩子死去。韩淑仪那个爱哭的小女儿就没有挨过去，成了死去孩子中的一个。

路易遇到了劲敌，武汉难童中有位十来岁的孩子看中了路易睡的位置比较好的下铺，不停地骚扰他，让他把床位让出来。武汉人强悍，那孩子年纪又比路易大，眼看不敌，路易只好用巧计。有一天在背后袭击，让武汉孩子狠狠地摔了一跤。看到七岁的路易也不好欺负，武汉孩子选择了和平共处，乖乖地睡在路易的上铺。这事让路易学到了另一条生存法则，那就是该出手时就得出手，一味退让不是办法。

强悍的武汉孩子也没有熬过去，他后来得了急性肠炎拉了几天肚子就死去了。那时药品缺乏，很简单的病也能要人的命。战时人命如草芥，弱小的难童孤儿们更是首当其冲。所幸我的父亲大人熬过来了，要不然哪有我？

芷青舍不得孩子，以缝纫厂为难童做衣服的名义去看过路易，但不敢相认，因为有父母的孩子是不应该送到这里来的。立波据说也来过，还抱着路易哭，但路易称没有印象。种什么瓜就结什么果，立波全部身心都在事业上，和儿子们亲近的时候有限，儿子不记得他来看过也很正常，七岁孩子的记忆恐怕有些选择性。

省会长沙经历了三次会战，国民党军和日军反复争夺终于失守。战时省会沅陵虽然在山区也遭到日本飞机的频繁轰炸。那时国民党军的防空力量几乎是零，狂妄的日本飞机一向都是超低空飞行，几乎可以瞄准人射击。

那一天又响起警报，孤儿院的孩子们都躲到了附近的山上。厨师老李说什么也不肯躲，就留在厨房里。可巧不巧一发炮弹冲破屋顶落在炒菜的大锅里，把锅子打了一个大洞而没有爆炸。李厨师逃过这一劫之后成了大英雄，受到众厨娘和洗衣妇的追捧。

对沅陵的轰炸直到美国志愿飞行员组成的飞虎队参战后才稍有缓解。日本飞机不再有绝对的制空权，不敢像原来那么放肆了。除了轰炸的次数减少之外，也马虎了许多，每次只在高空胡乱丢几个炸弹就匆匆飞走了。

4

在益阳的周相公知道三儿子一家的状况后极为恼火，写了一封长信来骂人。他责怪儿子媳妇不该把路易送到孤儿院。他指出：如果三儿子夫妇没有办法照顾孙子的话，应该把路易送回乡下由他照管，并狠狠地写道：路易并不是孤儿，他还有爷爷在。

立波忙于抗日工作又忙着写文章，对周相公的指责和提议没有采取什么行动。芷青就不一样了，一是她自己本来就放心不下儿子，二是她一向是公婆眼中的好媳妇，接到公公严厉批评的信非常惶恐，马上开始作安排。

路易是作为孤儿送进去的，如果有父母的话就不该把孩子送到孤儿院来浪费社会资源。芷青不能明着去把孩子接回来，就搬到孤儿院附近去，和里面的工作人员慢慢混熟，帮她们做衣服，拉了不少关系后，终于把孩子接了回来。

出孤儿院的那天，芷青母子去沅陵街上唯一的照相馆合影留念。当时整个沅陵城已经被炸得差不多了，那家照相馆也被炸掉了一半。在半边房子里为他们照相的老板对自己的处境非常得意，认为自己祖上积德才能在全城几乎全毁的情况下还能留下半边房子继续做生意。

第二十章
新知书店

1

告别了沅陵，芷青带着路易去了辰溪，芷青将在辰溪的新知书店当店员。这家书店是一家带有“左倾”色彩的书店，也是中共地下党的秘密联络站。芷青另一项工作是担任地下党的联络员，负责接待党内来往的干部，传递文件。

辰溪比沅陵更深入湘西山区，是座古老的山城，有几千年的历史。多为石头建筑的城市不大，两边的店铺夹着一条窄窄的麻石小街一下子就走到头了。辰溪既靠山又临水雾气蒙蒙，古人说它：“雨雨流不断，山山接未央，一年三百六，多半水云乡。”

当时新知书店的 LOGO

辰溪一直很闭塞的原因和整个湘西地区一样，是因为靠近苗寨又常年闹土匪。当时这个地区的实际统治者就是一个土匪王，此人那时已经不干土匪了，他积极要求参加抗日，已被国民党军收编。

前土匪王和各方面的关系都不错，他治下的辰溪在政治上相当开明，各种组织在那里都有据点。妇女会、中苏友好协会、《抗战日报》、新知书店等都在小小的辰溪街上挂着牌子公开活动。在新知书店里可以公开买到毛泽东的《论持久战》等著作，别的“左倾”书刊更不在话下。

新知书店有二位女店员，三位男店员，一位店长华应元，一共有六个工作人员，加上路易这个顽皮的小男孩。六个大人轮流做饭，每人轮三天。轮到做饭的那天就不用上班了，专事买菜、烧饭和带路易。芷青的人缘好，大家对路易很不错，都惯着他，采买的时候还会为他买些额外的零食或小玩具。比方辰溪街头有用糖烧制的各种人物、花卉什么的，既好看又能吃。孩子要吃糖，可以仔细地挑选好自己喜欢的像关云长、张飞之类的人物或其他什么，再一点点地吃下去。芷青的同事们就常为路易买这种糖吃。

路易刚从孤儿院出来，人长得瘦小。几个年轻人带路易买菜做饭时都会塞很多东西给路易吃，有时给他吃三四个鸡蛋，吃到消化不良的地步。直到有一天芷青发了脾气，说小孩子是不能一次吃那么多东西的，这种填鸭工作才稍稍收敛。

同事关系好，生活相对稳定，芷青决定再让路易上学。芷青在很短的时间里就交了不少朋友。桃源女中的陶小姐就成了她的好朋友，带着路易去考桃源女中附属小学。小学的考官稍问了几个数目字就宣布考上了，成绩是一百分。陶小姐就带着路易回新知书店报喜，让路易从小就认定自己是个会读书的人。

芷青当时不到三十岁，身材高挑，相貌端正，人缘好又能干。她和立波的事是这个圈子里的人都知道的，大家都很同情她。书店的工作人员和来往的干部多是革命知识分子，很有些人倾慕芷青。当时的革命知识分子们的恋爱观也许不够严谨，但绝不世故，他们是不会在意和一个有儿子的母亲谈恋爱的。芷青的上级韩淑仪就是带着两个孩子和小叔子私奔的，他二人一辈子都情义深厚。

问题出在芷青这边，她的思想半新半旧，新的方面她可以冒险当一个地下党员，旧的方面她又极守妇道，对她的倾慕者不假辞色。芷青的个性也偏严肃，不是个会撒娇、会耍女性小花招的人。

男店员中有一位岳姓少年，当时年纪最小，带路易玩的时间也最多。他后来也参加了地下党，新中国成立后在上海工作，职位不低。我在20世纪九十年代见过这位已经离休了的岳爷爷，在他上海的家中住过一晚。我们虽然是第一次见面，他就率直地对我说：你祖母是个好人，她在辰溪时心里很苦。当时好多人追求她，有些很不错的人选啊。他又很愤愤地对我说：你祖父对不起你祖母啊！话里话外很为芷青不值，对芷青也有着小兄弟对姐姐的感情。

这种环境对立波当然不利，有名的战地记者变成了负心人。这恐怕也是他没有去辰溪看过芷青、路易的原因之一。夫妻矛盾在没有恶化之前不宜有外人介入，对方是否变心没有确定的时候，不宜闹得尽人皆知，这样

新知书店的同事们，左一为芷青，这是一个关系非常亲密的团队，他们像芷青的娘家兄弟一样爱护她，照顾她幼小的儿子路易。

很容易弄假成真。当然这事芷青也控制不了，贾小姐的嘴就不容易管得住。当时的朋友生死与共，关系亲密，也不容易分彼此。再说这整个圈子里都是年轻人，对夫妻关系的微妙处也多是似懂非懂的。

芷青的处境比上不足，比下有余，她的上级韩淑仪就曾来新知书店住过一阵子，她这次来主要是养病的。此时的韩淑仪没有了女革命家的意气风发，日日沉浸在失去女儿的悲痛里，身体也特别不好。她只要一看到路易就忍不住哭，还每天晚上都要抱着路易睡觉，一来二去把她的闹疮传给了路易。

据说此病是因为日本人丢下的带有细菌的炸弹引起的。路易得了此病以后一直好不了，缠绵数年，直到抗战胜利后才治好。治疗其实很简单，只需坚持用灰抹痒(高锰酸钾)擦洗一阵子就会好，但战时连这种简单的外敷药也是搞不到的。

2

其时虽然是国共合作，两党还是时有摩擦，在国统区大部分的共产党员还是处于地下状况。国共关系亲厚时，国民党对这些组织和活动也就眼开眼闭的，有些共产党组织活动频繁，有些半公开的味道。曾经是国民党特工最重要的清理共产党的任务，在联合抗战开始后基本停下来了。

1941 年江西省会南昌已被日军占领，但南昌附近的吉安还是由国民党控制。这年 1 月国民党在吉安抓到了两位年轻姑娘，是共产党的地下交通员。中统特工告诉两位女性，现在是国共合作，不应再从事地下工作，应该与政府合作等等。以此为突破口，把江西省地下党的四十四个县委、两百多个区委全部破坏，抓了两千多名地下党员，二千多农村党员被管训。

这一突变也波及周恩来领导的南方局的广东、广西及南方各省，南方局所属南委也有好多重要干部被抓，其中包括原国民党元老廖仲恺的儿子廖承志。受此打击，周恩来命令国统区地下党组织活动一律暂停，一直到

1942 年才重新组织广东临时省委，1944 年才恢复各地组织活动。

国民党方面对此举非常得意，中统局长徐恩曾就说过：“这是我和共产党在抗战时期战斗中的唯一胜利。也是我的全部战斗记录中经过时间最长、技术上最为成功的胜利。” 那时做一个中国人真不易，内斗外斗到处都是陷阱，什么时候才能看到和平的曙光，开始安居乐业的正常生活呢？

辰溪方面也受到这一事件的影响，土匪王被调到对日作战的前线，不久战死，成了抗日英雄。接替他的是蒋委员长的嫡系部队，对意识形态抓得比较紧，一时在辰溪造成白色恐怖。

新知书店的人们见形势不妙，就把一部分“左倾”书刊转移出去。书店的小年轻们有一帮朋友，其中一人是商会胖胖的朱会长的侄儿。朱会长

芷青坐在前面，后面站着的是佩华和华经理，芷青后来的妹夫。

家是本地的大家族，家大业大房子大，在沅江上有船队，很多地方有商号，由于地处土匪出没的地区，家里甚至有不少枪支弹药。朱家侄儿思想“左倾”，和新知书店的人走得很近，看到书店的困难，就把一部分书刊藏到了朱会长的家中，朱会长本人也许根本不知道此事。

有一天岳姓少年正带着路易在街上买糖人吃，忽然听到长号声，街上也人声鼎沸，岳少年忙带着路易躲进街边的店铺里往外观望。只见一队士兵押着朱会长在游街，胖胖的朱会长赤裸着上身，被五花大绑，脑后插着长标，跟在朱会长身后的是同样胖胖的、赤裸着上身的刽子手，背上背着大刀。

辰溪城唯一的一条小街很快游完，一行人出了城门停在城边的山坡上，号声大作之后，刽子手一声暴喊，手起刀落，朱会长就被砍了头。几乎整个辰溪城的人都目睹了这次行刑，惊恐难安，连在山城上空盘旋的鸟都惊飞了。

朱会长的罪名就是在他家中发现了枪械和“左倾”书刊。驻军是和土匪王换防的外来军队，对本地盘根错节的社会形态懒得理睬。朱会长恐怕并没有经过什么正常的审讯就被糊里糊涂地杀了头，他庞大的社会关系和雄厚的财力都没有来得及发生作用。

岳姓少年和路易看到这可怕的一幕后匆忙回到书店，只见店里围了不少人。朱家侄儿晕倒在地，芷青正在又是泼水又是扯痧地试图把他救醒。芷青很机灵，一直告诉围观的人朱家侄儿是因为天热中暑了，其实是惊吓和难过让他晕倒的。朱家侄儿应该是万万想不到事情会演变成这样的结局，事后他迅速离开辰溪再也没有了音讯。

3

朱会长被杀，朱家侄儿逃逸，从朱家查搜出来的那批书没有查出来源，但新知书店并没有就此太平。一天兵们到书店来搜查，芷青把男同事都赶走，说自己是女流之辈，可以留下来应付，就出来和兵们周旋。兵们也不好应付，执意要把芷青带走，芷青又哭又闹，说自己是书店雇的女工，不识多少字，店里卖什么书她搞不清楚等等。

正吵得不可开交处，正遇湖南大学皮校长的太太从这里经过。看到此种情况后大惊失色，连忙喝退了当兵的，说芷青是她的女儿，不可能和共产党有关联，芷青才逃过一劫。此事真险，兵们有时并不买社会贤达的账，朱会长认识的上层人士就多得很。那时的兵们横蛮得很，讲章法的时候不多。湖南大学原在长沙，因为战乱，迁到了辰溪。芷青个性好，贤惠能干，常常帮皮家做家务，是校长夫妇的干女儿，这次是被干妈救了。

小店员没有抓成，店里的负责人终究逃不过，店长华应元还是被抓了。华是浙江人，读过书，思想“左倾”，但并不是共产党员。他被抓起来后幸运地留下了性命，就关在辰溪城里。书店在这种险恶环境中，处于半关门状况。

第二十一章
姚家姐妹

1

新知书店的两位女店员中的另一位是芷青的大妹，姚家四美中的老二佩华。佩华的婚姻也是亲上加亲，嫁的是刘姓太太娘家的侄儿。刘家生活不错，刘姑爷读过书，是门不错的亲事。姚外公虽然没有能力给佩华做像芷青那样的豪华的家具陪嫁，但还是尽其所有好好地把佩华嫁过去了。配华婚后过得还不错，生了一男一女两个孩子，可惜刘姑爷很早就病死了。

丈夫去世后，年轻的佩华单身一人来到辰溪投靠姐姐，芷青就安排她在新知书店工作。其时店长华应元被关，当时的监狱不管饭，要由亲人送牢饭，新知书店就派佩华谎称是华的未婚妻去送牢饭。华应元和佩华以前并不认识，这时却天天盼着佩华带来可口的饭菜更带来外面的信息，一来二去就喜欢上了这位端庄的少妇。

姚家四美中的老大和老二都美得大方、端庄，为人稳重不多言。老三有着容长脸儿，艳光四射，人也瘦高，但面相有些单薄。老四的样子虽然像大姐、二姐，但嘴巴厉害，为人比她的姐姐们嚣张多了。我见过老年的佩华，她依然丰满，整洁、端庄地坐在祖母也就是她大姐家做针线活。当时就觉得她年轻时应该是薛宝钗一类的人物，心中有主意但锋芒藏而不露，也深知人情世故。

她们这个小圈子里，贾小姐有几分像史湘云，莽撞而口无遮拦。年轻时可爱，年纪大时，就有几分常有理的霸气了。姚家老大和老二中年之后都体形丰满富态，有一股当家太太的沉稳气势，老三虽然美艳，但过于单薄，老四一看就是个有福气的样子。也许性格决定命运，命运决定相貌，年纪大了，就能从她们的相貌中读出她们的命运来。

华经理坐牢，新知书店各人忙着上下打点，更写信到中共南方局书记周恩来处请求帮助，周就拜托翦伯赞来疏通此事。翦当时是位儒雅的中年学者，长身玉立，谈吐有致，很有社会影响。俊雅高贵的翦伯赞来到山城辰溪，很快摆平了各方势力，让他们放了华经理。小小的路易也得以瞻仰大学者的风采。

翦伯赞是维吾尔族人，出身官宦人家，参加过北伐，也曾留学美国，是那个年头文武双全的先锋人物，也是学贯中西的大学者。三十年代加入共产党，新中国成立后曾任北京大学副校长。

当年有社会地位的翦伯赞不光为华经理担保，还为别的很多人担过保，救了不少的人。可惜“文革”时他遭遇大难却没有人及时出来保护他，他

姚家姐妹，左起姚二、姚三、姚四、姚五和姚家大姐芷青。

是在“文革”初期不堪凌辱和夫人一起吞药自尽的。

2

华经理出了牢房后，念念不忘佩华的送饭之恩，对佩华展开追求。正好他也是单身，两人很快就结为夫妻，辰溪待不下去了，他二人转去常德开书店，后又去重庆新知书店总店工作。佩华和他夫妻恩爱，又生了一男二女，家庭生活很平顺，一家人后来在浙江华经理的老家生活，佩华的命运在四姐妹中还算不错。

姚家老三从小就艳名远播，绍仪在上海时曾想带她去上海考电影明星。姚外公虽开通，让女儿当电影明星还是超出了他能承受的极限，此事就作罢了。老三嫁给了一个家境普通的人家，出嫁时姚外公在经济上已山穷水尽，她只带了一只小布包就出了门。当时称女儿是赔钱货还真有几分道理，嫁女儿真能把家给嫁穷了。特别是当女儿嫁给比自家好的人家，为了面子也得好好地陪嫁。芷青在四姐妹中嫁得最好，所以陪嫁也最多。

老三嫁的人家虽然不富裕，但姑爷是个生性机灵、外貌体面的年轻人，从事当年少见的产业工人工作。抗战时他去投奔在武汉的姐夫立波，和八路军高级将领关系不错的立波把他介绍到八路军办事处，让他跟着八路军总司令朱德到了延安。姚家三姑爷的工人出身在延安很受重用，是以后极负盛名的延安抗日军政大学第一期的学员。

三姑爷在政治上没有什么准主意，在延安待了一阵子后就出来了，说是延安生活太苦。在回家的路上又参加了胡宗南的部队，他的抗大资历为他争取到一个团级军官的职位，但他对军队生活仍然不适应，最终还是回到了家乡。

回家之后三姑爷主要从事商业活动，他的活动范围很广，包括南方各省及香港。生意做得不错，也时不时地用他军官的身份得到些行事的方便，姚家老三在丈夫做生意的那几年生活得不错，生了几个长相体面又聪明的孩子。当年困难的单亲妈妈芷青也得到过三妹的帮助。解放时三姑爷正在香港，对政治没有什么敏感度又时不时地圈入政治的他不合时宜地回到家乡，以国民党团级军官的身份被共产党抓起来送去东北劳改。

一辈子没有工作过的姚家老三润珍顿失依靠，只好在武汉的街上摆摊子为人做针线。那时称这种工作为缝穷。漂亮的老三有一位顾客是在长江上驾木排的工人，此人愿意照顾她的生活，俩人就住到了一起。生活问题解决了之后，孩子们也考上了大学。多年后我们才知道，芷青常年资助三妹的儿子们念大学，每个月都寄钱给他们。姚家老三和驾排的工人也生了一个女儿，相貌不如同母异父的哥哥们好，个性也木讷，不如哥哥们机灵。

过了二十几年到了20世纪七十年代初，遇到政策大赦，三姑爷从东北回来了。不但回来了政府还发给他在东北劳改时挣下的工资。劳动改造二十多年的三姑爷，对人谦卑，饭量惊人，身体健壮，很有主意。他执意要在润珍家附近租房住下，时不时地到家里来看望孩子。

驾排的工人这时也很苦恼，有一次在工作地方被大型推土机压倒意外死亡。润珍的个性也有倔的一面，以后不管儿子们怎么劝，再也没有和三姑爷复合。姚家四美都能干，但命运的事很难说。女人的命运中最不可知的部分就是嫁人，这一部分命运也最难掌控，这也是为什么我特别喜欢研究女人的命运，它太神秘难测了。

3

老四月英的命运相对而言最平顺。姚外公的亲家周相公民国初年曾经做过县教育科科长，当时有一位科员，高瘦木讷，戴一副深度近视眼镜却写得一手漂亮的好字。前面说过周相公最看重字写得好的人，就做媒把姚家老四嫁给了他。姚月英比丈夫小了好多岁，人又活泼豪爽，在家里很能当家做主。四姑爷的性格很适合在政府机关当工作人员，他从县里一直升到省里，虽然没有当什么大官，但日子过得顺畅，经济状况也一直不坏。

长沙解放时四姑爷不知所措地躲到益阳乡下姚外公家，正遇路易考上了革命大学回外公家报喜。路易当时是激进青年，对时事很了解，告诉四姑爷他可以回去上班。因为长沙是和平解放的，原湖南省省长程潜与长沙驻军首领陈明仁和解放军有协议，原政府工作人员一律留用。四姑爷听说后马上回长沙向原单位报到，也真的成了留用人员，一直在教育厅工作，改朝换代对他没有什么影响，之后的几十年他们一家也算平安和谐，几个孩子成长顺利。

其实姚家原来有五个女儿，老五从小得病，发高烧把脑子烧坏了，到少女时智力还像个七八岁的小孩子，一天到晚和路易他们这班小孩子疯玩在一起，干些偷人家红薯粉吃之类的顽皮上不得台盘的事。她人也长得黑而结实，不像四个姐姐那么漂亮，所以乡人提起姚家四美都没有把她数在里面。谁知四个姐姐苦苦追寻都难以得到的情深意长的爱意，她倒是得到了，只可惜她自己没有什么知觉。

话说姚外公并没有急着为他资质稍差的五女儿找夫家，有些准备把她养在家里一辈子了，老话把这叫作养老女。小时候我爸爸就常常开我的玩笑，说我干不好这个那个的，他就只好养老女了。那时养女儿的人家还真是大公无私，把好女儿嫁到别人家去，不那么好的女儿留在家中。

我也是养女儿的人，我比较自私，准备把不那么好的女儿嫁出去麻烦别人，把好的女儿留在家中自己享用，男孩子要是真喜欢我女儿，必须到我家来巴结我这个劳苦功高的丈母娘兼看我的脸色。只可惜这主意好像并不新鲜，好多人都在施行中，我拿不到发明权。再说我的女儿聪明、漂亮、有理想、会读书，但她不会做家务，没有经济观念，半点也不懂人情世故，谈不上十全十美，恐怕难以掀起一家有女万家求的盛况，我也不过做做白日梦罢了。

姚家的第五个女儿并没有准备嫁出去，但到了适婚年龄还是有人来提亲。来人是邻村的一位年轻木匠，长得也不差。乡下的木匠有技术，手头相对宽裕，一年到头走村串户见识也广，是个不错的女婿人选，姚外公爽快地答应了这门亲事。

谁知姚家老五突然得了肺病，当时医疗条件有限，她一病就送了命。他的木匠未婚夫是个有情有义的男子，哭着到姚家来操办丧事，穿着孝服把未婚妻送上了山。姚家老五如果不是早逝，定会有段好姻缘，运气可能比她聪明能干的姐姐们还要好一些。

第二十二章
路途迢遥

1

辰溪的新知书店终于是办不下去了，大批的“左倾”书籍还舍不得丢，就作了两个处置。一批书送到乡下由一位农民地下党员埋起来，这些书直到1949年新中国成立以后才被挖了出来，另外八箱书准备由芷青和另一个少年店员从辰溪运到重庆交给重庆新知书店总店。在辰溪这样的小地方都藏不住的问题书籍竟然想通关过卡运到战时的首都重庆去，这简直是找死。

芷青接下了这个不可能完成的任务后决定把路易送回益阳老家。母子俩回到益阳，先回姚家湾，在姚外公家歇脚。几个妹妹看到路易很欢喜，一直逗着八岁的路易说话，嘲笑他满嘴的沅陵腔。

立波是战地记者，到处跑来跑去，这时正在周相公家写文章。听到村里孩子们告诉说芷青母子已经到了三里地外的姚家湾时，他的反应竟然是避而不见。他在芷青母子到家之前就去了益阳县城，在林姓表兄的资助下去了桂林，转往延安。芷青这次也是伤了心，没有像以往那样追去益阳县城。

立波和芷青的婚姻是由颇有智慧又负责任的两位长辈周相公、姚外公想了又想，算了又算而决定下来的，具备了那个社会环境下做一对俗世夫妻最完美的条件，但他们能成为志同道合的灵魂伴侣吗？立波是造物的宠儿，他身体强健、头脑聪明、意志坚强、事业成功。上天会不会再一次宠爱他，给他一条平顺和美的婚姻路呢？

回望前尘往事，他二人是努力了，特别是芷青，作了很大的努力来理解、参与夫君所信仰的事业。他二人也差点成了爱人同志，但一个处理不当，芷青就变成了王宝钏、赵五娘之类不幸的旧式妇女。话又说回来，他二人要真成了爱人同志，一同去了延安，路易和雅可两个还在幼年的孩子能不能活下来就很成问题。就算能活下来，他们的成长过程一定会更坎坷，更没有依靠。

这件事是路易对父亲最为不满的地方。他认为立波如果对芷青没有感情，大可把他们母子留在益阳。把芷青这样一个纯朴的乡下少妇带到沅陵，使得她参加那么危险的地下组织，几次差点丢了性命，又弃他们母子而不顾，回家遇上了都不见，实在是无情又无义。

十多年后共产党取得了政权，立波的文名也如日中天，有一次路易和父亲在海边的疗养院疗养，在没有旁人时，儿子对父亲算起了老账。面对儿子的句句紧逼，立波只得低头认错，承认自己辜负芷青太多。虽然儿子成了父亲的判官要为母亲讨回公道，但一切都不可能回头了，这也难怪多年来他们父子关系那么不同寻常。

我一直很犹豫要不要把这段让我的父亲大人隐瞒了多年，一经提起就哭出声来的痛苦往事写下来。立波是那个时代精英中的精英，是我心目中的英雄，当我知道这件事后对他的佩服打了折扣，认为他欺负了一位对他情深意长的弱女子，也没有处理麻烦问题的勇气和能力。也许我是女人心眼小，也许我也犯了春秋责备贤者的错，对战时朝不保夕的年轻男子的心境缺乏了解。

上个月的一天，我弟弟去波士顿出差在我家停留了一个晚上。老公和女儿睡了以后，我们姐弟俩喝完了一整瓶红酒，聊天聊到了第二天早上三点。我给他讲了这段往事，想听听这位在日本住了二十年，很有些大男子主义思想的成功男士对这件事的感想。

他和我的感受竟然是相同的，认为立波和芷青虽然是包办婚姻，但立

五十年代要为母亲讨回公道的路易，功成名就的立波难于应对已经成年的大儿子。

波对芷青有欠公道，于情理有亏。我们一致认为我们像朋友一样地喜欢我们的祖父，乐于和他亲近，他也是一个我们非常欣赏的大艺术家，而祖母姚芷青则是我们应该孝敬的老祖宗，没有她对儿孙无尽的付出就没有我们这开枝散叶的一大家人。

祖父母已经过世近三十年，芷青应该感到欣慰的是她的儿孙到今天都念念不忘她的好处，极在乎她当时的感受，为她抱屈，为她不平。对于一向能吃苦、能忍耐、与人无争的芷青来说，她也应该可以舒展眉头，心气平和了。

2

把路易在益阳安顿好之后，芷青又回到了辰溪。她和书店一位刘姓少年店员负责这件事。他们住在沅江边，希望能找到合适的船只把这批书运走，还需要找到能避开水警检查的方法。当时水警检查得很严，主要是查禁走私商品，禁书被查到了也不得了。

芷青少言寡语，但她有一种能很快取得他人信任的能力。美国公司很看重这种能力，我曾经上过一些训练课程来学习怎样快速地取得他人的信任，影响他人（influence others）去完成一些任务，特别是怎么影响那些不属于你领导的人主动去为你工作，是很有挑战性的一种能力，所以有公司才愿意出钱让我们得到这种训练。年轻的芷青无师自通地具有这种能力，应用起来娴熟、低调，不让人有被利用的反感。

芷青在江边住了不久，就和沅江上一支很大的船队的船老大的女儿交上了朋友。那支船队不小，就是被杀的朱会长家的。船老大在沅江上混得很熟，是个有办法、有势力的人。那位小姑娘向芷青学习精致而繁复的刺绣方法，又拜了芷青做干姐姐常来常往。

芷青便向船老大提出把别人拜托的八箱行李运出去的愿望，还告诉他行李是别人的不希望被人随便检查。船老大很愿意帮这位诚恳女子的忙，就把这八箱禁书作为他自己的行李带了出去。水警们买他的面子，这批行李没有被打开检查。

闯过了这一关，船走上水转长江，顺利地把八箱禁书运到了长江边上一个叫宜昌的小市镇上。到了这里，船老大就要带着他的船队回头了，他的势力只在沅江一带，到了浩瀚的长江，他也无能为力了。干姐妹依依不舍地告了别，八箱禁书被搬进了江边的小旅馆，芷青对下一步如何办又是一筹莫展。

长江上查得更紧，尤其是进重庆的码头，据说都是由宪兵把守，一般的关系根本就行不通。芷青让刘姓少年在旅馆里守着八箱书，自己每天到江边去打探消息，竭尽心力想办法。

芷青认识字，可以看懂书报，也能写信写报告什么的，但她并不是个有事没事坐下来看书的人，也就是说，她不是个严格意义上的知识分子。她有常识也懂人情世故，但主义什么的对她来说就太深奥了，这八箱禁书估计她是看不大懂的，但她做人讲责任，做事讲始终，一次也没有想过可以丢掉这批麻烦的书籍，一走了之。

一个益阳的乡下女子到了战时的四川能有什么路数？芷青的困难可想而知。但她仍然眼观六路，耳听八方，希望能从没有路中找出一条路来。每天回到小旅馆安顿好衣食，她习惯性地又开始照顾起周围的人来，这一次照顾的是一位带着几个小孩的益阳籍少妇。芷青帮着她带孩子，洗衣服，缝缝补补，刘姓少年也跑前跑后帮那少妇办些杂事。不说你们也猜到了，这样一来二去的结果是感激的少妇又拜了芷青做干姐姐。

重庆新知书店，芷青工作过的地方。

中国的传统文化看重血缘关系也很注重结干亲，从刘关张桃园三结义开始，似乎要干成大事，非得干亲满天下不可。平头百姓也不时结下干亲，互相照应。我外公是一个豪爽的人，战时照顾了一些他女儿的同学，那些战时单身在外求学、孤苦无依的女孩子就拜他为干爸。

好多年前就有一个妇人千辛万苦找到我家，一心一意要认亲，要报恩。她的干爸我的外公已去世，她的同学我的大姨妈也早已不在人间，她同学的小妹我的妈妈完全不记得她了，这所有的一切都不能稍减她认亲的心，还是路远迢迢地把她的家人孩子带到我们家，要把我们家当成是她娘家最重要的亲戚看待，一说到我外公的恩情就泪水涟涟。

美好的中国文化告诉我们“滴水之恩涌泉相报，涌泉之恩一生相报”，芷青的干妹妹也很想报干姐姐的相助之恩，听到芷青的难处后，她马上拍着胸脯保证此事可以包在她身上。原来干妹夫正是重庆卫戍司令或这一类的大官，派来接太太的卫兵马上就要到了。芷青的不可能完成的任务再一次峰回路转，柳暗花明。

八箱禁书混在干妹妹和她孩子们的行李中由卫兵护送上了岸，重庆码头的宪兵没有兴趣也没有胆量检查司令夫人的行李。芷青有惊无险地跟着干妹妹进了城，把八箱行李送到了重庆新知书店总店，自己也在那里安顿下来，继续她书店店员的工作。

标致又干练的芷青在重庆也很受欢迎，跟在辰溪时一样很有些爱慕者，特别是书店有一位经理对她的追求更是有力。跟着丈夫也到了重庆的二妹佩华看在眼里，就和她的芷姐姐有了一番深谈。

那天她们姐妹在嘉陵江边走了很久，佩华劝芷青考虑一下那位经理或别的某些条件不错的追求者，她认为大姐夫立波对芷青不好，不值得留念。那时正处于社会价值、道德观念转型期，女子离婚再嫁并非不可能，佩华就在丈夫死去不久再次组织家庭，姚外公是个开通的人，芷青的娘家对这种事应该没有什么阻力。当时共产党同志间的夫妻关系很有些合则留、不合则离的动感，芷青既然加入了组织，也可以照这个圈子的游戏规则行事。

芷青没有正面回答二妹对绍仪的指责，只幽幽叹道：“佩华啊，你有没有想过，我还有两个儿子呢。”可怜的芷青冒了生命的危险革命又割舍不了儿女情深，新的重担和旧的包袱都背在身上，新思想的自由和旧式妇女依赖丈夫的好处都放弃，真可谓处处吃亏，两头不到岸。几十年后芷青过世，佩华来到长沙参加大姐的葬礼，提到此事时还忍不住为大姐惋惜。

第二十三章
圣地延安

1

立波为了不做亡国奴，为了抗日，为了个人的事业，为了有声有色的大千世界，也为了逃避芷青可能的责备抱怨，再一次匆忙地离开了家乡，他应该没有想到这一次的匆匆一别就是好多年，他已经没有机会再见到他的父亲周相公和他自己的小家，整个中国也将发生翻天覆地的变化。

离家前他再次在益阳县城停留，和他的世交加好友林家兄弟相聚。林家兄弟指的是两位堂兄弟。林大家产很丰厚，和周相公一样相信教育救国，也和周相公一样决定一辈子无党无派。不同的是他比周相公有实力，拿了大笔的家产出来办学校，不但办新派的洋学堂，而且办的是当时更稀少更时髦的女校。他办的学校叫蔚南女中，在当时的益阳是间质量不错的贵族女子学校。在以后的岁月里，这间学校和芷青有莫大的关联，也给林大带来了几乎是致命的麻烦。

相信教育救国并身体力行的林大也有大少爷的脾气，他极爱打牌，几乎整天都泡在牌桌上，而且打的是赌钱的牌，输赢还不小。立波在外面赚的钱一向是随赚随花，从来不带回家，每次回家来都是两手空空。周相公虽然一力承担全家大小包括立波家小的生活，但也不会再拿出钱来送三儿子出门，何况他根本就不赞成三儿子出门。立波的银行多半是林大的牌桌，在林大输赢的空歇间表述并得到或者不需表述就能得到林大不经意的赞助。在以后的日子里，单亲妈妈芷青也曾守候在林大的牌桌旁为路易的学费求助。

号称无党无派的林大其实在政治上还是有倾向性的，他对立波和其他亲友有意无意地政治献金就是证明。他的蔚南女中后来更成了在益阳的中共地下党最重要的活动基地，这没有林大的默许和支持是根本不可能的，他当然也为此付出了沉重的代价。他的亲友中的出色人物也多是共产党人，比方说周扬，立波和周扬的相识就是林大介绍的。再比方说林二，林二是林大的堂弟，贾小姐的夫婿。林二虽然没有林大那么多的家产，但也是衣食无忧的知识分子，夫妇二人都参加了共产党。

林大还有一位寡嫂，家财比林大更雄厚，也致力于办学校，学校办到了省城长沙，规模比蔚南女中还要大。每当林大需要资金周转时，这位寡嫂处是不错的来源。孀居的寡嫂有个儿子，万贯的家财加上母亲的溺爱教养出来的竟然是另一位理想主义者。林家小少爷很有文才，从少年时代起就醉心于共产主义，他曾把家中的银圆一担担地偷出来给地下党的人用，好多年之后这些地位不错的人还记得那位传奇少年，对他心存感激。林小少爷后来去了延安，他在延安也很有文名，在他不长的延安生涯中曾有一篇文章得到毛泽东亲自修改后成了当时重要的文件，发表在《解放日报》的头版位置。

阴差阳错间这位林小少爷并没有成为另一位共产党的理论家，他后来的命运很是曲折不幸，竟然还影响到了芷青的后半生，这些让我在以后的章节里慢慢道来。

2

立波这一次离家去了桂林，并在那里待了有半年之久。桂林虽然不时受到日本飞机的轰炸，但还在中国人的手中，由广西桂系军队统治。当时的桂林在政治上比较开明，“左倾”的报纸、出版社和书店都可以在这里生存。立波在桂林为《救亡日报》做编辑，《救亡日报》是郭沫若办的左翼报纸。立波再次住在报社楼上的小房间里过着忙碌而清贫的文字工作者的生活，他晚上编报纸，有空就翻译书。前面说过了，他在沅陵和桂林翻译的三十多万字的苏联报告文学集《北海运河》在桂林制版后被炸毁，没有留下底稿。

一天立波在书店看书，偶然碰到了也流落在桂林的胡乔木，两人聊了起来，互相问对方要不要去延安后就决定结伴同行去延安了，不久之后两人真的在八路军办事处的安排下去了延安。同车的还有曾任杨虎城部秘书长的南汉宸，西北驻军多是他的部下，所以一路顺利。胡乔木到延安后不久就成了毛泽东主席的秘书，后更成了对中国理论界、文化界很有影响力的重要人士。

延安地处陕西省的北面，荒凉偏僻，气候干冷，土地贫瘠，和青山绿水的益阳、绚丽繁华的上海大不相同，但它是立波和当时很多年轻人心目中的圣地，是当时腐败、糜烂、贫穷、无望的在亡国的边沿挣扎的中国土地上的一方净土。何况那里还有那么多的先到的朋友，比方已经到了延安、担任边区教育厅厅长的周扬。

于 1939 年年底到了延安的立波的心情真可以用欣喜若狂来形容。穿着粗布没有样式的衣服，吃着简单粗糙的饭食，住在简陋的窑洞里也不能稍稍减少他的兴奋。他到延安不久后写了一首名叫《一个早晨的歌者的希望》的长诗，我今天读起来还能体会到他当时充满阳光的好心情：

我要大声地反复我的歌，
因为我相信我的歌是歌唱美丽的，
像阳光相信他的温暖，
像青春相信他的纯真的梦境，
像那朵飘走的云，相信他的自由轻快的飞奔。
……
我希望早风把我的歌带走，

带给远方和远方的人们，
让他们相信，让大家相信，
生活里有很多美丽的东西，像白天有着很好的早晨，
像春天有着很好的青草。
……

3

立波是个单纯、执著的人，当时延安的风气也是单纯、执著的，让他有一种鱼儿游在水里的自在和欢快。他喜欢延安和延安的生活，也容不得别人不喜欢，遇到看不顺眼的人和事，他还是会像在上海时一样大打出手。当时到延安的已经成名的知识分子和青年学生很多，有些人像立波一样如鱼得水，有些人却觉得延安并不是他们想象的样子，很有些失落。

有一个广为流传的延安段子是这样的，在鲁艺举办的欢迎大作家茅盾的茶话会上，有一位歌唱家用讽刺歌曲《跳蚤歌》的演唱表达了对主持人或当局的不满，立波顿时被激怒了，虽然他既不是主持人也不代表当局。身为文化人的立波发起脾气来向来是动手不动口，和君子没有什么关系的。说时迟那时快，盛怒的他抄起一把茶壶就向演唱者甩过去，茶壶在舞台上砸了个粉碎还不够，立波人也跳了起来准备冲过去打架。身为立波上司、鲁艺院长的周扬慌忙拦住了立波，气呼呼地说："你你你，你怎么能只是匹夫之勇呢？！"

架虽然没有打成，欢迎会是不欢而散了，立波还很是不服，认为自己没有做错什么。立波当时已经是成名的文化人，和十年前在上海的那个茫然的小青年不可同日而语，但他依然是个冲动、莽撞的性情中人，十多年后的1952年他终于为此事作了正式的检讨。老年的立波和我在五七干校那些不分昼夜的长谈中提到过此事，他说到周扬急起来的难看脸色时还一脸的坏笑，心中究竟有多少悔意很值得怀疑。

总的来说立波是个性情温和的人，很难和人起争执，但一旦发起脾气

来就不管不顾，没有章法。和他处久了还能发现他发脾气的另一个特性，就是该发脾气的时候他不发，不该发脾气的时候他有时又出乎意料地大大发作起来。这个特性带来两个后果，第一是没有人怕他，第二是就事论事而言每次发脾气肯定是他错，过后他一定会道歉的。

这样说来我那大有文名的祖父岂不是很傻？其实不然，我现在才明白他的不着调的脾气还有两大好处，第一是没有什么人为他的脾气真正地记恨他，第二是他时不时就发作一番也是另类的心理保健。当然茶壶满天飞还是太危险了，他自己也明白这点，所以后来就改跟桌椅板凳或门什么的过不去了。

立波的这种脾气和性情也让老资格的他级别一直不高，没有当过什么像样的大领导，这倒是成就了他的写作生涯，对一脑门文学的立波来说应该是好事不是坏事。

我曾在两家世界一流的公司工作过，虽然两家都是高科技公司但作风不大相同。第一家是有名的摩托罗拉公司，它有名是因为生产面向消费大众的产品，更新快，利润薄，技术门槛不太高。同事们一年到头忙得焦头烂额，吵起来F字满天飞，有时开着开着会就号称要血流满地了，请我这个唯一的女性回避一下。但人人都把公司当成家，大家是一起打仗的难兄难弟，要分开还舍不得。

后来我在半导体行业这个号称是博士最多、利润高、技术门槛也最高的公司工作。同事们多是轻言细语深沉有教养的人，但政治斗争其实厉害得多，打击对手往往是一剑封喉，不留余地，不容易让人有归属感。离开这两家公司后，我倒是更怀念在摩托罗拉摸爬滚打的日子，可见我骨子里和祖父一样是个粗人。

第二十四章 少女林兰

1

延安的鲁迅艺术学院成立于 1940 年，由吴玉章任院长，周扬任副院长。鲁艺原来是短训班，后来改成三年制的学校，很有些正规学校的架势了。鲁艺设音乐、戏剧、美术、文学四个系。文学系有三位老师，周扬讲《文艺理论》，有名的诗人何其芳讲《写作实习》，立波讲《名著选读》。

立波的文学和英语都是自学的，但他学得扎实，有他自己的见解，讲课也自由自在，不受拘束。我母亲是文学系科班出身，教外国文学多年，读到立波当年的讲课提纲，钦佩得不得了，认为见解精要，角度不同凡响，充满了才气。认识我母亲的人都知道她是个完美主义者，能让她满意到夸赞的人和事不多，尤其家中无伟人，要她夸夸自家人，更是难上加难。

几十年后读读教学提纲就被迷到，当时在鲁艺听课的学生就更不在话下，须知立波本人就充满了知性的魅力。每次讲课除了文学系的学生外，别系的学员甚至职员也会来旁听，总把窑洞前的院落挤得满满的。学生们坐在各式各样、高低不等的自制小凳、木墩或半块砖头上，他就站在学生的中间侃侃而谈。

据他的学生回忆说，立波身材高大魁梧，行动谈笑倒像位柔情的诗人，虽然是文化人但脸上总带着红润晶莹的健康肤色。上课前看到自家不大整洁的草鞋和大脚板暴露在人前，他会不好意思地轻笑，还赶紧用一卷写得密密麻麻的讲义遮住嘴巴，学生们受到感应也轻轻松松地笑起来。随后，他的学生写道：

“一顿丰富的‘美餐’开始了，我们怀着幸运和感激的心情承受经他亲手制作的‘宴席’。”

三十岁刚出头的立波就在艰苦的战时，物质生活贫乏的黄土地上，用手头极有限的书籍加上上海十年的积累，为从中国各个地方来到延安的青年学生们讲述蒙田的散文，司汤达充满激情的人生，梅里美精致的小说，作为一个思想家的托尔斯泰和作为一个艺术家的托尔斯泰。借由这些人类历史上最有才华的文字让他的学生们看到了和中国不一样的世界，和中国知识分子不一样的思想和思想家。

立波的文学修养不是从学校得来的，他为学生选的作家和作品是他自己曾经深深被打动过的，他的表述能力经过了长期记者生涯的磨炼，使他的课很有吸引力，很多人深陷其中不能自拔。比方有些女孩子就爱穿着安娜式的黑衣服，追求浪漫而带有几分悲剧色彩的爱情。

2

喜欢上他的课的人不少，喜欢上他的课和他的人以至于爱上他的也有，比方十七岁的少女林兰。

林兰原名王嫦娥，出身于河南的一家大户，家里有钱有地也有政治势力，爸爸是县长也是国大代表，到了台湾后蒋介石成了终身“总统”，他也成了终身“国大代表”。林兰的妈妈是他爸爸的大太太，林兰又是她妈妈的独生女儿，她是那个大家庭中要风有风、要雨得雨的大小姐。

王家大小姐当然在洋学堂读书，人长得漂亮又爱时髦。我看过很多她在去延安前照的相片，多半的姿态是这样的：一个、二个或多个穿各式旗袍的少女卧在或大或小的草地上，双手托着下巴面对镜头巧笑，双脚还孩子气地朝上拍打。同类造型看得多了，我忍不住问当时已是个满腹心事、难得有好心情的老太太的林兰奶奶，她毫不在意地答说：“那时的电影明星都是这么照相的。”哦，原来如此，记得旧画报上大明星胡蝶也摆这Pose照相来着。当年十四岁的我又想，就算想我也不好意思摆着明星的Pose照了一张又一张啊！林兰奶奶年轻时真是个我行我素的人呢。

我行我素的王大小姐据说是受了立波翻译的《被开垦的处女地》和巴金的《家》《春》《秋》的影响，受她的老师王实味影响离开她像电影布景一样的小资生活，跟着老师去了延安，穿着灰扑扑的军装种地，坐在露天听课，还为自己起了林兰这么个很文艺的名字。

少女林兰初到延安适应得不错。她像大部分的北方姑娘一样脸比较大，但胜在个子高，年轻时瘦瘦的很是修长，眉梢眼角的几分忧郁让人忘俗。她演过活报剧的大嫂，好像没有引起轰动，但文笔不错，周扬称她是鲁艺的才女。她大小姐劳动也不错，当选过开荒的劳动模范。

当时延安的男女比例是十八比一，年轻漂亮有文化的林兰追求者众，很多都是后来赫赫有名的战将或高官，甚至林彪都送过一双袜子给她。这些人当年都相当年轻，有些还很文明地展开追求，比方在自己的相片后面写上爱慕的诗句什么的送给她，但她本人看上的是已经不太年轻、地位也不怎么高的才子立波。听讲得好的课就像喝了美酒一样让人沉醉，少女林兰迷上了立波讲的课也迷上了讲课的人。立波在延安的讲义只是手稿并没有印出来，现在留下来的十多万字正是林兰晚年整理出来的，也算是对她当年一段痴情的纪念。

立波自己是怎么想的我猜不出，事实是他和林兰结了婚，事实是他有几分得意林兰在众多追求者中选中了自己，事实是他也很鼓励他的朋友追求爱情，曾把自己唯一的布鞋送给朋友让他打扮得好一些去争取爱情，事实是他并没有告诉芷青他已经结了婚，反而写信把家中老小重托给她并夸她能干。这一切都让我这个小女人心中很不爽，又有几分心惊，慌忙捉住十七岁的女儿教：光是你喜欢别人是不够的，人也要喜欢你才能交往下去，一头热不管用。又教育她：负责任是男人最要紧的品德，才华倒还在其次……也不管是无的放矢、未雨绸缪还是什么的，唠叨得不堪。

3

对于文学事业立波是非常用心的，两年的《名著选读》教学，既教导了学生又提高了自己，是他扎实的文学修养中的重要一环。研究了这许多顶级名家的作品，立波自己也心动手痒起来，他第一次试着开始写小说。他写了五篇有关他在上海监狱经历的短篇小说，又写了一篇关于陕西农民的短篇小说。

这六篇小说当时在报刊上发表，五十年代又结集为《铁门里》发表。这是立波这个多年的文字工作者第一次写小说，厚积薄发，一出手就很不凡，文章写得非常美丽精致，行家和读者都一致叫好。他的同事，有名的诗人何其芳读到这样的美文一时竟感动得流下泪来。

这组文章主要写的是监狱生活，读起来却一点也不灰暗，反而透着幽默的情趣，这正是立波后来一贯坚持的文学观和生活观。他认为：太阴暗的生活，需要装点些欢容。愉快的生活一定有笑，从容优雅，对于生活感到满意，对于缺陷有优势的对付力量。立波的文字是这样，他的人也是这样的，不管顺境逆境他都从容优雅，让他周围的人感受到愉快。我太赞成他的观点了，也太喜欢有这样的祖父了，真希望能承继到他这样的秉性。

那几年延安聚集了不少的艺术家，大家住在一起，交流切磋，结下情谊。比如何其芳，绍仪就很喜欢他的诗，我们在五七干校时还背诵过他的长诗。比如古元，是个版画家，画的画古朴大气，立波非常喜欢，后来就请他为《暴风骤雨》画封面和插图。有一次他指着旧版《暴》书古元画的朴素的封面大赞特赞，说是构图如何大胆，线条如何洗练，画得如何合他的心意，古元如何是个大艺术家，赞得口沫横飞，啧啧有声。当时只有十三岁的我和他二人，周围既没有古元，也没有媒体，看来两人合作得不是一般的愉快。也能看出那年头的艺术家们没有利益的包袱，真的是非常单纯的惺惺相惜。

传说中何其芳读绍仪的小说，欣喜到流泪应该也是确有其事。

立波还很佩服古元观察人物的心机。据说古元住的房子前有一院子，陕西乡下的妇女们常聚在那里做针线，奶孩子，聊天，扯皮。古元就把窗户纸掀开一角偷偷观看，把妇女们不经意的神态画下来，比有准备的模特要自然生动得多。立波佩服之余也学得很到家，比方他写《暴》书时住在农民家，那家两个媳妇常常吵架，他默默地听了去，后来写在书里，生动得很。他住在益阳乡下时听到吵架就围在旁边听，也不劝架，人家吵完了他就心满意足地离开，“阴险”得可以。

谁知报应不爽，他应该想不到竟然有我这样一个后人，仗着和他有点熟，就在背后写他，还讲他的亏空（益阳话，是非的意思），也够“阴险”的，希望我们祖孙再次见面时他不要怪我才好。他和古元当年的模特都是朴实的农民，对被写被画不计较还有几分得意。立波几本有名的小说的模特们现在都还常聚在一起活动一番，南来北往串个门什么的，对立波讲了他们的亏空满不在乎。

但知识分子不同，知识分子复杂一些，云遮雾罩让人看不清楚，如果能够看得清楚一些呢，那也更加丰富多彩，意味深长。有些知识分子是有了思想，就有行动，坐言起行有气魄，事情过后检讨起来有得有失，有对有错，有哭有笑，比方周扬、立波他们。有些知识分子深思熟虑，谨言慎行，留下成熟的精神财富或者忧郁不得志的人生，比方……很多人。啊，啊，啊，我怎么越说越像玩火？还是赶紧打住吧。

顺便提一下，立波两本最有名的小说，《暴风骤雨》写的是东北，《山乡巨变》写的是益阳，两个地方都修了纪念馆，相关人员还常常来往交流。益阳的周立波故居纪念馆建于 2008 年 9 月，从建馆的第一天开始就人潮滚滚，不到四个月的时间就吸引了五十万人的参观者，让主办单位都始料未及呢。

第二十五章
女生指导

1

放心不下儿子的芷青终于在 1939 年的夏天离开重庆回到了益阳。离开几个月后她在辰溪地下党组织的上线才到了重庆，所以她的党组织关系算是没有连上。当时她和周围的人并不知道这件事的重要性，芷青还认为自己是秘密的中共党员，几年后共产党取得了政权才知道她已经丢失了 1939 年的党员资格。这对芷青的晚年生活影响很大，让她最终成了依靠儿子们奉养的家庭妇女，而失去了当执政党党员的种种待遇，这是后话。

当时芷青回到益阳还有另一个打算，她认为立波可能还留在益阳地区，想再和他见一面整理一下相互的关系，然后就带着路易和雅可回重庆，至于回到重庆以后会不会考虑当时的追求者，那是后话了。我很认同芷青处理问题的方法，处理完第一段关系后再来考虑第二段关系，对两个孩子也要作出安排，这是负责任的做法。

可惜命运不帮芷青的忙，她从重庆过宜昌回益阳后不久，宜昌就失守了，回重庆的路被堵住了。她那性格跳脱，不把家人放在心上的丈夫也没有乖乖地留在益阳等她，而是到延安去了。

芷青的命总是妨碍自己而有利别人。她回到益阳的时机对她自己不利，但对家中的老小而言那简直就是及时雨。在芷青到家后不久，周相公就过世了，芷青刚好来得及赶回来为公公办丧事。当时正值夏天，周相公还停在堂屋里等待装殓，儿女们都害怕而不知所措，胆大心细的芷青正好赶到为公公作了最后的装殓。

芷青的能力和胆量都不是一般的女性可以比的，这也是为什么她在新中国成立后能很快胜任法官的工作，可以一边呕吐一边参加验伤、验尸的工作，可以在不怎么会骑自行车的情况下一边摔着跤一边骑着车到处办案。

周相公是家里的顶梁柱，整个大家庭由他支撑，在日本人已经占领了长沙的乱世中去世，家中无疑是塌了天，所幸芷青及时赶回，路易、雅可和刘姓太太才有了依靠。

个人感情方面没有着落又背上了家中老小沉重的包袱，芷青的心情好不了，可她又不是个会吵闹的女人，心中的难受无处发泄。有一天她难过得无法解脱了，就对路易说，妈妈要死了，你以后要好好听奶奶的话。说完就躺倒在床上，双眼紧闭，脸如死灰，全身冰凉，真似死了一般。路易吓得大哭，哭声惊动了家里的七大姑八大婆，大家一阵子扯痧、灌水的急救，才把芷青救了回来。我终于明白了“难过死了”这句话不是夸大的语气强调，有可能真的会发生。

不管怎样难过，身心健康的芷青还是熬过来了，担起了战时单亲妈妈的责任。

2

周相公过世后的家事是这样安排的，周家三兄弟分了家，每家分得六亩地。芷青的地让周大哥代种，但当时只种一季稻，兵荒马乱的收成也不好，收下的谷子减掉周大哥的工钱就所剩无几了，要养活芷青母子三人是远远不够的。芷青只好带着十一岁的路易和七岁的雅可去益阳县城里找生活。

芷青在益阳城里找到的工作是在林大所办的蔚南女中当女生指导，芷青几年来在外面走南闯北，见了世面长了能力，正经可以当职业妇女了。

那个时期芷青的另一张相片，和同事学生在一起。

但芷青的学历不高，所谓的女生指导也就是高级一点的女工，除了担任一点缝纫、刺绣的教学工作外，主要任务是照顾女学生们的生活再加免费的心理辅导和生活顾问。工资只有十几担谷一年，还要和学生住在一起。但芷青对人好，有能力也有魄力，在女生中威信很高。

芷青带着两个儿子住在益阳县城窄小街道旁木板房的楼上，楼下就住着几个女学生，她的婆婆刘姓太太也常来和他们同住。

刘姓太太这时的处境有些尴尬，丈夫死后她名义上该由三个儿子奉养，但周大哥和周二哥都不是她亲生的，虽然他二人都不是刻薄之人，但都没有念过什么书，能力有限，自家也有老婆孩子要照顾。最有能力又受到最多栽培的小儿子既不在家，也不曾寄过什么钱物回家。两个女儿都嫁得不错，但毕竟嫁出去的女儿泼出去的水，不可能靠女儿养。还好芷青有些能力又愿意负责，就常常接婆婆到益阳城里来住。

刘姓太太还有一个秉性就是及时行乐活在当下，丈夫过世后她不时地和子女们诉说她更愿意过城市生活而不愿意在乡下和周大哥们同住。她所谓的城市生活也不过是住在益阳街上，那毕竟是她从小生活过的地方，她是县城里秀才家的女儿下嫁到清溪村去的。

几个月前我去了益阳老城，尘土飞扬的小街两边是又旧又暗一幢挤一幢的木板两层楼房，房子倒是蛮高的，两边一夹就更显得街道的窄憋了。我们找到了芷青为了满足婆婆的愿望租住过的房子，前面有一个小坪，有架歪歪斜斜的楼梯通往比昏暗的客厅房子更加昏暗的楼上。还有刘姓太太晚年在儿孙的资助下住过的让她心满意足的房子，也在大街上。我问父亲及带我们前来的家乡长辈，现在是不是变得破败了，他们一致地说原来就是这个样子，如今并不比当年更破旧。

3

刘姓太太的城市梦想只能靠芷青时不时地帮她实现，虽然芷青自己也很为难。刘姓太太亲生的女儿周大姑也嫁到城里，但她住在婆家，自己做不了什么主，不能接妈妈同住。周大姑翠英嫁得好但婆婆很有些架子，周大姑在婆家有些别手别脚、巴巴结结的。越是这样还越出事，她第一胎就生了个白胖的女儿本来是件好事，但那时她年轻贪玩睡得晚，一天晚上竟然睡得太死自己把婴儿给压死了。这样的糊涂靠不住婆婆当然很给了她点脸色看，谁知心理负担一重，周大姑竟然再也生不出一男半女了。

周大姑在婆家的地位有点摇摇晃晃做不起人，她自己也就越发的小心翼翼，这也是为什么那时她会拒绝去延安的原因，她已经不再有胆子做什么出格的事情，当然也就谈不上什么照顾娘家了。行动上没有什么照顾，但是她在娘家还是很能指手画脚的，刘姓太太那些愿望多半由她向芷青传达，很有些她指挥你办事的意思。芷青和周家兄弟姐妹的关系都处得不错，这主要还是因为芷青不计较能吃亏的结果，比方这位周大姑奶奶就不是特别好相处的人。

周大姑的命运也不怎么好，她后来领养了一儿一女，一个走了，一个不争气，晚景凄凉。她的面相单薄，颧骨高高，下巴尖尖，身材高挑瘦削，

在女校担任女生指导的芷青颇有几分老师的威严。

穿着时髦，说话时伶牙俐齿，表情丰富，话头话尾就能把调子定了，但眼神飘忽，不大正眼看人。我一直不大懂现在的审美观为何时兴娇媚单薄的女子，中国历史上不一直都认为这样的面相福薄而更看重端正富态的女相吗？

周小姑育英长得和姐姐的五官很像，但神态一点也不像。她神情憨厚，表情平淡，让人容易亲近。周小姑嫁的也是户忠厚富裕的人家，住在乡下，婚后一口气生了三男一女，是个忙碌的主妇。周相公过世后，她常常接刘姓太太去家里小住，对路易他们两兄弟也时常照顾。每次刘姓太太去周小姑家小住，芷青就常常去送米，送菜，送零花钱。周小姑的婆婆就常常说，老太太可都是芷青在养，亲家母的福气真不错啊。

周小姑育英抱着自己的长子，旁立者是我的父亲大人。

芷青虽然养着家，但还是守着旧时代媳妇的礼节，家务事一手操办之外，吃饭都不上桌，儿子婆婆吃完后，她才在厨房里吃些剩饭剩菜。她是当家人，没有人逼着她这样做，只是多年的媳妇生活让她养成了习惯。刘姓太太当婆婆也习惯成自然，几十年如一日，哪怕后来儿子已经另娶他人了，她还是习惯于芷青的侍奉，一日也不想离开。

我把芷青的这些德行写下来，但并不愿意我女儿或周家任何的女性后人继承这种德行。芷青和吴太太这样的美而贤又不会保护自己的女人如今都绝了种，是有道理的，所谓适者生存就是硬道理。现在在北美的华人常常开玩笑说我们湖南女子是湘女多情，但任你有千般柔情万般爱意也要找到珍惜你的人，也要学会爱护自己。

如果我的愿望都能实现的话，祖母身上什么是我最想继承的呢？仔细想来想去，不怕说出来有人笑我肤浅，最想要的是芷青一直到六十多岁都保持得极好的身材，她高挑，挺拔，小腹平坦，丰胸细腰。记得我小的时候生病住院，祖母在医院陪我，她那在中国女性中罕见的好身材穿着自己做的合身的中式衣服，在医院走廊里来去匆匆的利落身影，让我这个十一岁的小女孩看得着了迷，认为这就是所谓的女性魅力，既有雕塑式的造型美又有动感，而且本人毫不在意，也没有任何的矫饰。

出了院后，祖母白天来照顾我，晚上回她自己的家，我每天都到大门口去接她，晚上又送她走，每天都经历一次期盼和不舍的感情波动，很是折磨人。虽然是病中小女孩对祖母的依恋，但也有我对她美好身影的崇拜和迷恋。六十多岁的芷青尚有如此风采，年轻时的她就更不用说了，而且芷青充满了活力和行动力，和那个年代多数美人颓废的病态美大异其趣。

唉，想什么没有什么，祖母的好身材我是没有遗传到的，但认死理的特性好像倒是上了身。

第二十六章
社会活动家

1

一家四口在益阳县城里过了一段安定的生活，做家务照顾家人对芷青来说是天性也是职业，她本着职业精神把家务做得精益求精。比方整理布置房子，她一直不断地擦洗，让家里总处于明窗净几的状况，虽然不富裕，没有几件家具，她也时不时地重新布置一下，让居家更有新意。芷青的衣服不多，但总是浆洗得干干净净，整整齐齐，穿在身上有模有样。

芷青还会做各种精致又有难度的食品，比如粽子，她包的粽子小而紧，有棱有角，带一点碱的颜色，就是人们所说的象牙白的颜色，口感好极了。被祖母养刁了嘴的我现在真难找到合口味的粽子，如今只要看到一张不整齐的粽叶包的松松垮垮的粽子，里面夹着些乱七八糟的馅就倒了胃口，连碰都不要碰。哪怕在缺乏中国食品的北美待了一二十年，我对粽子的品位还是一点也不肯降低。比方辣椒萝卜，芷青做的辣椒萝卜红是红，白是白，干干爽爽让人胃口大开。

芷青做家事又快又好，水平也很高，她不是不骄傲的。我唯一听到祖母说人是非，就是她轻声告诉我有一位老太太做泡菜要凭地张罗还做不地道。再谦虚的人也有自己特别为之骄傲的地方，比如芷青之于做家事，立波之于写作。

有时疑惑地想我丈夫和我借助现代科技的帮助，同心协力地养育一个女儿还闹了个人仰马翻，那年头的家务比现在麻烦得多，芷青是如何做到的呢，难道我们就那么不能干吗？

细细回想起来芷青做事非常专注有效率，她虽然认识字，有文化，但她的文化知识完全是实用性的，她不会有事没事坐在那里读书，看报，看电视（那年头叫看戏），不和女伴谈天说地讲是非，也不迎风落泪，对月伤情，花时间精力感怀身世。她完全没有我们这号半吊子的知识妇女，现在称作小资女人的种种臭毛病，但她的精神世界也是过于单纯而没有机变了。

能干的芷青值得骄傲的事其实并不止于做家务。艰苦环境中芷青独立养育两个儿子照顾婆婆之外还成了中国第一代的职业妇女。当时真正全身投入职业的女性并不多，一旦投入她们多半会选择独身，社会上也给予她们男性的待遇，称之为先生。芷青就被她的学生们称为姚先生，也有很多这类独身的朋友。

这个时期的芷青，单亲职业妇女虽然忙碌还挺有生活情趣的，相片还小资地用一片叶子来装饰，头发和衣服也都多少有点讲究，芷青靠着自己的努力也把生活过得有模有样。

工作、家庭都要顾的妇女当年极其少见，她同时代的女伴都很佩服她。我最近读到一篇文章是芷青缝纫学校的同学的女儿写的有关她妈妈的文章。文中对她贤惠能干的妈妈非常怀念，也提到她妈妈非常佩服自己的同学姚芷青，可以在没有丈夫的情况下，坚持做一个职业妇女，还教养大两个孩子。

芷青的家务事干得游刃有

芷青和友人在一起

余，还成了个社会活动家。她的社会活动难度还蛮高的，主要是她继续做了地下党的工作。前面说了，林大不是共产党，但他的蔚南女中有不少的中共地下党员，还成立了一个支部，成员有芷青、贾小姐、贾小姐的丈夫林二、周小姑的丈夫雷姑爷、刘姓教师，负责人是林小少爷，林小少爷去了延安后由雷姑爷负责。

雷姑爷身材瘦小，体弱多病，是蔚南女中的教员，又是一个身在乡野、胸怀天下的理想主义者。雷姑爷家世代是读书人，家里藏书很多，他自己也购置阅读了很多外国书籍，读书万卷得到的结论是共产主义是最好的路。坐言起行的他没有犹豫就参加了当时一时可以公开，一时只能背着人的共产党，想去延安又因身体不好半途而废，就在家乡做一些工作。

当我开始想写这本书时曾和朋友提起，朋友马上兴奋地说最好是说几个原先志同道合的朋友，后来因为政治信仰不同而有了截然不同的生活经历，他脑子里一定是想起了电影《大浪淘沙》什么的。但我写着写着发现这故事不是那么回事，它不按那个脚本走，这是一群政治信仰惊人的一致，而因为种种原因有着截然不同的生活经历的年轻人的故事。

为什么在那个时代，这些有不同家庭、教育背景的年轻人会有这么一致的政治信仰呢？它有什么社会、经济、文化原因吗？我看了一些书，也和一些人探讨过，但并没有得到非常清晰的答案。苦恼了一阵子后也就想通了，我想以后也许会有些专家对此现象感兴趣而做深入研究，然后告诉我们答案吧。我没有受过专门的文史训练，水平有限，觉得故事有意思，就讲故事好了。

故事的发展有它自己的路子，不由人的意愿。比方我本人不喜欢看苦情戏，尤其不喜欢看女人受苦的戏，武打或喜剧还更合我的口味些。想不到我第一次写书就写了个委曲求全、倒霉到家的芷青，还真得比珍珠还真，想改都改不了，写得我心情郁闷，牢骚比芷青还多。我发誓今后如果有机会、有兴趣再写一本书的话，一定要写小说，按我的意愿决定人物命运，过把当上帝的瘾。

2

林小少爷当时还是中共益阳县委的书记，兼任蔚南支部的负责人，他和后来的负责人雷姑爷都是积极能干事的人，搞了不少热闹的活动，像演讲啊，学生运动什么的，把蔚南女中搞得很红，也很有名。那时的共产党是有点半公开性质的，从 1937 年到 1945 年的国共合作，有八年的联合抗战。1941 年 1 月皖南事变，国民党军队把共产党的新四军给“剿”了，已经联合了好些年的国共两党的关系这时又不怎么好了，有一个专有名词称这段时间叫第二次反共高潮。第一次反共高潮就是前面说的在江西抓了几千共产党，在辰溪杀了朱会长、关了新知书店的那次。

第二次反共高潮也波及了益阳。很红的私立蔚南女中被军警查封，不是共产党员的校长林大和教务长被抓到县城后又送到省城，危在旦夕。逃出命来的党员们忙到乡下开会商量对策，当务之急当然是怎么把林大他们救出来。林大在政治上不党不派，只因为是老板他就得为学校的活动负责，也够“冤”的，但他“冤”不过辰溪的朱会长，毕竟他以往的行为就带有倾向性。

我在政治上极为开放的北美生活了差不多二十年，对六十年前中国人在政治观点上的你死我活，光是听听就觉得胆战心惊。北美开放的政治生活其实也有很大的问题，就是对政治的冷漠。大家遵照不谈政治和宗教的社交礼仪，轻易不去碰这个话题，久而久之，自己的政治观点到底是什么也有些模糊起来了，有时甚至怀疑自己到底有没有明确的政治观点？再说了，有些政治观点也真够难懂的，不能和人讨论，只花一点点时间读选票还真的不容易搞清楚。大部分忙碌的中产阶级只好把麻烦难懂的政治丢给了政治家去管，寂寞的政治家们往往需要想尽办法来吸引大众的注意，让大家至少一年去投一次票都不是一件容易事。在经济生活发达、政治生活平淡到若有似无的北美，对生活艰苦、对政治认真到以命相搏的战时中国作回望，还真是够刺激的。

爱打牌的林大很够义气，对他学校里的包括芷青在内的共产党他当然是一清二楚，这帮人闹得他学校也没有了，人也被抓起来，命都可能送掉，他还是护着他们，一点也没有把他们供出来。外面的朋友们也很够义气，大家都有些来头关系，都积极地在活动。其中刘姓教师的关系最硬，省教育厅长是他的老师也认他这个学生。刘教师拼命活动终于把林大他们保释了出来，他自己又累又急，办完了这件事竟然一病而亡，称得上是个为朋友两肋插刀的义士。雷姑爷本来身体就不好，这次事件加上常年地下工作的担惊受怕，也为他埋下了早逝的祸根。

芷青少言寡语，个性低调，没有什么人注意到她，所以她就和几个女职员留在被查封的蔚南女中做善后工作，学校被封后也到乡下躲过一阵子。

没有收入还是不行，姚家老四月英的先生是教育厅的，就介绍芷青去图书馆做管理员，于是芷青就又回到了县城。芷青这时也算是职业白领，总是能找到也能胜任这一类的工作。

这时形势又有些和缓了，就是说国共两党的关系比前一段又好些了，还搞起了民主选举。当时县里的妇女主任一般由县长太太担任，但理事长由选举产生。因为芷青不言不语的没有什么颜色，容易为各界接受，雷姑爷贾小姐他们就把她推出来选举。芷青的个性让人喜爱，不高调又出得了场面，加上蔚南女中虽然被封了，但原来那些学生多是有些来头的人家的小姐，活动能力也很强，都全力支持她们的姚先生。选举的结果是芷青以最高票当选为益阳县妇女会的理事长，成了一位名副其实的社会活动家。

妇女会理事长有职又有权，除了有几个半职的工作人员和一所房子办公之外还有些能支配的资金搞活动。芷青甚至依照沅陵的模式办了个难民缝纫工厂，工厂里装备了些织布机可以织些土布。妇女会的房子也成了雷姑爷、刘姓教师他们的活动据点，常常在那里开会，为救林大他们活动，到益阳办事时也住在那里。

芷青成了个出头露面的社会活动家，当然也长了不少的本事，她成了个不光自己能干也能组织别人工作的领导者，也因此而认识了更多在社会上有影响的人，有的人后来还救了她的命。从另一方面来说，她的生活面也更复杂了，在那样的乱世，单纯的农村姑娘姚芷青能够应付这样翻云覆雨的政治局面吗？所谓树大招风，有了些名声的芷青也开始引人注意，后来才知道从那时起就有一个女人常年地监视她的言行，并向当局汇报。芷青当时也略有所察，低调谨慎的她也就更加小心了。

苦难仍没完没了，这样的生活还是不能让你平稳地过下去，在长沙反复和国民党军拉锯的日军终于占稳了粤汉线的长沙段，开始向离长沙九十公里远的益阳进军。益阳城终于也沦陷了，政府和老百姓都开始了逃难的生活，向湖南更深的山区隐去。

3

说到益阳的地下党，有一个故事不能不提一下，前面提到在大革命中杀了余大小姐和他父亲的曹屠夫是个很凶残的人，乡里乡亲的他说杀就杀，连余大小姐这样的小姑娘也不放过，后来大家谈到他就变脸变色的，碰到更是能躲就躲，但他也有碰到对头的时候。

曹屠夫的名字叫曹明阵，大革命之后他的势力越来越大，后来还拉起了一支不大不小的武装。曹是个霸道人，为了搞到武器，很做了些过头事。比方过路的军队比较有来头的，他就去收买枪支，没有什么来头的，他就用抢，反正这些部队来来去去，也没法跟他这地头蛇多计较。

这时湖南中共地下党来了个能干的领导叫帅孟奇，帅虽然是个中年女子但资历不凡。她 1926 年就参加了共产党，组织过农民运动，也组织过工人运动，在苏联学习过，坐过牢被判了无期徒刑，1937 年国共合作后才被放出来，这时担任中共益阳、常德的中心县委书记，是芷青他们的领导。

她知道曹屠夫的情况后就和这些受过曹欺负的军队联系，说曹这种做法是破坏抗战，国民政府应该管一管。于是几路军队同时向当时的省政府告状，省政府在军队的压力下把曹抓了起来，一审发现所告属实，没几天就在长沙把曹明阵枪毙了。乱世里也有公理在，帅孟奇这招借刀杀人干脆利落，除掉了大恶人曹屠夫，为余大小姐父女及其他被他残杀的人报了仇。

帅孟奇新中国成立后一直担任中央组织部副部长的工作，为人低调而有威信，人称帅大姐，1998 年去世，终年 102 岁。

第二十七章
逃难去他乡

1

我一直不能想象我现在交往的这些有情义有理性的日本亲戚、朋友、同事，就是当年那些横蛮、没有理性的鬼子们的后代。

当年我在美国学英文会话，有一天大家聊起二战时的往事，我们的美国老师谈起他的叔叔是飞行员，在菲律宾被击落后如何被日军砍死，说时他还形象地做了一个砍头的动作。我听后也开始说起我舅舅如何被日军杀死的事，在座的还有几个亚裔学生也急急地插进来想要讲述他们的故事。我们都没有注意到班上一位娇小、敏感的日本女同学先是伏在桌子上，后来实在听不下去了，捂着脸飞跑着冲了出去。过后的几天她都没有出现，老师和我们都给她打了电话说日本人在二战时的作为不关她的事，她才又回来上课。

不能怪他们的后人羞愧难当，当年的鬼子做得实在不是人可以做的事。把人家国家的老百姓赶得满世界乱跑，然后在人家的灶台上拉屎撒尿能给他们自己带来什么利益？十家里跑了九家还剩一家留下来准备作顺民也活不下去。据说清溪村口的小镇邓石桥有位年轻妇人留了下来还帮日本人做些事，一天她在洗衣服时日本人突然往她的洗衣盆里丢了一颗人头，本来就胆战心惊的她受这一吓顿时就吓疯了，一疯就疯了一辈子。这样的行径叫他们为鬼子还真是一种太客气的叫法。我真自豪我的祖父立波和他的朋友们能够不顾一切地投入到抗战的事业中，这种人非要狠狠地打，打到他痛得几辈子忘不了，世世代代不敢再犯。

2

鬼子来了，芷青把妇女会的大门关上，也准备带着两个儿子逃难。危难中周大姑找到芷青交代说：“妈妈就交给你了，一切拜托。”之后就跟着婆家逃难到昆明去了。芷青回到清溪村老屋一看，果然家里只剩下刘姓太太在发抖，芷青忙带上婆婆，跟着姚外公、姚舅舅开始逃难，急切中还带上了周小姑的一个小女儿。

姚家父子身强力壮有些办法，但带着这么一大家子老小逃难负担真是不轻。这一大家子去了山区姚家的亲戚家避难，安全是安全，但缺吃少穿不是长法。姚舅舅第一次露出了愁容，也没有心思逗路易他们一帮小鬼玩了。偏偏周小姑的小女儿爱哭闹，每次吃饭都要吃辣椒，没有的话就哭闹不休，让傍着亲家逃难的刘姓太太很不好意思。这位爱哭闹的小姑娘后来成了个能干的大学老师，脾气好，做得一手好菜，一点也看不出小时候的难搞。

说起逃难我也经历过。“文革”时武斗升级，除了枪战，还听得到炮声隆隆，毫不夸张。住在大学区的我们只好逃到山区去避难。这次帮助我们的是我舅舅的女朋友，她的妈妈在一家乡村小学当老师，我们这一大家人就在那间空置的小学里住了整整一个夏天。还是大学生的舅舅和他的女朋友每天到老远的县城去买菜，顺便谈恋爱，当然这个精心照顾我们的开朗又能干的姑娘后来就成了我们的好舅妈。

我和弟弟对这次逃难不大觉得苦，还觉得有经历不凡的开心。比方为避炮弹让我们穿上大人的黑衣服就让我们乐得在床上打滚；把脸盆涂上肥皂在厕所挥舞捞蚊子让我们觉得新鲜，尤其是那间小学的小图书馆让我过足了看书的瘾。我那经历过抗战的外婆也沉着得很，准备起逃难来有条不紊，一点也不慌张，所有的子女都伴着她住在乡间小学也让她安心。直到长大后听父母谈起才知道那次是多么的凶险，大人们又是多么为不可收拾的时局忧心。

回到抗战时期，刘姓太太的为难最后还是被芷青解决了，芷青又找到了工作，就把两个儿子和婆婆接到了桃谷山。桃谷山不靠大路，比益阳要偏僻些，但风景非常美丽，物产也丰富。在温暖的南方，比较容易找到生路。益阳县中和一些别的单位都转移到这里，有经验的芷青在县立女子中学找到了一份工作，再次做起了女生指导，工资有时有，有时无，课还是上得认真。中国的知识分子很了不起，哪怕是在日占区不远的地方，也能静下心来，认真地做着文化传承的工作，那时的学生也了不起，哪怕是家破人亡，今天不知道明天生死的时候，也有一天算一天地认真学习。

那时有很多大学生甚至中学生离开家乡，跟着学校转移到山区继续学业，学习质量还不会降低。这也是中国不会亡的另一个证明，军事上也许失败，土地也许丢失，但只要文化还在，民族就能延续下去。

芷青带着一家人租住在农民家里，她有一位当兵的朋友，把自己极年轻的妻子托付给芷青照料，这位女子就和他们住在一起，兼任路易和雅可的保姆，也谈不上什么薪水，大家混口饭吃，能活下命来就不错了。

路易现在多少可以帮些忙了，就带着弟弟和人家合伙卖香烟。有一家难民夫妇在家用手工卷一些天晓得什么叶子的卷烟，卷好后由路易和雅可拿出去卖，得的钱与那家人家平分。雅可长得惹人怜爱，很多人都愿意从他手中买烟抽，俩兄弟的生意还不错。

3

住在山区躲日本人的日子最苦就是没有盐吃，前面说了，中国富裕的南方气候温暖，物产丰富不容易被困死。但湖南不靠海，盐必须从外面运进来。该死的日本人抓住了这一点就卡住运输渠道，并在盐里下毒，让你得到了也不敢吃。没有肉吃，路易和孩子们可以去小河沟里摸小鱼小虾，可是没有盐味的鱼虾腥得难以下咽。没有饭吃，山区有的是竹林，可以挖竹笋吃，但是没有盐味的笋子，吃得每个人都皱眉头。

有一天路易发现卷香烟的那家人家有一小块盐，被那家女主人收得紧紧地，只在做菜时拿出来一点点。他向芷青报告了这个情况。虽然知道盐是人家的宝贝，开口跟人家讨实在是不好意思，但一家老小吃没有油盐的饭菜实在是吃怕了，芷青还是去拜访了那家人家。

芷青总是有让别人愿意亲近她、帮助她的本事。她和那家女主人闲话家常，极为投缘，谈了好久之后才提出来能不能分一点盐给他们。那家难民就分了一汤匙盐给芷青，这一匙盐让全家吃了好久，好久。

路易的大伯周大也有盐，很大方地告诉路易来拿，但路易迟迟不肯前往，因为他知道大伯父盐的来历，觉得吃那种盐会比吃没有盐的菜更让人恶心。原来周大是用人尿熬盐，想想也不知道他是怎么无师自通地解决那些不算简单的工艺程序问题的。

盐没有，食用油也很难弄到。路易思路活泛，点子不少，他拿着芷青好不容易凑到的学费去县中上学，想着交了学费就没有生活费还是不妥，就在住的附近买了一批廉价的文具，雇了一个挑夫挑到学校去卖，中学位于更偏僻的山中，交通极不方便，路易的文具很受欢迎，高价卖出，好好地赚了一笔，解决了生活费之外还有些钱剩下。

兴奋的路易去买了一块很久没有尝过的猪肉带回家，芷青见了也很高兴，接过猪肉一清洗才知道原来猪肉已经坏了。那年头大家手头都紧，没有人轻易买得起猪肉，这肉已经腐败生蛆了。好久不知肉味的一家人当然不会舍得放弃，芷青把它洗了又洗，炸了又炸，之后全家把肉吃了个一干二净，连炸出来的油渣也吃得一点不剩。

战争中受苦最深又最无辜的总是老弱妇孺，和平时期有一些规范法则保护他们的利益，战时就顾不上了，他们能不能生存下来，只有自求多福。芷青能干又能吃苦，当时也算是位很有办法的年轻女子，最重要的是她时时把这个家放在第一顺位，精心细意地利用有限的资源来维持这个家庭的运作。她用新女性的开放和能力维护了传统的道德规范和礼义。

4

说到这里我很想说一下芷青的妈妈姚外婆。姚外婆有一双小脚，一辈子只在姚家湾及方圆几华里范围内活动，连益阳县城也没有去过，她个子高而瘦，能干利索脾气大，经常跳起脚来骂老公。一旦老婆发了脾气，姚外公就急急走避，绝不正面冲突，反正老婆一双小脚追不上，估计她气消了再溜回来。姚家早年的相片并没有姚外婆，我猜有两种可能性，第一是姚外婆脚小去不了照相馆，第二有可能是姚外婆根本不同意照这么贵的相，是穷而好奇的姚外公瞒着老婆带着孩子们照的，相片还显示出与现实不符的富贵和安逸。

今年我们在泰国玩时的导游是位其貌不扬的中年男士，英文带着古怪的口音，但也是一位妙人。他介绍泰国的特产眼镜蛇说，眼镜蛇有剧毒，遇到危机就抬起身子，吐出舌头，环顾四周寻找敌人。他用身体语言表演可怕的眼镜蛇并教育我们，一旦碰到处在这个状态下的眼镜蛇，你脱险的办法就是不要轻举妄动，让蛇认为你是没有攻击性的而放松下来，你再缓慢地逃开。

忽然他话锋一转说，他老婆发起脾气来也像眼镜蛇一样可怕，一旦发作也得如对付眼镜蛇般缩成一团方能平息，这时他又用身体语言表演出一副怎么老实好欺负的样子，并告诫车上的丈夫们向他学习，引得男人们哈哈大笑，被他比作眼镜蛇的女士们也被逗得乐不可支。

女人一辈子总会有一个或一个以上的可以让她撒撒娇的男人宠她，不是父亲就是丈夫，要么就是兄弟。据说黑人兄弟们的父性不强，家里的男主人常常跑了个没影。我在芝加哥生女儿时遇到过不少黑人孕妇，都没有孩子的爹陪伴，印证了传闻属实。但她们照样有一个或多个男人周到地跑前跑后照应，由着她们呼来唤去，受累又受气，还要开玩笑逗这些劳苦功高脾气大的孕妇开心，只不过这些男人是兄弟而不是孩子的爹罢了。可见我们的黑兄弟虽然有些不怎么情愿当个好父亲，但愿意也能够当个好兄弟、好舅舅，还是以不同的形式参加了养育后代的工作。

芷青的丈夫缘薄，一生中宠她，支持她，让她可以依靠的男人是姚外公。姚外公惯老婆，宠女儿，通达明理，而且好人长命，他经历了近代中国所有的磨难，还能白须飘飘地活到一百多岁，是个神仙似的人物。去世前的几年他的生活是这样的，已经八九十岁的周大每天从清溪村走三华里去姚家湾陪一百多岁的舅舅兼亲家姚外公下一盘棋，有时还加上另外两个亲友打叶子牌，其余的时间姚外公闲逛兼种菜。

有一次，姚家四姐妹要回家看看，兴奋的姚外公准备要杀鸡招待四个六七十岁的女儿，乡下放养的走地鸡味道鲜美，跑得也快，一百多岁的姚外公跟在鸡后面拼命追，终于一跤跌倒闪了腰。爬起来后也没有觉得怎么痛，只是当天晚上睡得比平时早，这天晚上从来没有生过病的姚外公就在睡梦中过世了，完成了他功德圆满的一生。我们一直不大算得清姚外公准确的年纪，他过世时也许是一百〇一岁，也许更多。

第二十八章
巍巍宝塔山

1

又碰到了难写的地方了，我故伎重使，一碰到难写之处就拖了又拖，找出种种的借口，过圣诞节不写，新年不写，接下来是中国年，当然不去碰麻烦事。出门滑雪是冬天的要紧事，女儿收到伯克利大学的通知很应该庆祝，等等。

可巧不巧这时接了一个我喜欢做的化妆品项目，就放下让人头疼的事高高兴兴地花了几个星期把商业计划书写出来，写得结构细密严谨，思路开阔，自己都觉得自己超有才的，又花了几天时间到处自吹自擂，直到别人都不耐烦了，比方强迫我爸爸看我的华丽的演示版的商业计划书，他不高兴看我就生气，比方把人家的点子当自己的主意吹，让人当场指出……这样一直拖下去，眼见着书要不能按时交出来了，才强迫自己坐下来。

前面说过了，我写文章是为了高兴，也希望看我文章的人看得高兴，所以一碰到高兴不起来的地方就不想写，觉得写起来两头都讨不了好，说不定还落点埋怨什么的就不划算了。但我毕竟是老实人姚芷青和莽撞人周立波的后人，觉得既然开始写了就应该逢山过山逢水过水地写下去，才能对得起前人和后代 —— 这负担还真的有点重，是吧？闲话说够了，开始说故事。

2

二十世纪四十年代初的延安有“圣地”之称，是当时有志知识青年心向往之的地方，是内忧外患的中国之希望。很多知名文人和学者如立波，很多年轻人如林兰坐言起行地投奔了延安，延安方面也欢欣鼓舞地欢迎他们，连毛主席都为当时到延安来的女作家丁玲写诗道：“昨日文小姐，今天武将军。”对他们极为礼遇。

大批的知识分子在延安住下来之后感想就不大相同了，有的对延安的一切很是满意，如立波。有的就不大满意了，认为延安的一切并不如他们想象中的那么完美，甚至还有些黑暗之处。我的少女时代是在“文革”中度过的，作为批判材料很看了一些当时延安的小说和散文，包括武将军丁玲当时的作品。印象中这些文章都写得很唯美，也蛮有批判性的。文中流露的既包括对当权者霸道的不满，也包括对土气的老资格们的看不起，那时的老资格的红军将士们其实还年轻得很，也就是二三十岁。

经过了艰苦的长征，身经百战，九死一生，三十万人只剩下三万的红军将士们对这批活跃的新来者态度也相当两极。有的人和这批知识分子关系良好，结为夫妻的就不少。有的很看不惯这批知识分子以及他们所带来的新东西，比方活跃的文艺生活，像舞会什么的。

当时延安的文学界也兴旺得很，光是出版的文艺刊物就有《草叶》《谷雨》《文艺月报》《文艺突击》和《诗刊》等。刊物多，文章多，意见多，争执也不少，有些争论点就算是现在看起来都相当劲爆，比方文艺工作者要不要和工农相结合，文艺是要普及还是提高，要歌颂光明还是暴露黑暗，等等。有些人研究严肃的哲学问题，有些人研究风花雪月的爱情，还真有点百花齐放、百家争鸣的意思。

当时延安的领导毛主席其实很懂得文武之道、一张一弛的，在这战时的短暂间隙中放松。他对研究哲学和跳舞都有兴趣，也和从上海来的会唱京戏的电影明星江青结为夫妻。但他是政治家、军事家，对形势看得很清楚，当时和日本人正打得不可开交，中国处在亡国的边缘，和国民党当局联合是联合了，但骨子里并合不拢，重新翻脸是早晚的事，歌舞升平在延安是必需的，也是不合时宜的。

关于思想活跃方面，毛主席做了后来很有名的事，就是召开延安文艺座谈会，还发表了《在延安文艺座谈会上的讲话》。这无疑是对战时延安一隅偏安、浓厚而不合时宜的艺术氛围的一个提醒式地打断。至此，艺术家们开始抬头看严酷的现实世界了，也自觉或不自觉地放弃掉自己活跃的思想，让自己和党保持一致，把自己当作党的宣传工具了。

开会之前，毛主席做了不少调查工作，比方请文艺界的人士去他家谈天吃饭，有一天也请了立波、何其芳、严文井等人。那天的谈话内容很丰富，各种话题都谈到了。立波发表了什么高论就不知道了，应该没有太多，他那时对毛是敬佩得不得了，看见了偶像说不出话来很正常。据说毛在饭桌上说了一句很有含义的话：一个人没有受过十年八年委屈，就是教育还没有受够。

关于开座谈会发表谈话那天，祖父在五七干校和我长谈时提到过。他说那天他到得早，毛主席已经先到了，坐在中间的位置上改讲话稿，见到他就招手说：那谁谁谁，过来坐到我旁边来，我们再谈谈。立波像个害羞的少年拒绝心仪老师的召唤，摆摆手在后面坐下了，毛也没有再坚持。讲完这段故事，立波自己的点评是："我不是政治人物，要是周扬的话早就大方过去了。"人贵有自知之明，立波知道自己不是政治人物，也有意无意地远离政治，对人对己都是好事。

不随波逐流，很有独立思考能力，甚至可以说很有造反精神的周扬在他信仰的事业中扮演的是一个执行者的角色，他以自己超强的能力把党的、领袖的指示和想法贯彻下去，他认为只有这样才能把事业做成，同时他也极为佩服他的领袖毛主席。1939 年立波初到延安，周扬就对他说："立波啊，我们终于找到了自己的领袖了！”

翻译过车尔尼雪夫斯基的《生活与美学》的周扬，那时还认为毛的思想和车氏很相近，据说他把这看法还当面告诉过毛主席。周扬也是非常佩服鲁迅的，但是鲁迅好像不大看得惯得天独厚、各方面都很出色的周扬——鲁迅一向是称他周起应的。我一直认为周扬看似精明干练，其实有一颗赤子之心，在政治上相当单纯。

为自己起名为“自由”的立波在这一点上再次和周扬的想法一样，也许很有感染力的周扬一如既往地可以影响立波的想法和观点，但立波的长处不是当领导而是做文学家，他自己也很清楚。在鲁艺教外国文学，写精致的小说，和林兰谈恋爱、结婚，过清贫而有品位的生活他都有滋有味，毛主席号召要与工农结合，写出有时代感的作品，令他更是热血沸腾。

说实在话，轰轰烈烈打仗的生活更合立波的口味，他原本就是战地记者出身，并以此为傲的。说干就干，立波很快离开了鲁艺到《解放日报》担任编辑，意气风发的他为自己列了一个宏大的写作计划。我看过那份计划，我的乖乖，后来享有盛名的《暴风骤雨》只是几十部要写作品中的一部，还是不太重要的，好像是中篇，写的简单介绍也不算出色，计划中的短篇完成了一部分，其余计划中充满激情的大部头作品全部都没有写，可惜。

立波最期望自己写出的是关于战争、关于军队的大作品，他为此做的准备也是古今中外很少有作家愿意和可能做到的，除了走透山西以外，他再一次跟着一支部队出发了。这次是王震、王首道将军领导下的三五九旅，历时一年多，行程一万五千里，是一次穿越了七个省的小长征。

3

如果说《在延安文艺座谈会上的讲话》给立波的文学创作带来了巨大的影响的话，当时在延安进行的整风运动对他的生活影响也是超大的。整风运动可没有《讲话》那么文绉绉，它以铁血的手段狠狠地修理了延安大大小小知识分子中的持不同政见者和可能的持不同政见者，后来和怀疑是特务什么的挂上了钩，就更升级了。

我这个年纪在中国大陆长大的人应该都能背下毛主席语录，因为背得熟，过了几十年这些话还是能够脱口而出。当时年纪小，念起来好似小和尚念经有口无心，这些话的意思是什么就没有细想过了，如今有时想起，倒叫人大为心惊。

比方毛主席有一句话，大意是：革命不是请客吃饭，不是绘画绣花，不是做文章，不是温良恭俭让……啊呀呀，真是不想不知道，一想吓一跳。比方我，最喜欢请客吃饭和被请客吃饭了，尤其是和工作无关的可以自由聊天、尽情欣赏美食的饭局更喜欢。有时没有饭局，我和我老公就自组饭局，天南海北照样吃得不亦乐乎。就算是一个人出差时也很能自得其乐地寻找环境优雅、食品精美之处，来个单人饭局。

绘画绣花何其太雅，看书看电视更合我口味，但对能够绘画绣花的人还是很敬仰的。文章写得好不好是一回事，爱写是肯定的，要不然也不会放着赚钱的营生不做，在这儿长篇大论地写了。

说起温良恭俭让更让我喜欢，一遇到内心聪明有主意、外表温文尔雅之人，不管男女黑白黄，一律倾倒，如果那人再相貌端正、衣着整洁的话，马上就能成为我的偶像。有时为了多多和偶像接近，我还不惜自告奋勇参加偶像领导的项目组，多做额外的工作也在所不惜。

连我这么个粗人都和革命的要求相差十万八千里，当年把革命看得如爱情般浪漫的王大小姐林兰和革命的距离就可想而知了，不管她主观愿望如何，个人多努力都没有多少效果。林小姐倒是没有发表什么对延安不满，对老干部不恭的文字、言论，但她的出身是致命伤，她的行动也让人起疑。

不到二十岁的林兰，背叛了自己的家庭参加革命，忠于爱情嫁给了立波，至少在当时她没有什么政治头脑，轰轰烈烈的整风运动改变了延安，而她还沉浸在爱情和小家庭生活中。

这时的林兰怀孕了，延安的生活当然艰苦，缺吃少穿，对孕妇不是很适合，不知轻重的她就回到富裕舒适的娘家去了，在家中养了一阵子胎以后她又带着钱和吃穿用品回到延安的小家中，正赶上延安整风到了抓特务的阶段，她那有武装家丁把守的大地主加“国大代表”的家庭，不能不让人起疑，此次她有口难辩的回家行动，再加上她的中学老师，把她带到延安来的王实味又是这次整风的重点对象，马上让她成为特务嫌疑被关了起来。

林兰的问题说不清道不明，立波一点都没有护着老婆的意思。不但没有护着，还向组织说，他的一份文件不见了。他的级别比林兰高，有些文件是林兰不能够看的，这让林兰的特务嫌疑又加了一条。不久之后这文件在抽屉的夹缝里找到，不过是立波自己没有放好。

据说林兰被抓后不久的一天，立波在河边散步，正好碰到两个战士押着林兰走过。林兰见到丈夫忙走过来，牵着丈夫的衣角哭道：“怎么办呢？我肚子里还怀着孩子呢。”立波拨开林兰的手，正色道：“你好好地服从组织的调查罢。”就离开了。

当然林兰的问题带给立波的政治困扰也不是一点点，据说连周扬都为此事做过检讨，以延安当时的气氛，立波就算是要护着老婆恐怕也是做不到的。为了划清界限，表明立场，立波很快申请和林兰离婚。离婚之后不久，立波就和当时在延安的另一知识女青年清秀的何小姐结婚了。

这一次的延安婚姻和上次的一样，没有通知在益阳的父母。当时立波并不知道周相公已经去世了，当然也没有通知芷青，没有任何谈判离婚付赡养费共同养育后代这样的手续，连旧中国休妻应有的若干交代都没有。一无所知的芷青还在一个人苦苦支撑着养育孩子，照顾老人。

立波对他信仰的革命事业忠心耿耿，对朋友有情有义，对他热爱的文学事业呕心沥血，精益求精，这也是为什么他的朋友多，读者多，直到今天还有很多人对他的为人和作品念念不忘。但他对爱慕他的女人一而再、再而三的无情无义，我作为他的孙女真无话可说，只盼望周家的男性后代不要承继这种品行，女性后代不要再遇上这一类的丈夫。

延安整风比起当时苏联杀人如麻的整肃要和风细雨些，没有死那么多人，后来又一风吹地平反，所以被整的和整人的都不大愿意回忆这件事，留下的资料不多，但其残酷程度据说比起后来的“文革”还要厉害，只是时间短些。

林兰在监狱里当然没有好日子过，孩子很快就流产了。关了一段时间也没有查出特务的证据。胡宗南打到延安时，监狱里的犯人不能带着走，就一个个找他们谈话，让他们选择跟着队伍走或是回家，回家的给发路费。林兰这回倒是比较聪明，答说：“愿意跟着队伍走！”即被释放。如果答要回家的话，后果不堪设想，她这次总算是逃过了一劫。

第二十九章
苦涩的果实

1

我好同情少女林兰的遭遇，她的天真、任性不应该受到这样的打击，她所信仰的事业和她爱恋的丈夫都应该对她好一些，公平一些。但我也知道我的同情是不会被老年林兰接受的，那脾气古怪的老太太一定认为我是多管闲事，党永远是正确的，要考验她没有什么不应该，至于家庭方面，她多疑、负面的思维方式和行为带给了她热爱生活的丈夫以及周围无辜的人足够多的不开心，也算是报复了立波的无情。

美国是个对忧郁症草木皆兵的国家，人们认识到这种情绪病将带给病人和周围的人极大的困扰，就像对别的重大疾病一样，有病治病，无病防病，绝不含糊。

话说两年前，我在公司的工作遇到不小的麻烦，让一向傻吃傻睡的我尝到了失眠的味道，失眠过了一个月后还发展到开着开着车或干着干着什么事就悲从中来，流下眼泪。心想莫不是得了那著名的忧郁症，万不可掉以轻心，就计划找个心理医生诊断一下。

一找之下，发现附近的心理医生和心理治疗师很是不少，而且保险全保，不看白不看。细心找了个合意的，做好心理准备后就前往看我生平第一个的心理医生了。那医生的诊所昏昏暗暗，看病的房间超大，他打发我坐在离他老远的沙发上，自己坐在一张大桌子后面在一架奇怪的小型打字机上飞快地打字，看也不看我，架势果然和一般医生不同。

他问了我有何不妥，为的是什么后，就问我父母有没有忧郁症，有没有离过婚，又问我自己的婚姻好不好，孩子怎么样，经济有没有困难，再问我打没有打过胎，流没有流过产，得到了一切正面的回答，证实了我是个平庸又有傻福的人后就断然说，你没有忧郁症，一切都是工作中的麻烦造成的，只要去掉这个麻烦点，你的毛病就不药而治了。他指出我工作的公司是大公司，他们有责任，也有能力很快解决我的烦恼。

我说我有二十多年的工作经验，一向随和又肯干，没有人找我麻烦的，这次不知怎么了？他眼睛一瞪说，上得山多终遇虎，你原来没有麻烦是运气好，我这里病人多着呢，你们公司的就不少，只是你不知道罢了。他介绍我找个心理治疗师发发牢骚就把我打发了。

这段谈话历时十分钟，让我有被草率对待的感觉，辜负了我慎重的准备工作。医生简单地认为忧郁症是由遗传或不幸遭遇造成的，排除了这两点就没有得忧郁症的可能了。我认为不对，这孤陋寡闻的医生一定不知道中国著名的林黛玉小姐，她为花哭为月哭为水哭，对她冷生气，对她热生气，说她像漂亮的演员更生气，是典型的忧郁症患者，也没有听说她有家族病史也没啥了不起的不幸遭遇。

一天都嘀咕着对医生的不满，对自己小题大做的气恼，也懒得去找什么心理治疗师了，找人抱怨也是瞎耽误工夫，心上心下怨天怨地，到了晚上竟然黑天一觉，到早上也起不来，打电话报告我的家庭医生，他认为是好事，失眠就应该用睡觉来补，竟然给我开了一个星期的病假让我专心补觉，一个星期狂睡后的我当然又成了个嬉笑怒骂、神采奕奕、能解决难题的好汉了。原来这个心理医生和我的家庭医生都是好医生，他们联手把我可能的忧郁症扼杀在摇篮里了。

对那古怪的心理医生佩服之下再想想他的理论觉得有道理起来，不幸遭遇是很容易引起忧郁症的，不好好处理的话就会成了慢性病，跟你一辈子不算还会传给下一代。这也是为什么人一遇到天灾人祸什么的就要看看心理医生，把情绪疏导一下才能避免忧郁症。跟忧郁症患者生活在一起是件很痛苦的事，做他们的亲戚朋友搞不好也会深受其害，为了和谐的生活真希望周围的人个个远离不幸。

2

我不是医生不能说林奶奶是忧郁症患者，也难证明她超强的自我保护意识和多疑是否是年轻时的不幸遭遇造成的，只知道和她一起生活不轻松，难快活，就算被她深爱着也日子不好过。

我的小叔叔，她唯一的儿子是她的最爱，只比我大两岁。小时候我们年纪相近，兴趣相投，常常玩在一起。有一次我两人加上同样爱玩的祖父计划出游一整天，大家兴致勃勃地准备了一早上正要出门，谁知这时小叔叔打了几个喷嚏，这马上引起了林奶奶的高度关注，一阵紧张后她认为小叔叔也有些热度，病得不轻，不但不能出游，还需马上卧床休息，也应该通知亲朋好友准备排班日夜看守，以观病情变化。

小叔叔当时是个十五六岁身材高大、爱玩爱笑的少年人，这时反抗无效，只好哭丧着脸回到房间卧床休息去了。我看着这事态的急转直下，惊讶得嘴都合不拢了。林奶奶家那位跟了他们几十年的保姆赵阿姨在我耳边轻声解释道：“你要理解你奶奶，她死了好几个孩子，小叔叔是她唯一留下来的孩子。”没有什么文化的赵阿姨其实很有生活智慧，她一下子就看出了我心中的疑问，一句话就点中了要害，真是个人精。

当然那天爷爷和我还是出游了，但欢乐少了不少。也就是那天，爷爷和我爬上了颐和园的山顶，从不服老的他第一次悲观地告诉我：“爷爷老了，这是最后一次爬颐和园的山了，是为了陪你才爬的。”

想我也是被父母和芷青奶奶精心养大的孩子，但比起小叔叔来说只能算是粗养的丫头，这好像也不是什么坏事，他那么受拘束的少年生活可不怎么好玩。

1973 年底，祖父在我的陪伴下在五七干校过了几个月后终于被批准可以回他北京的家了，他带着我兴高采烈地回到离开了好多年的北京。北京的亲友们纷纷来访，看望劫后余生的他。大家都没有多想多谈八年来各自的遭遇，只尽情地享受重聚的欢乐，谈谈笑笑，吃吃喝喝，家里的气氛温馨得很。这也很有道理，人们在灾难过后都愿意尽情地享受得来不易的安宁，要过了好长的时间才能痛定思痛，想清楚事情的来龙去脉，思索如何避免再一次的灾难。

林奶奶和这欢乐气氛倒是不怎么搭调，按说她日盼夜盼的丈夫回到家里，应该高兴得不行才对，但大部分时间高大的她都是满腹心思地在家中走来走去，为大大小小的，已经发生和可能发生的事情发愁。说老实话，那时的开心事也无非是花好多时间排队买菜，花好长时间挖空心思做各种

1974 年的相片，那年我十四岁，十六岁的小叔叔比高大的父亲还要高一点。爷爷立波当时六十六岁，五年以后他就过世了。

好吃的东西，然后聚在一起大吃大喝。大家有的是时间，但没有什么东西可买，只好粗料细做，在工艺上做文章。

那几个月里，我在赵阿姨的精心指导下学会了各种北方面食的做法，回到南方后我的这一手露了又露，让不少的亲戚朋友惊羡。长大了偶尔秀一把，让人见识了就想把自己的儿子或别的什么人的儿子介绍给我做男朋友。不管什么年代，在长辈们的眼里，能利利索索做家事的女孩总是媳妇的好人选。

林奶奶当然不反对我们大做特做，大吃大喝，但她也不大参与其中与民同乐。记得只有一次她受大家的感染，主动提出来要为我们做一种好吃的北方面食。那是一种镶有枣子的花卷，林奶奶做起来还真是相当的快手快脚，但这花卷块头有点大，不算太精致的食品，可见林奶奶在吃上不算是个精益求精的人，心思也不在这上头。

比起吃来，林奶奶对穿着打扮、房间布置更有兴趣，也更有天分。她选择的衣着是高级的面料，简洁的裁剪，颜色以黑灰为主，房间布置用的布料颜色协调，花色大气，这样的品位到今天也不会错，不愧是追星少女出身，以电影编剧为职业的时髦人物。可惜，林奶奶有兴趣做这些的时候也不多。

3

比起终日忧心忡忡，担心儿子生病，担心自己生病，生了病担心医生诊断不对，药用得不对，抱怨连连的林奶奶，有更多不幸遭遇的芷青从来没有给周围的人带来过麻烦。她一直都有心思有能力照顾周围的人，也从来没有表露过任何负面的情绪。她还蛮有生活情趣的，她的情趣表现在做很好吃、很好看的美食，做衣服，教干女儿绣花，布置房间，走人家，请客吃饭等，节俭的她也从来没有为钱抱怨过，每次红白喜事做人情她还出得最多，很有些德高望重、爱护后辈的架势。

从不幸遭遇中得到锻炼，变得更坚强的人也很多。比方“文革”中就很少有经历过延安整风的人自杀，他们中的一些人还大咧咧地说，老子连延安整风都经历了，“文革”这点毛毛雨算什么，立波好像就说过类似的话。我父亲教书的那间大学的校长也是这么一位，有一次红卫兵押着他上台批斗时有人在他耳边放了一枪，准备杀杀他的威风，这突发的一枪把周围的人吓得不轻，校长若无其事地继续走上台去，威风是半点也没有倒。

虽说是百炼才能成钢，我还是只盼望周围的人都生活得平平安安，和和美美，不要经受太多的波折和磨难。这也算是我这没出息的小女人的一家之言，我连逼我女儿念书这样的事都不愿意干，当然也不会强迫你接受我的观点。

我的弟弟和女儿都是优秀又好胜、自以为是的精英和准精英，他们在外面谦虚谨慎，在我面前自大成狂，既要用我又看不起我，让我一边做事、一边听埋怨，恨得我牙痒痒的，当面背后不知骂了他们多少，但真要我整

“文革”后期 1974 年的相片，无比调皮的弟弟牧之、林奶奶、妈妈在北京。

七十年代仍然精致的芷青奶奶

他们那又舍不得，他们若是吃了点小亏都让我心疼不已。如果有一天他们的锐气没有了，不再自大了我也会伤心。

十年树木，百年树人，怎样把人才栽培、修理得高大挺拔又不伤到他们真是大学问，是人才们和我们这些浇水的都需要一辈子研究、学习的大课题。

第三十章 万里征尘 I

1

三五九旅是一支名气相当响亮的部队，在延安时它是保卫中央的卫戍部队，将领王震、王首道都是湖南人，还拥有很多从湖南平江、浏阳去的，经历过长征的将士，身经百战，当时也正当壮年，将士们都在二三十岁之间，年纪轻的才二十岁出头。这部分军人非常有战斗力，据说一个人能抵挡几十个日本军人，上百国民党军，是延安的精锐。

他们还有一个特点是很有古代屯兵的传统，在任何地方待得长一点就开始从事农业生产，把湖南农民精致的耕作方法发挥得淋漓尽致。在当时延安轰轰烈烈的大生产运动中，他们不但为自己带来了丰衣足食，还为地处西北的延安带来了较为先进的农耕技术。这支部队新中国成立后屯兵新疆，建立了后来有名的新疆建设兵团。

三五九旅和文化艺术界的关系也很深厚，有一首流传很久的叫《南泥湾》的歌就是说这支部队的。湖南出儒将，二位王将军虽不是文化人，但非常尊重文化人，愿意接近他们，乐意和他们交流思想，尽自己的可能帮助他们从事艺术创作，被他们写下来、唱出去也欣然接受。

从立波方面来讲和三五九旅也很有缘分，1937 年在太行山时他就采访过王震将军，到了《解放日报》当编辑时他又被邀请去三五九旅教文化课。

当时每个人除了工作外都有生产任务，去讲课可以代替一部分生产任务，算是以脑力劳动代替体力劳动。

立波当编辑时发表过一篇三五九旅的年轻军人肖林达写的文章，他还写了编者按介绍这位新手。肖当年只有二十岁，倒有八年的军龄，十二岁参加红军的他是拉着王震的马尾巴过的雪山，在行军的路上学会了写字，能够写出有故事的文章来当然值得好好鼓励。

肖林达到了延安还是个小孩子，和一帮娃娃兵玩在一起，被外国记者视为延安的奇人奇事，追着他们照相。肖在王部很受宠，他的性格非常活泼，视枪林弹雨为无物，从来没有害怕的时候，在军队长大的他异常机灵，身经百战，均能全身而退。祖父在财院时常常讲起他的故事，讲得眉飞色舞，欢喜得不行。

听了那么多有关肖林达的故事，我也很想见见这位有趣又传奇的肖将军，算来他也有八九十岁了，像他这样生机勃勃的人，很有可能还很健康地生活着，听说新中国成立后他在新疆待了很长的时间。

在五七干校的长谈中，我祖父反复提到一位应该在军界很有前途的青年将领，到了新疆后和一位美丽的维吾尔族姑娘热烈地相恋。照当时的观念，那姑娘出身富裕，又是少数民族，不宜和有前途的青年将领结婚，军方做了好多的劝说工作，晓以利害，该将领很有个性，坚持和自己心爱的姑娘结婚，一意孤行的结果是果然影响到了自己的前途。

我祖父对这人、这事叹了又叹，几分惋惜之外又有几分感佩，认为此人是战将和情种的结合，而且敢做敢当，十分难得。我记得此人就是肖林达，但写到这里下笔又犹豫起来，三十多年前听到这些故事时我年纪还小，虽然一直认为自己对故事感兴趣，记故事的能力很强的我真的能够信任自己十三岁时的记忆吗？如果弄错了就对不起肖将军的家人了，权且写下来，待有机会时再查实吧。

听说南疆部队里的纪念馆也有关于我祖父周立波的部分，还收了他不少的遗物。这支部队应该是三五九旅传下来的，祖父和他们在枪林弹雨中建立起来的生死情谊双方都难以忘怀。

2

1944的冬天，三五九旅的一部分加上南下干部共五千多人组成南下支队，准备从陕西出发，经山西、河南、湖北、湖南、江西到广东和在广东的另一支共产党队伍东江纵队会合，在五岭山区建立根据地。

立波申请参加南下支队得到批准，作为政治部秘书和部队一起出发。对写作事业雄心勃勃的立波从行军的第一天就开始写日记，一天不落地记下了这支远征军的行程和自己的感想。这日记写得非常不容易，每天打仗行军，年纪已经过了三十，又是文化人的立波要和二十岁左右的军人一起行动，对体力和意志都是一个大考验，好多日记都是在很艰苦的环境下记下来的。

在五七干校时祖父告诉我，他们有时连睡觉的地方都没有，有一个下雨的晚上他和另一位文化人在鸡窝里过夜，这还是对他们的照顾，战士们好多都睡在雨中，因为太累，也睡得着。立波在狭小又有很重气味的鸡窝里写了日记，聊了天，也安然地睡着了。还有一次情况紧急，大家要紧急突围，每人只能带一天的干粮，其余的东西都要精简。立波把什么都丢掉了，只死死地抱着日记突围。

他计划拿这些用生命换来的素材写一部长篇巨著，这部著作如果得以完成，立波认为将是自己文学事业的顶峰。作为南下支队来说有这么个大学者一路同行，记下所有的成败得失，也是难得的机缘。

一年多远征结束后，在军事调解处工作的立波为此行写了十四篇报告文学，起名《南下记》，新中国成立后和山西之行的《晋察冀边区印象记》、《战地日记》结成《战场三记》报告文学集再次出版。这只是一个初步的工作，立波的计划比报告文学要大，他对这一年多的日记非常珍视，一直想等待一个好的时间把它作为长篇小说写出来，后来他名声越大越谨慎，文章越写越精致，越写速度越慢，一直没有动手做这篇大文章。

RECEIVED
HOOVER INSTITUTION
on War, Revolution, and Peace
FOUNDED BY HERBERT HOOVER, 1919

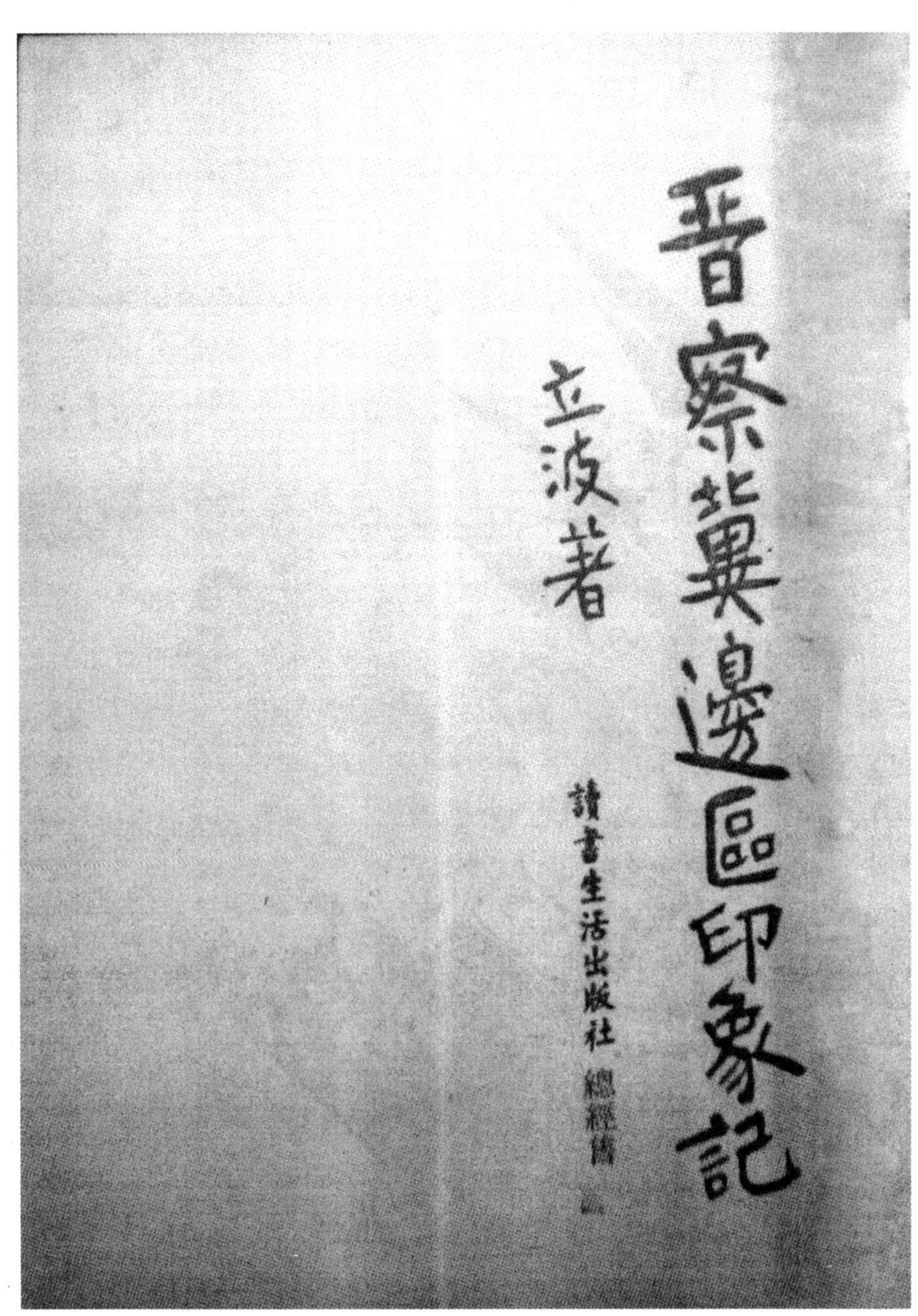
晉察冀邊區印象記

立波著

讀書生活出版社

1938 年初版《晋察冀边区印象记》扉页

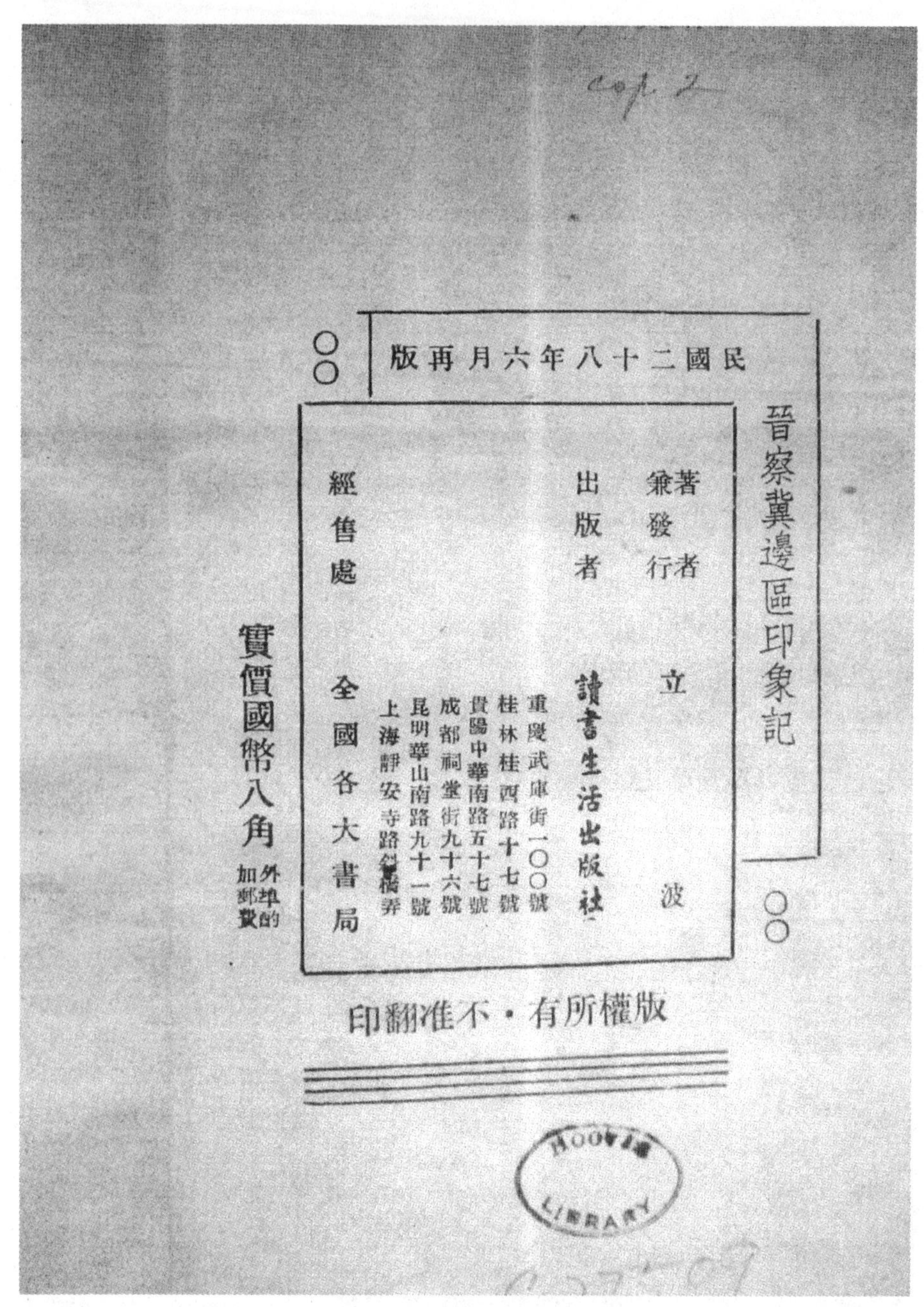

晉察冀邊區印象記

民國二十八年六月再版

著兼發行者　立　波

出版者　讀書生活出版社

重慶武庫街一〇〇號
桂林桂西路十七號
貴陽中華南路五十七號
成都祠堂街九十六號
昆明華山南路九十一號
上海靜安寺路斜橋弄

經售處　全國各大書局

實價國幣八角　外埠酌加郵費

版權所有·不准翻印

1938 年初版《晉察冀边区印象记》版权页

序言

現在是同胞們磨劍使鎗的時候，我不顧意拿我的無力的文字來糜費讀者的時間。但這時代是太充滿了印象和事實，哀傷與歡喜，我竟不能自禁的寫了下面這些話，希望不全是無謂的空談。

把這本書獻給晉察冀邊區的戰死者和負傷者。假使牠有為讀者一時喜悅的幸運，那是他們賦與的。他們的英靈和血，永遠是中華民族的光華，和人世的驕傲。

感謝替我作封面，畫地圖的友人及供給我材料的前方將領和戰士。

1938 年初版《晋察冀边区印象记》序言

美国斯坦福大学胡佛研究院藏周立波著作：1938 年初版《晋察冀边区印象记》、1938 年版《秘密中国》、1941 年版《中国的内幕》以及 1948 年版《南下记》。

这一拖就拖到了“文化大革命”，家里所有的财产、文件都被抄走了，包括这部日记。八年“文革”后找回来的只有最开始四十多天的日记了。祖父很是不甘心，他那么豁达不怨天尤人的人对这件事一反常态，怨了又怨，怨别人，怨自己，连我父亲也怨上了。他让我父亲到处寻找，讨要，没有结果就怪他没有使劲。后来眼见日记是找不回来了，自己的身体也越来越不好，做大文章的可能性是没有了，只好把这四十多天的日记整理了一下发出来，起名叫《万里征尘》。

祖父生前最后发表的小说是一篇以这支部队渡湘江的故事为背景的，题为《湘江一夜》，是一篇精致的短篇小说，他没有完成的遗著也是有关这支部队的故事，名为《风雪汾河》的一篇中篇小说。可见到了生命的终点他最遗憾的还是没有把这部书写下来。祖父老年总说自己对钱财、名位没有多大兴趣，只想把要写想写的文章做出来。

世人做事分两种，一种是一分耕耘一分收获，努力就行了。有一种事就只能只问耕耘不问收获了，比方教养小孩培养人才，比方演戏，比方写文章都不是光凭努力就能成功的。所以人们戏称文章写得好的人是文曲星下凡，就很有点文命由天的意思。祖父的文命很是不错，但也不是每本书都受欢迎，他的作品也不是每个时代都流行的。他的这篇大文章如果真的完成了能不能如他所愿成为了不起的鸿篇巨著流传下来还真是个未知数，但他没有写出来的遗憾是不能挽回的，可见事情当做就做，文章想写就写，不留下遗憾是最重要的。

3

王部计划从陕西出发，过黄河，经湖北、湖南到广东去和东江纵队会合，建立根据地。行动迅速又能打仗的王部一路顺畅，势不可挡地到了湖北和李先念所部的新四军五师会合，分手后又打到了湖南。当时日本人虽然占领了中国大部分地区，但基本上缩在据点里，国民党军和地方武装又不是王部的对手，这一路还真是没有碰到什么不得了的对手。

湖南是王部骨干的老家，也是打土豪闹革命闹得很凶的地方，农民把那些靠地租吃饭的地主戴着高帽子游街什么的。这些刻薄的土财主有些儿子读书明理后要改革社会，身体力行地在国民革命军里当军官，打军阀立下战功。革命是好事，但一不留神革到了自己老子头上还是蛮不是滋味，这帮有实力的年轻军官很支持他们的领袖蒋介石和共产党翻脸。

那些逃到城里去的地主组织还乡团又杀回家乡，把共产党或可能的共产党杀得人头滚滚，如此反复把收租的和种地的弄成了血海深仇。那些家里有儿子跟着红军走了的这几年过的当然是暗无天日的日子，听到王部回到家乡他们抓住子弟们的手就哭诉日子的难过。王部的将士本来就彪悍，再受到父老乡亲的刺激更是锐不可当，一口气就拿下了平江、浏阳两县。据说攻打浏阳县时曾经得到过当时的浏阳县警察局局长里应外合的帮忙。局长是共产党元老任弼时的姐夫。

打下平江后，政委王首道哑着嗓子给大家讲话说：“当年我们是嘴上无毛，办事不牢，让你们受苦了，现在我们嘴上有毛了，你们放心吧，打下的县城我们一定能守住，把家乡控制在自己手上！”好不容易回到家乡的战士们不想走，他们的家人也不让他们走，于是王部在湖南待了不短的一段时间，还到韶山把毛主席的弟弟的儿子也接来了。

当时有两种意见，一种是顺应军心民意，王部就留在湖南建立抗日根据地；一种是按原计划迅速离开湖南到广东去和东江纵队会合。在延安的，也是湖南人的毛持后一种意见，后来时局的变化发展和王部的遭遇证明毛的意见是正确的，无疑他是一个有全局观念的战略家。

4

跟着王部在湖南住了不短时间的立波一心扑在部队上，编报纸，写日记，没有给他留在延安的新婚的何夫人写过只字片语，也没有到离驻地不远的家乡益阳探访过父母及妻儿的生死下落。立波对事业和家庭完全是两种态度，事业为重，家庭为轻，黑白非常分明。

去年我和周扬的三个儿子，我的三位伯伯吃饭，谈到我们的父辈和祖辈对家人的忽视，周扬的大儿子艾若伯伯笑着划了一圈道：“我们这一大桌子人都是他们丢下来的包袱，现在不是都活得好好的吗？可见人还是要靠自己。”周扬、立波的后人虽然没有得到父亲们应有的照顾，倒也确实活得开心又健康，但想到自己是可以随时丢开手的不重要的人，还真的不是滋味。

时代走到今天，家庭儿女是大部分人生活中的大事。我在芝加哥住过十来年，人家问起那里好不好？我老是开玩笑地说，芝加哥人聊天只谈三件事：孩子、房子和狗，如果你对这三件事都插不上话，那最好不要在芝加哥住下去。这是玩笑话，也有几分真，可见家庭价值占的比重有多高。

是好事吗？那也要看你走得有多远了。对任何事情太过狂热都有可能给自己和他人带来困扰。住到加州后，我曾计划搬到好学区去，为此约谈了一所有名的中学的校长，当时家长们为了重新划分学区的事又游行，又发传单的，闹得很凶。堂堂仪表的白人校长一脑门的官司，满腹牢骚，看我对他的苦水还听得进去竟和我说了整整一下午知心话。他说亚洲裔的学生表现优异是没错，但亚裔的家长让他压力很大也是真的，他说亚裔的好多家长，特别是妈妈们好像整个人生都是为了小孩的学业而存在，目的单一而异常执著，让人受不了。

那一下午的谈话劝退了我，决定不去他那所有名的学校奋斗了，待在不怎么有名的学校舒舒服服地过日子吧。结果效果还不错，压力不大的环境下女儿健康长大，学习兴趣蛮高的，大学考得也不赖，我们捡了个便宜。

虽然这件事办得比较理智，但丈夫和我与同时代的大多数人一样，把时间、精力、钱财大部分都花在培养儿女头上了，斤斤计较患得患失，很有点走火入魔。把个女儿养得天上的事知道一半地下的事全知，琴棋书画无所不能，四体不勤五谷不分衣来伸手饭来张口还挑三拣四不好侍候，悲天悯人以解救天下受苦人和受苦的动物为己任，只不知体谅父母的压力辛劳。

比起为事业不顾家庭，儿子脸长脸短都不识的祖父，比起没有做什么大事但搞不清楚女儿大学学的什么专业，女儿结婚的那天都不知道家中在办喜事，路遇来贺喜的女儿的同事还招呼他们有空来家玩的让人哭笑不得的我的父亲大人，我们这一代还真是大不一样了。但矫枉过正，也许是走到了另一个极端。美国有社会学家写文章说，我们这一代是人类有史以来对培育下一代花费最多心力、金钱的一代。

这么说起来是不是说做人做事要有度，中庸就好呢？我心里其实没有准谱。我当然喜欢过安逸合理、有节有度的生活，和智慧、平和的人做朋友，做人做事追求事半功倍，做不到的话，起码也要收放自如，少做无用功。但又对单纯执著、不计成败的立波心存敬佩，虽然修炼多年，但不合时宜的傻气和冲动有时还是会冒出来，毕竟我的血管里流着他们的血。

第三十一章
万里征尘Ⅱ

1

回到 1945 年，在湖南待了不短时间的立波没有花时间心思打探战时家人的安危，家人的消息是无意中得来的。三五九旅中有南下干部随行，他们计划在部队打下的地区建立抗日民主政府，开展工作。南下干部中有一位湖南人叫文士桢，他是一位经历丰富的职业革命家，曾经在朝鲜和苏联工作和学习过，后来更娶了位苏联太太还生了个儿子。文年轻时在周相公当校长的学校念过书，对周相公印象极好，认为他是一位开明有德性，在地方上有影响力的老人家。

文负责益阳地区的工作，他计划一旦部队打下益阳后请周相公出山担任抗日民主政府的益阳县县长一职，在部队还没有到之前，他就去益阳拜访周相公。文士桢秘密到了益阳，找到周家老屋，发现一片破败，了无人烟。他向一位过路的乡人打听周家人的下落，那人说："周家人都死了，都死了。"边说边匆忙离去。

当时益阳由日本人占领，乡人大都躲在山区，偶尔才有人冒险回家取要紧的东西，文自己也是冒险前往，所以这匆匆对谈造成了误会。文认为周家全家都死了，其实只是周相公去世了，其余的家人逃难去了山区。三五九旅后来并没有打到益阳，在益阳建立政府之事也就作罢了。

一天在部队上吃饭，立波和文士桢碰了面，聊起来才知道立波是周相公的儿子，文把周家全死光的噩耗告诉了立波，立波痛哭数天，认为自己在家乡已经没有了亲人。三五九旅离开湖南时曾经轻装精简非战斗人员，让立波回到家乡休整，再转道香港回延安，立波大哭不从，说自己已经没有了家人，死也要和部队死在一起。

据说立波是少数几个跟着部队走完全程的文化人，两位王将军和将士们后来都把他看成了自己人，结下了生死情谊。当时离开了队伍的人中间包括司令部秘书的林小少爷，他后来留在益阳开展地下工作，当了芷青的领导，他的故事我以后还会提到。

文士桢新中国成立后住在我们家隔壁的一所宁静的小院子里，是个结实健康、态度温和、沉默寡言的老人，我们叫他文爷爷。据说他在中苏决裂时把苏联太太和孩子送了回去，也不再说俄文。他后来的太太是一位高大的老红军，性格开朗，走起路来虎虎有生气，我小的时候她一看到我就让我猜她哪只手有糖，如猜中了就有一颗当年少见的高级糖果吃，没有猜中也有的吃。她的高大爽朗和文爷爷的矮小沉默相映成趣，是对很般配的夫妻。

我当时不知道正是寡言的文爷爷当年的乌龙报料对我们家还造成了不小的影响，立波和芷青母子失去了可能的重逢机会，但家里的大人总是用这个故事让我相信祖父抛家弃子在延安再结婚姻是因为当时听到误传，以为父母、妻儿都在抗战时死光了。大人玩了一下时间上的把戏，让年幼的我依然保有对祖父的尊敬，也让我的是非观不至于混乱。

说到是非观其实谁都有，立波对自己的任性不负责任造成的复杂家庭也并不能坦然面对。他是文学家，对人的思想行为有很深的研究，也比一般的人要敏感。据说解放初期有一次他受邀去人艺看著名的话剧《雷雨》，有地位的他坐在前排正中的位置。《雷雨》说的是复杂家庭造成的悲剧，戏刚开始不久立波就看不下去了，连半场休息都等不到就离开了剧场，连基本的礼貌都顾不上。

看《雷雨》都受刺激，对儿子唯唯诺诺躲着走，立波的精神负担还真的不小。前面说过了，立波是他们三兄弟中身体最好的，但七十岁出头就过世了，比起活到八九十岁的哥哥们差得太远，这和他大起大落的人生经历有关，也和他有精神负担有关，可见亏心事还真的不能随便做。

2

在湖南待了不短的一段时间后，王部终于在 1945 年的 7 月份，在南方酷热的夏季往广东进发以完成和东江纵队会合建立根据地的初始计划。东江纵队也同时派出一小支队伍向广东湖南交界处移动，以图和王部会合。

这时形势发生了剧变，1945 年 8 月 6 日美国在日本广岛投掷原子弹，8 月 9 日苏联对日宣战。同日美军在日本长崎再投掷一枚原子弹。8 月 15 日，日本宣布无条件投降，历时八年艰苦的抗日战争终于结束了，中国在第二次世界大战中由被人压着打的差点亡国的受气包，一举成了战胜国之一，可以扬眉吐气，翻身过好日子了。

要是我这没政治头脑的小女人看，打了这么多年的仗，受了这么多年的苦，如今苦尽甘来，还不马上飞奔回家，过老婆孩子热炕头，三十亩地一头牛的好日子去？小资一点的话就风花雪月谈恋爱去，或者去绘画绣花追求有品位的人生。可惜当时国民党和共产党里的聪明人太多，没有一个傻的，双方连一分钟也没有耽误就开始了下一轮的争斗，把过好日子的梦想放在了一边，又或者男子汉大丈夫以天下为己任，誓要达到占有天下、消除异己的宏图大业，根本就没有让自己和他人过和平、安静的好日子的打算。

日本投降后，王部加快速度南进，翻山越岭冒雨行军，8 月 17 日到达湖南省桂东县的八面山，东江纵队的一部也已经到了八面山的另一面，派出的代表也已到了王部，只要多一夜的工夫，两支部队就可以会合了。但这时国民党的八个团围住了八面山，把五条下山的路都堵死了，准备像歼灭新四军一样把王部歼灭在八面山。

王部南行以来以这一个晚上最为凶险，天下雨，没有吃的，找不到突围的路。终于是天无绝人之路，侦察兵在深山里找到了一位打猎的老人，他大革命时也参加过赤卫队，算是自己人，这老人知道一条不算路的小路，他带着队伍连夜下山，在天亮前走出了八面山，算是突围成功了。

立波在突围的那一天一夜里只吃了一片生南瓜，一只干辣椒，眼窝深陷，一步一挨，疲惫不堪。政委王首道见到他说："老周啊，你还能走吗？"一向认为自己身体强健、从不服输的立波这一次也没法逞强了，他有气无力地说："政委，这一回，我可真把娘胎里的力气都用出来了！"当然他还用娘胎里的力气把那几本日记带出来了。

寡言的文爷爷也说过突围那天的故事。那天他也和立波在一起，他们必须要冲过一座被国民党机枪封锁的木桥，机枪有一个短暂的停顿，有经验的指挥官就高喊："快冲！"立波动作快，在机枪再响之前冲了过去。文士桢慢了一步，冲到桥中间时机枪已经响起来了，子弹打到了他的头上。幸运的是他个子矮小，子弹只打穿了他的帽子，也没有伤到他。如果冲在后面的是高大的立波，那就完蛋了。

想想也是后怕，要是祖父在日本投降几天后，在离家乡不远的八面山，死在同是中国人的国民党手上，那才真是窝囊呢，而这可能性还蛮大的。

部队下了八面山，延安方面审时度势，认为他们已不可能和东江纵队会合了，指示他们北返，到湖北再与李先念部新五师会合。这一路走过来，有十多万国民党军队围追堵截，队伍边打边撤，走得飞快，体弱跟不上的就落下了，据说女兵都拉下了，文化人也全部发了路费，让其绕道香港自己回延安，有些则被国民党军抓获。立波死死地跟着部队，一直跟到了和新五师会合，那一天是 1945 年 9 月 23 日。

还有件事也想提一下，在八面山的那几天实在艰苦，司令部的文职人员都没有饭吃，有一点粮食也只能供给正在打仗的部队。有一次立波和参谋、秘书们看到送饭的担子，不由分说围了上去，把那担饭抢着吃光了，这事让王震将军骂了好多回。想立波是个文质彬彬的人，能到抢饭吃的地步也是真的饿极了。

3

日本投降后，国共两军眼看着就要打起内战来，于是美军和国共双方组成的军事调解部，希望能把内战危机化解掉。立波是共产党里少有的懂英文的人才，又恰好到了湖北，就被叶剑英将军点将到军调部汉口执行小组担任翻译，后再调往北平和承德，在军调部联络部做翻译。

立波的心思都在写作上，他的写作工作也受到各方的支持，在军调部工作期间，他就将南下经历写成了十多篇报告文学，1946年夏天在承德的《热潮》半月刊和延安的《解放日报》上发表。后来又结集为《南下记》一书，于1948年由东北光华书店出版。

跟着三五九旅南下对立波的私生活也有影响，他在离开延安前新婚的何夫人和林兰原来是鲁艺的同学，两个人的关系也不错。这时林兰的审查结束，被放出来了，就找到周扬要求恢复和立波的婚姻，何夫人这时可能觉得相当尴尬，于是也到周扬处要求结束和立波的夫妻关系。

周扬的态度我们不知道，按道理说应该是比较为难的，当事人立波跟着部队去打仗了，没有办法表明态度，作为上级和朋友的周扬也无法替他做主。

立波和何夫人再次见面是在张家口，何要求离婚，立波不同意，周扬也劝何不要离，但何态度坚决，于是他们二人就在周扬的办公室里签字离婚。立波心里不好受，签字时忍不住流下了眼泪。

何夫人不久和一位翻译家结婚，生了两个女儿一个儿子，婚姻美满幸福，她和立波短暂的婚姻有时还会带给她一些困扰，也有几分无可奈何。

花开两朵各表一枝。三五九旅方面的故事后来是这样的，这支部队1945年9月份和新五师会合，10月份整兵后就在湖北住下了。当时军调部正在紧张工作，希望中国能避免内战，国共间表面还算平静。被国民党军团团围住，似乎只等一声令下就可以“剿灭”的三五九旅发挥屯兵的好传统，在湖北种起地来，既种菜又养猪，生活过得有滋有味，有时也练练兵什么的，对险恶环境似乎没有什么知觉。

一天早上，部队到山里去练兵，什么也没有带，兵营里猪啊，菜啊，被子啊一切都在，好像下午就会回营的样子。谁知这一走就走了个没影，如一支箭般突围出去，从南方回到了北方。回到延安时正好赶上参加延安保卫战。真可谓静若处子，动如脱兔，真是用兵如神呵！

回延安的路上遭遇不少的军队，有国民党正规军，也有地方武装。为免多生枝节，他们能躲就躲，能谈判借道就谈判，实在避不过才打。有一次和胡宗南的部队借道，约好派代表去谈，王部方面为了表示诚意，谈判代表中还有毛楚雄。毛楚雄是毛泽东弟弟毛泽覃的儿子，王部在平江时把他从韶山接来，那年才十九岁。

谈判代表们到了胡宗南部，谁知对方照人头已经把坑都挖好了，人来了二话不说一概活埋。这虽然是几十年前的旧事了，如今听起来还是叫人毛骨悚然，不是说伸手不打笑脸人吗？不是说两军相争不杀来使吗？主义

王安娜与卡尔逊（前左二）、叶剑英（前左三）、董必武（后左一）、李克农（后左三）等在武汉（1938 年）。

不同真的有这么大的仇恨吗？犯得着做得这么绝吗？难怪国共两党和平谈判总是谈不下去，这仇也结得太深了。

现在过了几十年，当事人都不在人间了，国共两党都有了新的目标，也有了新的问题，两党之争反变成次要矛盾了，这才又都有了谈判的诚意。这次希望能好好把握，为中华民族带来祥和福气。

4

还有一些人的后续故事也值得一提，王部在湖南平江、浏阳地区发展了不少地方武装，部队离开后这批人到了山上打游击，和共产党的地下组织配合工作。因为不是主流也沟通不善，解放初期有些被当土匪杀了，留下来的也处境很差，当然更别提承认他们的革命历史了。据说王震曾为此流泪，王首道也曾热心为他们平反，芷青在自己的报告中也提到过这几个人，益阳地下党确实和他们开过会联系过。芷青认为他们是比益阳地下党成员更倒霉的人。

东江纵队是抗日战争期间一直在广东地区活动的共产党武装，人数最多时有一万多人，很有战斗力，也保有一片不小的根据地。

第三十二章
值得期盼的父亲

1

抗日战争胜利了，芷青带着两个儿子和婆婆回了家，一家人终于可以过正常的日子了。当时正值夏天，学校放暑假，芷青在清溪村一边歇夏，一边等待下一期的聘书。

当时学校的职位是一年一年发聘书的，每年暑假过后就重新洗牌，拿到聘书的回去工作，没有拿到的就算是失业了。芷青能干、肯干有经验，但学历较低，对拿不拿得到聘书心里没有底，但全家大小要吃喝，儿子还要读书，这聘书还蛮重要的。家里没有男主人，全靠芷青一个人张罗，真是难为她了。

我女儿高中毕业舞会下个月举行，舞伴是个欧亚混血的俊美少年。两人如今要时时讨论舞会的穿戴，交流频频。他二人都是优秀学生，拿到不少好学校的入学许可，如今正面临人生第一次大的选择。我女儿是独生女，又被我们的愚民政策教育养大，不识柴米贵，天真得很，选择起来只考虑自己的兴趣。

那孩子就不同了，对学校的收费及学科以后的前途非常认真，那天还对我女儿说："女孩子在学校和学科的选择上可以随心所欲，男孩子就不行了，男人以后是要承担养家的责任的。"天哪，我才知道做女人还有这种好处！

这刚满十八岁的小男生也太成熟懂事了吧，我家祖父立波可半点没这心思。

1945 年的夏天，芷青那边聘书等不来，学校眼看就要开学了，她就到益阳城里去打听。打听得来果然县中没有发给她聘书，心急之下也没有什么办法。正在街上乱走之际碰到了原来在职业学校念书时的老师，现在还在那里负责。他对芷青这个好学生印象好，现在听说学生的难处忙说可以帮忙，他让芷青回去等消息，告诉她聘书会来的。

回到乡下不久聘书果然来了，芷青本人就是县立职业学校毕业的，这次回到母校工作，也算是和这个学校有缘。工作有了着落，全家准备搬家，芷青可以带着儿子们住到学校宿舍去，但婆婆不好办。刘姓太太喜欢住在益阳县城，那是她从小熟悉的生活环境，伴着媳妇住也比伴着并非亲生的周大和周二住要自在。刘姓太太拿出在战争年代好不容易留下来的一只金戒指，让媳妇卖掉到益阳街上为她租一间小房子住。可惜这一小笔钱只维持了老太太半年的城市生活，就不得不又搬回乡下去了。

刘姓太太虽然失去了丈夫，唯一亲生的儿子不知在何方，但过日子并不马虎，能有的生活乐趣也不放过。据说刘姓太太是个很能干的人，作为家庭主妇她有两项出类拔萃的本领，一是做菜，二是收拾房子，这两项本领分别传给了两个女儿，大女儿会收拾房子，小女儿会做菜。我三岁时太祖母刘姓太太就过世了，虽然听说她非常喜欢我，其实我和她老人家并不熟，但我小时候确实年年吃到周小姑奶奶料理的豪华精致的年饭，也见识过周大姑奶奶的家居，确实收拾得气派又简约，多一物太多，少一物太少，很是大气不俗。刘姓太太的这两项本事还真不是吹的，连她的传人都没话说，都是能把平凡日子过出莲花来的人物。

刘姓太太对周家的贡献还不只这些，她除了为周家子孙留下会读书的慧根之外，还留下了任何时候都能怡然自得，悠然享受生活细节，一有机会就培养品位嗜好的秉性，让人可笑可恼之余也觉得不失为一种良好的生活态度。比方我的叔叔就很爱下馆子，我们一到北京他就张罗请客，婶婶常讥笑他说：又找到下馆子的理由了。“文革”中状况不好也没有什么正事

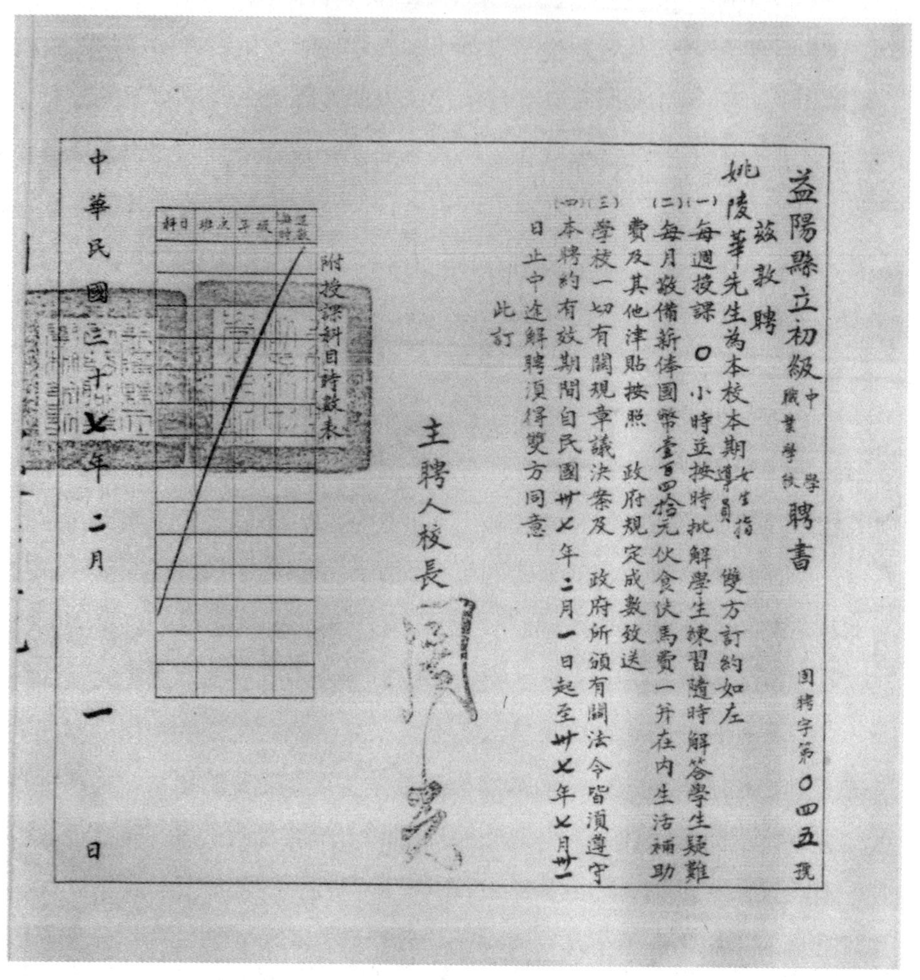

益陽縣立初級中學聘書

國聘字第〇四五號

茲敦聘

姚陵華先生為本校本期女生指導員雙方訂約如左

（一）每週授課〇小時並按時批解學生練習隨時解答學生疑難

（二）每月致備新俸國幣壹百四拾元伙食伕馬費一并在內生活補助費及其他津貼按照　政府規定成數致送

（三）學校一切有關規章議決案及　政府所頒有關法令皆須遵守

（四）本聘約有效期間自民國卅七年二月一日起至卅七年七月卅一日止中途解聘須得雙方同意

此訂

主聘人校長

附授課科目時數表

每週時數	年級	班次	科目

中華民國三十七年二月一日

芷青（姚陵华）的八、九张聘书被路易也就是我的父亲大人保存得很好，如今看起来很有点隔世之感。

可干的时候他也不闲着，常常去享受钓鱼之乐，同时也学会了做菜，他做的可不是什么家常菜，而是豪华讲究，需要长时间准备的上得了台盘的大菜。

我老公和我也超喜欢吃馆子的，记得我们刚到美国时经济状况并不好，但还是时不时地想去吃一顿。当年芝加哥有点钱的人都爱开尺寸比较大、看上去比较气派的车，去有点名堂的馆子吃饭，我们那小小的经济型车子开到停车场常常比周围的车子短一半，小三分之一，溜进车位让两边的豪华车一夹就看不见了。用脚后跟想也知道我们到了不该来的地方，正所谓消费与收入不符，和刘姓太太执意要住到益阳城里有异曲同工之妙。我们如今年岁见长，在吃上面的好奇心减弱，返璞归真地喜欢吃从小熟悉的料理，反而不大花钱花时间在食物上探求不可知的大千世界了，这真不知是好事还是坏事。

2

一家四口搬到益阳县城恢复了战前的生活，芷青记起她是战前民选出来的妇女会理事长，如今打跑了日本人，自己也该重新履行社会责任了。她把妇女会的房子打扫了一下，就重新挂牌办公。工作和战前一样，以帮助妇女获得经济独立为主要任务，办织布厂、缝纫厂、缝纫学校什么的，这也是芷青的老本行。当然她地下党的同志们也可以再次把妇女会作为据点了。

当时是国共两党内战的前夕，形势比对日战争时期还尖锐。芷青的丈夫号称是去了泰国，但有人传他其实是去了延安，那在上海有名的左派作家立波就是芷青的丈夫周绍仪，如此如此，这般这般，传来传去政府就疑心起来，妇女会掌握在左派手中可不怎么妙，于是命令妇女会关门。谁知已经组织起来的妇女们还不干了，不让关门之外，还发动了类似游行示威的活动，让政府动了肝火，把妇女会强行关闭，还在报上登了一则启事，说姚芷青是妇女会的败类，把她给开除出了妇女会，这个活跃的妇女组织就这样消失了。

这事还有后话，到了“文化大革命”中，又说芷青参加过并当过干部的妇女会是国民党政府领导下的民间组织，让她交代又交代，办了不知多少学习班。单纯的农村女子姚芷青碰到这种非黑即白、翻云覆雨的政治形势还真是有理说不清，难怪老年的芷青沉默寡言，一点都没有老年妇女的唠叨和对自己劳苦功高的反复表功炫耀了。

能干又不幸的芷青其实思想还蛮先进的，丈夫靠不住就靠自己，凭借自己的努力把日子过得有点样子了，又想办法去帮助别的女人，这比面对不幸终日哭哭啼啼、怨天尤人要有建设性多了。没有什么大学问也不爱说大道理的芷青其实很有现代女性的意识，当年益阳那么多妇女选了芷青做她们的代表，那么多年轻的女学生以她们的姚先生为楷模是有道理的。

现代社会开放多元，我们已经看惯了忙里忙外的能干女性和家事一把抓的新好男人，思想传统的我还是更愿意看到刚强有担待的男人和温柔甜美会撒娇的女子，觉得这才平衡有致，阴阳调和。但世事难料，哪能尽如人意，想芷青原也是个一点小事就哭得不可开交的水做的女人，是命运、是经历把她逼成了个坚强能干的女人。

我有个朋友，聪明有主意，她丈夫在公司工作不错，满世界调动，她就专心一意地做了个家庭主妇，快快活活地忙进忙出，饭做得出神入化，连醋、酒、酱汁等调料都自己做，外面的世界连看都懒得看一眼。夫妇俩频频请客，向我们这些忙得昏头昏脑的双职工展示什么叫幸福家庭，公司里曾经有人还死皮赖脸地央求我介绍，以便能进入他们夫妇的请客名单。

有一天幸福的晚宴进入尾声，美丽的女主人兴致勃勃地发表完高论，她丈夫爱怜地望着她说："我要是有一天顾不到你了怎么办？难道对人傻笑也能养活女儿和自己吗？"女主人正在兴头上，一口就回过去道："亲爱的，放心吧，我一定有办法的。"我看着读书万卷也在世界很多地方生活过，见多识广的女友，一点也不怀疑她做得到。她一定是知道幸福来之不易，能把握当前最重要，必要时靠自己找到一份温饱的生活应该还难不倒精明能干的她。

我既然号称开免费爱情婚姻顾问公司那就自信有两把刷子，对这方面的建言虽然算不上铁口直断，但自觉比要我对国家大事发表高见靠谱。我认为在这世界上能找到可以和你共度一生的伴侣是一种福分，要珍惜。这伴侣若是年貌相当的异性，你们的日子会比较平顺，这伴侣可巧和你灵魂相通那更要万分宝爱了，这是可遇不可求的。

单亲父母不是好为的，当人家的继父继母也需要比常人更多的爱心或拿得起放得下的潇洒个性，不要轻易下海。万不得已下海了，那就请你不要瞻前顾后，勇敢坚强地向前走吧。对单亲家庭或其他比较有难处的家庭组合，请多多帮忙照顾，无力帮忙的话也请给予尊重，少作批评，照顾老弱妇孺是文明社会的标志，欺负弱者不值得夸耀。

女孩子要想事业家庭都顾好是个难题，事事处处不要太好强，抓住真心想要的一边倒或两者都要，处处打个七八十分都是不错的选择。重要的是拿定主意不后悔，快活是第一要顾的。如果你是那上天眷顾、祖宗积德的幸运儿，能够做到福慧双修的话，请你多多为社会做贡献，把你的福分传给更多的人。连职业学校毕业的单亲妈妈芷青都能办个妇女会什么的，你一定能做得更好。

3

不管日子怎么过，路易和雅可还是一天天地长大了，尤其是路易，已经上中学了。他完全不像没有父亲的孩子，淘气得很，惯他的人除了母亲、祖母以外还有小姑妈周小姑。周小姑的婆家也有一个美丽的名字，叫作清塘村，离益阳县城不远。芷青是忙碌的职业妇女，路易、雅可两兄弟就常到小姑妈家去，暑假更是长住在那里了。周小姑的丈夫雷姑爷常年在外教书，她自己贤惠能干，家里房子大条件也不错，很欢迎两个侄儿常来。周小姑的几个儿子都比路易小，人也老实，孩子王是路易，他带着弟弟和几个表弟花样百出地疯玩应该是件很快活的事情。

路易他们的花样之一是演皮影戏，把家里做鞋的布壳子剪了做皮影子，借了一套破锣鼓就搭起台子开锣了。硬件、软件都不怎么样又没有什么宣传，其结果是只有几位表弟再加上邻居家的一位无所事事的老头捧场。据说那老头能坚持看到最后不过是睡着了。

“演艺事业”失败又进入“餐饮业”，他们请小姑妈用糯米做成甜酒然后挑到镇上去买。那时镇上有不少难民，甜酒是价廉物美、有热量的饮品，可以解渴也可以当成中饭。生意很好，一担甜酒很快就能卖完，但买甜酒得的钱又被一帮孩子吃光，连本钱也不剩下。我父亲晚年常常吹牛说他有做生意的天才，理由是他小时候就成功地卖过甜酒，到今天我才搞清楚他甜酒生意是怎么做的，这样的资本平衡控制能力哪里是什么做生意的天才，是败家子还差不多，还好我没有上过当，至今没有投资过任何父亲的生意构想。

甜酒生意的金主和无偿劳动力周小姑不停地做甜酒给孩子们卖，自己家里的糯米用完了就去邻居家借，近邻借完了再去远亲家，誓把孩子们惯到底，直到这帮孩子玩腻了卖甜酒的把戏为止。路易从小没有得到过父爱，也没有受过父亲的言传身教，家里的女人们无边的宽容贤惠让他没有自卑感但也失于调教，有些失控，要想成才还只能靠他自己开窍了。

路易的开窍缘于两件事，第一件事是发现了周小姑家阁楼上的书。话说有一天路易捉迷藏躲到了姑妈家的阁楼上，发现阁楼上堆满了书籍和报纸，有线装书也有洋装书。也许是时候到了，也许是毕竟有慧根，这一阁楼的书改变了路易，他一时间迷上了看书，不再当孩子王给小姑妈找麻烦了，变成了个一天到晚趴在阁楼上看书，吃饭都要三请四催的小大人。

那阁楼是身在山野、胸怀天下的乡村教师雷姑爷的整个的精神世界，它包括《西游记》《水浒》《三国演义》《儒林外史》《镜花缘》《红楼梦》《包公案》《封神演义》《聊斋志异》《扬州十日记》。“西游”带给了路易阅读的快感，“水浒”、“三国”、“包公”教会了他中国式的英雄主义，“聊斋”教给了他最纯正简洁美丽的文言文，而《扬州十日记》是最让他看得动情的，简直是他所经历的日本人的暴行的文字呈现，让他感到了切肤之痛。

阁楼藏书也包括了路易看得半懂不懂的英文版的《资本论》《反杜林论》《国家与革命》《共产主义 ABC》以及斯诺所著的《西行漫记》。

最重要的是在这个阁楼上路易发现了他的父亲所写的《战地日记》和《晋察冀边区印象记》两本书，还有他父亲立波骑在马上以苍凉的长城为背景的戎装照片。这对路易的刺激太大了，只有模糊印象，据说是去了泰国的父亲原来是这样一个能文能武的英雄，正在从事着抗击日本入侵者的了不起的事业！这让少年路易感到非常骄傲，自觉要做一个有作为的人才能对得起这么不凡的父亲。

相当有独立思考精神的这批益阳籍知识分子好像对其政治观点是不是社会的主流并不是很在乎，对于时时需要谎称去了泰国、见不到人的父亲，路易毫无保留地佩服，半点也没有受牵连的委屈，对于父亲没有养育他也毫无怨言。对于少年来说，什么也比不上有一个英雄父亲让人自豪，尤其这英雄还神秘地只能藏在心里。

这种心情习惯成自然地一直保留到现在，如今在已经快八十岁的父亲心里，祖父周立波的事情永远是高于一切的，比他的老婆孩子、孙儿孙女的事情都重要得多，这也是人性中得不到的最挂心的另一证明。我的父亲大人是个有福之人，一生中唯一的遗憾是缺少父爱，这是他一生的最痛，也是最放不下的。

让路易从顽劣少年变得懂事的另一件事是芷青为他筹措学费的为难。当时因为货币的混乱，工资和学费都是用粮食来计算的。芷青在学校当女生指导，每学年的工资是十几担谷，周大为他们代耕分在立波名下的那六亩地有些进项，雅可跟着妈妈在县中上学，因为是公立学校花不了多少钱，节省的芷青很会安排生活，家用也有限。问题是路易的学费。路易高中考上了五福中学，这所不错的高中是私立学校，一年连学费带住宿需十几担谷，是芷青工资的全部。

重视教育，把儿子们的前途放在第一位的芷青没有选择让路易停学或改读不那么好的便宜学校，她的办法是预支工资，混过一年算一年。预支工资需要学校的高层担保，预支了一次又一次，一再求人如何开得了口？虽然大家都熟，但长贫难顾，也不是次次开口都能如愿的。这种种的难处路易看在眼里，使他痛下决心要发愤努力，让母亲减轻负担。

路易作为学生能想出来的办法只有一个，就是好好读书。在五福中学如果年终考试能得第一名就得奖学金三担五斗谷，还可以在周氏祠堂里拿到一些奖励性质的学谷。两者加起来正好是学杂费的一半，这样就可以减轻妈妈的负担了。

路易坐言起行，在孩子王的职位上全面退休，专心学习，竟然心想事成让他做到了，他在五福中学拿到了头名。不仅给芷青带来了荣誉，也减轻了家里的经济负担，让芷青渐渐地觉得有了依靠。我的父亲大人和他的祖父周相公、父亲立波一样阴差阳错学历并不高，但他总认为自己的学问不错是个读书人，是因为他几次短暂的读书生活都表现出色，让他很有自信，高中时一旦决心要好好读书就能几次得到名校第一名的惊人成绩就是他自信的源泉。

第三十三章
少年寻亲记 I

1

一个人的成功是需要很多条件的，有决心、聪明还要身体好。路易懂事后决心很大，要读书长出息，做一个无愧于英雄父亲的儿子，也为母亲减轻负担。他和他的祖父、父亲一样虽然字写得难看，但脑子很灵，读书一下子就上手了，但他的身体大不如他的父亲，他少儿时期正逢抗战，缺吃少穿，还经历过孤儿院的生活，不但没有得到一日一蛋的待遇，能活下来就不错了。

读书是个费脑筋的活儿，加上看到了父亲写的，为当局所不容的禁书，自己在思想上向父亲靠拢所带来的震撼，再加上断然辞去孩子王的职位，剥夺了自己在新鲜空气里跑来跑去、无所顾忌地调皮捣蛋的乐趣，让路易骤然大病，大口地吐起血来。美国人称这叫成长之痛，是每个人都要或多或少经历的，但路易这次的弯转得太大太急，他这次的成长之痛也比旁人厉害，来势汹汹，差点就要了他的命。

路易这次得的是当时让人谈虎色变的肺病，要治也不是不可以，但要花很多的钱，这对于刚刚勉强能做到收支平衡的单亲妈妈芷青来说真是不可能的任务，实在是太为难了。前面说了芷青命中的靠山是姚外公，出了这么大的事，她也只好跑回娘家向父亲哭诉了。

我还是小姑娘的时候我的父亲大人就常常向我描绘他想象的我婚后的情景，说我会常常挑着一担礼物回娘家问安，吃完饭后就一把鼻涕一把眼泪地向父母哭诉困境，寻求援助，他就慷慨地拿出钱来帮助我，如此如此，这般这般。每次描述还加上不同的细节，比方披头散发啦，比方担子里挑着米里头埋着几十个鸡蛋什么的，说的时候还一副志得意满的样子，一直要逗得我发脾气大叫为止。

我如今才知道这其实就是芷青当年常常做的，我的父亲大人不是想象，而是回忆。可惜时代不同了，我婚后确实碰到过不少问题，但很少能以挑着礼物去娘家哭诉的方式解决，我的父亲大人没有多少机会像姚外公似地享受帮助女儿的乐趣，他只好抓住一切机会娇惯外孙女，这是后话。

姚外公有心要帮助大女儿，但他是个上无片瓦、下无寸土的杀猪佬，能力有限，他唯一的资源就是几个嫁得还不错的女儿。于是姚外公以做生日为名把几个女儿都招回家，女儿们到家后他就宣布做生日是借口，其实是路易病了，你们的大姐遇到了困难，你们大姐夫离开家乡是我同意的，所以她有困难我有责任帮助，请你们把身上带的给我做寿的钱都拿出来吧。

当时姚家老二、老三、老四境况都不错，回娘家都做了一些准备，也都愿意帮助大姐，就凑出了一笔不小的款子为路易治病。芷青拿了这笔钱后把路易送到县城里最好的教会医院去住院治疗，还时不时地做补品送到医院里给儿子补养身体。

当时的教会医院条件非常不错，病房明亮宽敞，环境安静优美，吃得营养又美味，医生医术高明，护士细心温柔，路易过上这比家里条件好得太多的生活后不久，病就好转了。肺病的治疗主要是营养和休息，再加上心情愉快就能好得快，姚家和芷青为路易创造了治病养病的好条件，让路易的病没有转成更难痊愈的慢性肺病，病好后又成了个活蹦乱跳的少年。

路易是个主意多多的机灵孩子，有些被惯坏了，有时调皮多话得让人可厌。雅可的性格和哥哥不同，他样子可爱脾气好，少言寡语，一天到晚不是腻着妈妈就是跟着哥哥，是个很好带的孩子。因为招人喜欢，听话又好带，芷青在条件不容许她带两个孩子的时候，总是选择把雅可寄养在别人家而把路易带在身边。一来二去的，芷青多多少少把注意力和资源更多地放在路易身上了。

雅可是个忠厚的孩子，一天到晚笑眯眯的，对这种差别待遇一点也没想法。比方这次哥哥生病，在医院里住得好，吃得好，自己和妈妈在家只能过比平时更节省的生活，还要挤出钱来为哥哥做补品，每天跟着妈妈把补品送到医院里也只能看着哥哥一个人享用，自己虽然很想吃，但觉得好东西就是应该让给生病的哥哥吃。

这小男孩细腻的心思鲜活地印在我的脑子里，但到底是谁告诉我的呢？是叔叔？是爸爸？或者是他们两个都告诉过我？又或者是他们谈话让我在旁边听到？这我真的记不清了。他们长大后因境遇不同，个性又都向前发展了，成了一对相貌相像，声音像到连我妈有时都分不出来，但性格和处事方式完全不同的两兄弟。

2

路易和雅可虽然是单亲妈妈带大的，生活很艰难，但比上不足，比下有余。有妈的孩子比没有妈的孩子强得太多了，何况芷青在那个时代又算是能干有办法的，所以他们两兄弟的生活和学习比起周扬的三个儿子来要有着落得多。

1943 年，年纪只有三十五岁的吴夫人过世，留下了三个还没有成年的儿子，分别为老大艾若十五岁、老二迈克十一岁和老三约瑟只有七岁。曾经很富裕的周扬家已经衰败得很了，芷青在吴夫人生前常常前去看望，吴夫人过世后她也带着路易去过板桥周家。

据路易回忆，周扬的母亲是个非常多礼的老太太，很想留他们吃饭，但实在拿不出什么招待客人，只好让客人空着肚子走了，让老太太很失面子。当时他们住的大房子年久失修，看上去破败得让人难过。

这样的情况下三个少年的生活可想而知，还要想读书就更为难了。三个男孩子都和他们的父亲一样，俊美、高大又聪明，但没有了父母的关爱教养又没有家财做后盾，生活过得有上顿没下顿，找到些钱就去读几天书，没有钱时就只好休学，到后来比路易大一点的迈克在学校比路易还低年级了。

我年岁很小的时候读到过艾若伯伯用毛笔写给我祖母芷青的一封信，他称芷青为妈妈，说是一看到她就会想到自己的母亲，信中反复诉说他对芷青照顾他们兄弟的感激和对自己母亲的思念。这是一篇写得情真意切，让读的人忍不住感动落泪的信，而且写得文采华丽，信封、信纸、分段、书写都非常讲究漂亮，形式和内容无一不佳，让人看到艾若伯伯的用心。家中大人把它当作范文读给我听，为我讲解信中所用的字句和典故，同时也把他们三兄弟在吴夫人过世后的曲折经历讲给我听。

三个少年在妈妈过世后想了很多办法谋生，但毕竟年纪太小又逢战时，很难生存。亲友们可能还是给过一些帮助，从艾若伯伯的信里知道芷青也帮过忙，但大家的条件都那么差，帮得应该也是很有限的。

吴夫人过世前实在放不下这三个儿子，担心他们三人以后无以为生，思来想去觉得只有艾若尽快地工作赚钱才能解决问题，她就反复地对艾若说："你以后要能够当个老师就好了。" 艾若果然在十六岁的年纪上就当了小学老师，负起了教养弟弟们的责任。

3

少年老师当了两年，遇到了青年军招学生兵，十八岁的艾若就报名参了军。青年军是国民党为抗日组织的后备军队，为长期抗战做的准备。艾若想抗日、想养家、想离开家乡见世面，一点也没有顾虑到自己是有名的共产党人的儿子，参加到对立面的国民党军队里会有什么隐患、麻烦，就和家乡的很多青年朋友一起参军离开了家乡。

青年军驻在多山的贵州，没有直接参加过战争，但也不是没有凶险的。凶险之一是贵州有很多土匪，但比在盘山公路上遭遇土匪更凶险的是军队里一直都在抓共产党，一旦抓到就直接枪毙，没什么好辩解商量的，抓到的是不是真共产党有时还难说得很。有一次毙了一个据说是共产党的士兵，就让全师的士兵排成单列一个一个从那具尸体旁走过，让他们清楚地知道当共产党的下场。

十八岁的艾若从那具尸体旁走过时并不知道害怕，他的那么多对他的家庭知根知底的益阳老乡也没有一个去告发他，他的益阳籍长官、和蒋“总统”合照过相片、拥有蒋总统亲授中正剑的副师长，知道艾若家困难，还背着艾若寄过钱给他家做家用，他当然不可能不知道周扬在共产党里的地位。

我虽然也算是有政治观点的人，但真的不是什么政治人物，能感动我的总是这种超越了政治的人对人的关怀，而中国人中间这种人和事还真的不少。据说这位益阳籍将军后来没有跟着蒋“总统”去台湾也没有留在大陆，而是选择到了香港。在香港开枝散叶有了一大家子人，生意也做得不错，算是个有福气的人。“文革”结束后已经老病的他还是在儿孙的陪伴下回去看望过包括艾若在内的故旧，不久就去世了。

不知世道凶险的少年艾若在青年军里还在试图寻找父亲，他给父亲写了一封十几页的长信，详细地告诉父亲母亲是怎样生病、怎样去世、他们兄弟又是怎样想念父亲的。他把这封十几页的长信寄给了重庆八路军办事处，托他们转交给周扬。

过了不久回信来了，但并不是周扬写的，而是在八路军办事处工作的著名诗人何其芳写的。何告诉艾若信已经转给周扬了，嘱咐他好好学习、工作。从那时起艾若和何其芳就通起信来，艾若有什么为难事都告诉何，何也以师长的身份为少年艾若出谋划策。艾若没有把通信的事告诉别人，也没有刻意地隐瞒，不知轻重的艾若就这么在国民党的军队里和共产党联络着，竟然没有惹上什么麻烦，让我和艾若伯伯如今聊起来也觉得很神奇。

4

抗战胜利了，青年军被解散，艾若请教何其芳下一步怎么办？何建议他到南京去找爸爸，因为周扬这时会到南京去办到美国的签证。

当时专门研究中国问题的费正清研究所有一笔资金可以用于选派一些文化人到美国去做研究，候选人包括周扬和作家老舍，但是他们到南京办理出国手续的时候，由于一些原因周扬没办成功。老舍去了，在美国待到新中国成立，他写的《骆驼祥子》被翻译成英文后当年在美国还被选入过非常有名望的读书会推荐书目。

艾若在南京住在亲戚家等待和父亲见面的机会。也在南京的周扬非常忙，可能也不知道儿子在找他。有一天艾若出门，在楼梯上碰到了几个身穿西式毛料大衣、气度不凡的人，其中一人更为突出，他那一双犹如暗夜寒星的明亮眼睛让人过目难忘，他们擦肩而过，互相有过一次眼神交织，让少年艾若久久思索这么出色的人物是谁？是干什么的？

艾若回家后才发现他当面错过了父亲，那个让他一见难忘的人正是人称中国共产党内的第二美男子，他多年没有见过面的父亲周扬。过了几天，父子俩终于见了面，有了一次长长的谈话。早熟懂事的艾若其实还是一个处在反叛期的青少年，面对多年不见的当时第一大反对党的赫赫有名的青年理论家父亲，他忍不住要刺激一下。

这场谈话有两个刺激点，一个是儿子追问父亲收没收到那封有关母亲去世的长信，父亲的回答是收到了，我很对不起你的母亲。二是政治观点的争论，在国民党青年军待了不少日子的儿子对父亲的政治观点有所挑战，父亲的结论是：你受国民党的影响太深了。

长谈的结果是父亲周扬大哭一场，儿子艾若并没有和父亲抱头痛哭，而是冷冷地看着父亲的情绪发泄，心里还在想：他怎么这么爱哭呢？这是一场对周扬来说非常艰难的父子对话，这一对相差不到二十岁的父子分别多年后的第一次谈话是两个成年男子的较量，周扬的心情复杂到只能用痛哭来宣泄。走过坎坷的成长道路，而如今长得和父亲一般高大，和父亲一样既敏感又反叛的艾若大概有着终于可以为难一下父亲的快感吧。

挑战父母是每一个少年的心愿，压制或接受青少年儿女的挑战也是每个为人父母者要过的关。周扬父子的情形更加复杂，再加上身处乱世，有很多迫在眉睫的问题要解决，他们没有时间来理顺自己的感觉。

迫切的问题是艾若怎么办？留在乡下的两个弟弟怎么办？当时美军正在调停国共之间的矛盾，马歇尔将军有一架专机每周来往于南京和延安之间。有关人员答应周扬飞机上有空位的话可以把艾若带到延安，艾若就留在南京等待飞机的空位了。有一次位子有了，也已经坐上了飞机，但临时有更重要的人要去延安，艾若只好又下来了。

机位很难等，这回说是要等一个月才能成行，艾若放心不下弟弟们，决定回一趟益阳，把弟弟们接出来，计划到南京后再想办法从陆路去延安。

艾若回到益阳，接了弟弟、表哥、堂姐一大帮人到了南京，周扬已经不在了，留了张字条让儿子们去上海找他。一帮孩子马上上了去上海的火车，在车站上买了一张报纸看，在报上竟然看到了父亲的消息，标题是“东方不亮北方亮，周扬去了张家口”。

原来周扬计划中的美国之行起了变化，国民党政府没有发给他护照，美国去不成了，周扬立刻回到了当时在共产党军队掌握中的河北张家口。也就在这几天里，国民党和共产党之间的和平谈判也破裂了。

此事对一帮孩子也是晴天霹雳，他们到了上海但父亲已经不在了，男孩子被安排住在《新华日报》的楼上，女孩子被安排住在大作家周而复家。形势突变，一时半会已经安排不了他们去延安了，新华社的干部们认为孩子们留在上海失学又失业不是个事儿，眼看着形势越来越紧，留他们在上海的责任也不小，就为孩子们准备了一笔钱送他们回益阳家乡了。

当时内战一触即发，上海一片混乱，货币一天三贬，刚刚从八年抗日战争中挣扎出来的中国人又一次陷入了对战争的恐惧中。

第三十四章
少年寻亲记 II

1

一帮孩子失望地回到了家乡。从上海带了些钱回来，所以艾若的两个弟弟又复学了，但三兄弟困境依旧，还是需要再谋生路，也没有断了寻找父亲的心。

一年以后艾若参加人民服务队再次离开了家乡。人民服务队听起来好像是民团似的部队，当然也是属于国民党的，士兵们也有枪。艾若跟着这支队伍到了武汉驻下了。他在部队里慢慢交了五个铁杆的好哥们儿，大家志向相同、观点一致，都觉得国民党已经穷途末路快垮台了，想要脱离这支队伍去找共产党。

终于有一天，五个人一起脱下军装，丢下武器就逃出了军营。离开军队后他们结拜为异姓兄弟，发誓保护彼此，到解放区去。五个人从武汉往北走，当时解放区和国统区的分界线在河南驻马店，那是一个烟叶的生产、集散地。

一路走来非常辛苦也不安全，五个人中有三个陆续在途中放弃了去解放区的初衷，他们认为回到家乡更安全，就回家去了。他们都遵守了结拜时立下的誓言，没有出卖彼此。艾若和另一周姓同伴终于到了驻马店，打探怎么过封锁线的办法。

当时还是有些商人往返两个敌对的阵营之间做生意，尤其是烟草生意是这个地方的根本。人们告诉两位少年可以拿一些钱给烟草商，他们有办法带人过去。果然没有多久，两个少年就靠着烟草商的帮忙过了封锁线，到了解放区。

记得曾经有一首歌唱到“解放区的天是明朗的天……”什么的，这歌似乎就是艾若到解放区去之后的真实感觉。在上海、在益阳、在武汉、在国统区里人们一片人心惶惶，今天不知道明天的事，有权势者贪污腐化，士兵缺衣少食没有斗志。

解放区的世界是完全两样的，健康高大、衣着整洁的士兵大部分是北方人，他们朝气勃勃地忙来忙去，不时就有人敲锣打鼓报捷，报告前线战事的节节胜利，一派欣欣向荣的样子。

艾若见到部队的干部就告诉他们自己是周扬的儿子，干部们打电报去延安落实之后告诉他：你可以马上参军了。艾若回答说，我还不能留下，必须回到益阳把我的两个弟弟带来。于是干部们为他做了衣服，准备了行李，并在他北方样式的帽子的顶上缝进了小小一块金子就送他离开了解放区。

艾若装扮成商人再次上路，经河北、河南、湖北回湖南家乡。路经湖北武汉时还看得见墙上悬挂的捉拿他们五个逃兵的告示。艾若自己分析，他们那次没有把枪带出来是聪明的，所以捉拿他们的行动也有一搭无一搭，让他们得以逃出。

回到家乡后艾若再次迅速地组织起了一支小队伍，包括两个弟弟加上堂兄表姐什么的，一帮人又开始往北方走。去年秋天我和艾若伯伯在长沙谈这一段的时候，爸爸还跟我抱怨说为什么当年艾若没有带上他？我也趁机问过艾若伯伯为什么没有叫上路易？艾若说他认为芷青不会同意他带路易出来。这个可能性还真的是蛮大的，芷青当然会希望路易在家好好念完高中。

一行人穿州过府回到了驻马店，再找关系过封锁线。这次同行者中有一位的亲戚在当地的商会工作，有经济实力又有关系，为他们准备了一大袋子钱四处打点，很快就把他们送到解放区去了。

到了解放区后他们马上就受到很好的照顾，当时任华中军区政治委员的邓子恢亲自写了一封很长的介绍信让他们带上去找父亲。信上说：周扬的大公子周艾若一行要去石家庄找父亲，希望给予关照。信是写给后来担任过湖南省委书记的周小舟的，周当时是华北局宣传部的副部长，他当然尽力地照顾了这帮孩子。

虽然还没有看到父亲，但孩子们到这时为止终于结束了在战乱的中国艰苦的奔波，受到了很好的照顾。每个人都被分配了一匹好马，一路上都被安排和高级将领一起吃小灶，再加上当时战事已经进入尾声，路上几乎没有了危险。

到了石家庄时发现周扬已去了北平，孩子们又马不停蹄地去了北平。终于在 1949 年的春天在北平见到了当时担任华北局宣传部部长的周扬。对艾若来说，历时数年，几乎走遍了中国地寻找父亲，把弟弟们带到父亲身边的艰难任务终于完成。

艾若的两个弟弟已经十三年没有见到父亲了，最小的、当时十三岁的约瑟还是第一次见到父亲。周扬见到三个儿子后的第一句话就是：我对不起你们的母亲。第二句话就是介绍苏夫人给他们认识，交代说，可以叫妈妈，也可以叫同志。

少年艾若当年没有在延安留下来对他以后的人生有不小的影响，他参加革命的资格不能从延安时代算起，所有的待遇都不一样。但他们三兄弟一辈子关系亲密叫人羡慕，艾若永远扮演长兄如父的角色，对待已经是老年的弟弟们也关怀备至，连穿什么衣服也要管。两个弟弟对兄长也尊敬得很，哥哥在座时连话都不大说，一切都是哥哥说了算。

2

上面这篇复杂的流水账就是艾若的少年寻亲记，我小时候听家里的长辈说时就留下了很深的印象，想一个孤苦的少年在战乱的中国走南闯北地寻找父亲，让我有种很悲凉的感觉，所以也就一直记住了。

去年夏天我就完成了这本书，这一段是我根据记忆写的，一直想找机会和艾若伯伯谈一谈，又有点害怕。写这本书时经常和我父亲谈，谈着谈着有时还让他哭起来。艾若伯伯的这段经历我听着都觉得悲凉，让此时已经八十多岁的他再去回想也许不怎么妥当。

去年秋天我回到益阳参加祖父诞辰一百周年的庆祝活动，艾若伯伯听到顾骧叔叔说我在写有关祖父的回忆文章，马上就来了电话，知道我希望和他谈一谈有关他的部分，又只能在长沙待三天的消息了。他竟然第二天就从北京飞到了长沙，让我们有了两天的长谈。

我当然把握机会把万里寻亲的故事问得清楚明白。谈着谈着，艾若伯伯突然说：“仰之啊，你真的是个怪人，我佩服得五体投地，我这段经历还真的是没有人问起过，我自己也是写文章的人都没有写，倒是你要把它写下来。”这话真叫人吃惊，难道周扬一次也没有询问过儿子找他的过程吗？

我总觉得艾若这一路上历尽艰辛找父亲，一定酸甜苦辣、百感交集，便一再地问艾若伯伯当时的感受，他说：“当时并没有多想，只知道要找到父亲，把两个弟弟交到父亲身边。”看来高大的艾若伯伯虽然是个文人，但也是个不多愁善感、超有行动力的强者。

顺便说一下，艾若伯伯曾经是黑龙江大学中文系的系主任，后来是鲁迅文学院的教务长，桃李满天下，自己是作家，学生中也有很多名作家。他的故事竟然是由我写下来真叫人得意，写得好不好那就是另一回事了。而且艾若伯伯也和我父亲一样，知无不言言无不尽，就算是比较尖锐的问题也不回避，让人敬佩。

3

虽然只过了几十年，如今的情况大不相同了，我周围的亲戚朋友包括我们都是把养育儿女当作人生大事来经营的，十二分地投入，照顾子女无微不至，对子女的事看得比什么都重要。这是好事还是坏事要由后人来评说，大家已经习以为常了倒是真的。如果我们和女儿之间发生什么寻亲记的话，那一定是我们心急火燎上天入地地找她，而她和朋友玩得开心根本就忘记了把手机打开。

对我女儿来说这与生俱来的父母之爱就像阳光雨露一样自然，从来没有看到过缺乏这种爱的人生，连一点点的不足都让她受不了。

记得她七八岁的时候，为了让她能够把中文保住，我们常带她看中文的电视剧。那时看了一部台湾的电视连续剧，是台湾艺人白冰冰的传记片。白出身贫苦，家里孩子多，生活困难，有一次家里来了客人，杀了一只鸡请客人吃饭。菜做好后大人们陪着客人吃饭，小孩子们都躲在门口看，一心只想着能剩下点什么给他们吃，看到大人吃了鸡腿再吃鸡胸，孩子们议论纷纷，急得不得了，于是心疼他们的父亲就偷偷递出一块鸡来。

我正在看电视里为几块鸡闹得不可开交的场面，不曾想坐在旁边的七岁女儿已经哭得稀里哗啦了，边哭边喊道："怎么能这样呢？好东西不是要让孩子先吃吗？怎么是大人吃剩了的才让孩子吃呢？还要在旁边看着，多可怜啊！"哭完了很久还是伤心，坚决不肯再看那部戏了，我们只好重复看一天到晚让大人头痛的小燕子。

没有受过苦也不愿意看到人受苦的女儿的中文程度和文盲差不多，能说能听，不能读写，她现在看不懂这本书。等到她有一天中文程度好了，能读这本书的时候，还会像小时候那样哭吗？如果她的哭点和小时候一样低的话，那她真是要泪流成河了。又或者她还是会像七岁时一样，干脆拒绝看，拒绝相信曾经发生过这样的事情呢？

第三十五章
暴风骤雨

1

三方军调部虽然工作很努力，但调解还是失败，内战终于打起来了。立波在军调处的工作也随之结束，1946 年的 8 月，他被调到当时冀热辽区的《民生报》当副社长，继续他编报的生涯。

内战是从东北打起来的，国共两党都把自己的精锐部队派到了辽阔的东北大地，在那里狠狠地打了几场大仗。东北战事结束以后，其实大局就定下来了。老革命们有句笑话说，东北是一寸一寸打下来的，其余的地方是跑下来的。东北胜利以后，共产党的军队势如破竹追在屁股后面把国民党的军队赶遍了整个中国，一直赶到了小岛台湾后才停下来。

东北的战事是关键，开打之前其实谁胜谁负还难讲得很。国民党的军队装备不错，又是刚刚打败过日本人的胜利之师，将帅们信心很足。共产党方面能够赢得东北战事，除了将帅的谋略出神入化、登峰造极，对手的大意刻板之外，还赢在了民心士气。

艾若从北方回来以后就告诉路易这帮孩子说，封锁线靠国统区这一头是一片战时的混乱，士兵们多半是抓来的，哭的哭、逃的逃，军队上层贪污，下层缺粮少饷，怨气冲天。一到封锁线的那一头只见士兵们一个个身体高大健壮，脸色红润，衣着整洁，官兵之间、军民之间也相互尊重信任，互动良好。

他断言国民党是肯定要输的。当时路易在学校有一位信教的同学来自东北，也告诉过路易同样的话，连孩子都能看出高下来，可见两边的气氛真的很不一样。

东北的民心怎么能够一边倒地向着共产党？军队可以在短时间内整团整师地扩军，跟当时迅速又全面地开展土地改革有关。土改的问题非常复杂，是政治家、经济学专家应该研究的大问题，我只想把来龙去脉粗粗理一下，希望看到更多的大学问家深入研究，带给我们精辟的见解。

毛泽东是个对“均贫富” 这个中国传统政治理想情有独钟的政治家，二十年代大革命时期就在湖南实验过“打土豪，分田地” 的农民运动，虽然搞得轰轰烈烈，但打破了南方农村贫富之间的平衡，把他们的矛盾一下子激化到了你死我活的程度。而且打老鼠伤了玉瓶儿，引起了一大批出身富裕的北伐军官的不满，导致了国共之间的骤然翻脸。更不可思议的是共产党内部对这么大的翻脸之事没有任何预见性，完全地被动挨打，一败涂地。

这一次和国民党在东北开打后，毛泽东再一次想起了土地改革这一招，由于时间和地点的不同，这一次的土改带来了完全不一样的结果。东北这块地方和中原大地不一样，是刚刚被开垦的处女地，天气条件恶劣但土地肥沃。东北的原住民并不多，大家都是或早或晚从中原地区由于种种原因，为了种种目的，闯关东来的。还真有点像一代一代从各个国家移民到美洲来的人们。

移民的性格彪悍，做事有冲劲，思想没有束缚，东北被迅速地开发了，实际上比中原还要富裕些。但初期的移民世界没有王法，强者为王，为富不仁，做事没有底线。据说东北的地主好多是恶霸地主，明争暗抢，恶性兼并土地，家里大多都养有带枪的家丁。

尤其是东北刚被日本人统治多年，日本人做起殖民统治者来没半点公正平和，抓劳工、圈地什么的干了不少野蛮人才干得出的事。当时的穷人穷得叮当响，在富裕的南方人看来匪夷所思，立波的书里就写了个有名的赵光腚，全家只有一条裤子，夫妇俩轮流穿。被逼无奈躲到山上当土匪的不少，抢两条枪就能占山为王，时不时地四处抢东西，闹得四邻不安。走投无路又老实的就偷懒，干脆过一天算一天，听天由命，立波也写了个无可奈何的懒汉白玉山。东北虽然自然条件不错，但当时贫富极为不平衡，社会不安定，生产力低下。

共产党的军队进入东北后首先清除土匪，安定社会，受到老百姓的欢迎，有一出有名的戏叫《智取威虎山》就是说的那会儿的事。第二件事是土地改革，这一次的土改组织严密，规模大，行动迅速，效果也很惊人。1946年7月东北局发表了《关于土地问题的指示》，号召“不分文武，不分男女，不分资格，一切可能下乡的干部统统下乡去”。很快就组织了十万土改干部，立波也在当年10月到了今天黑龙江省尚志市的元宝屯当了土改工作队的成员。

2

好的社会需要两大条件，一是要稳定，所有权稳定才能让人有安居乐业的可能，资本才能积累和运作。二是要有活力，时时有合理地重新洗牌的机会，才能激发潜在的创造力，生产力才能创新高。这两者相辅相成又相生相克，还蛮难把握的。各个时代，各个国家的政治家和经济学家总是在这两大矛盾中左右摇摆，试图找到最好的平衡点。

比方美国宪法规定私有财产神圣不可侵犯，那就是说国家和组织不能以任何借口侵犯个人的私有财产。但真的完全是这样吗？如果富人经过几代人的优化积累形成了不可超越的富人阶层，穷人不管怎么努力都不能摆脱困境，社会生产力如何进步？我年轻时看过非常多的不入流的英国小说，不少都是写的一位英俊、聪明有胆识的男子，他人生最大的冒险就是找一个可能继承大笔遗产的无趣的老小姐，一旦把她娶到手就算是得到了终身饭票，一辈子培养优雅品位，花天酒地不用愁了。这社会一看就知道没有活力，上层不需要努力，下层也没有努力的动力。

美国这个地地道道的资本主义社会经过好多代的进化已经把均贫富理念融到血里边去了。比方我们这种新移民，刚来时两手空空，不但不需要交税，报税的话搞不好还能得到退税，对生活不无小补。没几年翻过身来，多赚了几个钱，税就涨了又涨，越交越多，养一个中等家庭还有余。所谓美国梦其实就是一代人翻身的奇迹所带来的自豪感，虽说是个人奋斗，也要社会给机会才行。

我虽然每年交税时都叫苦连天，但一旦接到政见调查电话问愿不愿多交一百块钱税支持教育什么的，又毫不犹豫地表示赞成，和大多数人一样，永远生活在理想和现实的矛盾中。我走过的大部分欧洲国家和加拿大都号称资本主义社会，但都比美国的税更高，社会福利更好，资本运作则没有美国活跃，经济发展也缓慢得多。每个国家的制度都各有利弊，并在不停地调整适应中，真应了我们做项目方案时常说的一句话，没有最好的方案，只有较好的方案。

再说阶级划分吧，我同事中很多出身富贵、受过良好教养之人，小时候跟着有钱的父母享过不少的福，如今和我们这帮说一口破英文的外来人站在同一条起跑线上，好多人还比不过我们这些有强烈翻身愿望、干劲十足的新移民，几年下来收入和生活品质此消彼长，有时候倒让我们超了前，双方还都没有觉得有什么不应该、不自然。

靠自己的努力加上制度的帮忙很快爬上中产阶级台阶的我们，孩子们受到的又是另一种不公平中找平衡的差别待遇。我女儿他们算是家境还好，父母受过高等教育的孩子，进好的学校比穷人家的孩子门槛高多了，不但学费要交得高，连录取成绩线也高了不少。从世世代代没有受过好教育家庭出来的有上进心的穷孩子，是大多由理想主义知识分子掌权的高等学府有教无类教育的重点照顾对象，有一个算一个能拔多高就拔多高。这样的结果是一代人就能改变阶级成分，很难有一成不变的阶级划分。

到了老年进老人院又是另一次的均贫富，大家接受的是同样的照顾，穷的老人每个月只需出几百块钱，有点钱的老人一个月要出好几千，大家痴痴呆呆在一起走过人生的最后阶段，真可谓众生平等，没什么好计较抱怨的。

3

说开了头就刹不住车，说完西方再说东方。中国共产党在 1949 年打败国民党得到中国社会的绝对统治权之后，在全国范围内实行土地改革与合作化，完全取消了私有制，由国家统一制定国民经济计划。虽然在基础建设上取得了不少的成绩，但以三十年难得的和平建设环境竟把经济和国民收入降到贫困线以下，不能不说是失败。当然这失败的责任不能光由当时的中国领导人负责，苏联和东欧所有的共产主义国家都有同样的问题，甚至更糟。从历史长河来看，应该是人类一种社会经济制度实践的失败，而且是代价非常高昂的实践。

那么是推翻这个制度另起炉灶，还是在制度里改革呢？中国目前选择了后者，认为既然资本主义可以加入社会主义的元素，那么社会主义加入资本主义元素也没有什么不可以的。这一改效果还真是惊人，被压抑了三十年的中国人追求富裕生活的愿望激发出了惊人生产力，灵活的政策和外部世界的天时地利，让中国快速地赶上了世界经济的发展潮流，甚至还有超越资本主义大国的可能性。

有得则有失，快速的经济发展又带来了社会资源分配不平衡、贫富悬殊加大等让社会不稳定的新问题。这些问题如何解决？反倒是台湾地区领导人有话要说，记得台湾亲民党领袖宋楚瑜在北大演讲时说：所谓台湾经验就是“均富”，只有“均富”才是正确的发展道路。曾经是国民党高官的宋在教导大陆精英什么叫“均富”，说的和听的还都没有觉得有什么不自然。想想五十年前国民党正是因为统治中国时让贫富过分悬殊，失去民心才被追求“均贫富”的共产党赶到台湾去的，真是世事难料，还蛮有意味的。（2007 年开始写作，2010 年出版这本书到现在，形势难起变化，当时看到的问题

在这几年加速变化，已经引起全社会的焦虑。作者 2014 年 8 月注）

要说台湾经验还真是有好有坏，很值得回顾。记得国民党刚刚撤到台湾省，被日本人统治了好多年的台湾人民很有点欢欣鼓舞迎接王师的心情，尤其是知荣辱的知识分子，哪怕是既得利益者对异族统治都很难服气。谁知共产党的手下败将全没有王师的气派，和在大陆时一样管理混乱，又短视地贪污腐化，还以自己为正统，排除异己，让台湾人尤其是知识分子失望之余，说出了还不如日本人统治这样的狠话。

当时国民党的信用危机处理方式和在大陆时一样地烂，无非是把一切和“共匪”挂钩，搞“宁愿错杀一千，不可放过一个”的白色恐怖。以通共的罪名把本土精英杀得人头滚滚，可怜那些受日式教育，只能用日文读写、用日文做深层思考的本土精英，他们和把国民党赶出大陆的共产党其实八杠子都打不着。

台湾人的精英养成风俗和我们老家也差不多，都是选择家庭中最优秀的子弟，集整个家庭以至整个家族的财力，力有不逮时可能还娶个有钱人家的小姐做媳妇，岳父家也帮忙才培养出来的。尤其那时只有日文才是官方语言，孩子要送到日本去受教育，成本更高。这样的精英集万千宠爱于一身，受家庭社会的期待也更高。精英本身的自负、骄傲也在所难免。国民党去了以后一下子把他们所受的教育全盘否定，让他们边缘化成了文盲，不能进管理层，抱怨的话就以通共的罪名灭了你，倒也简单。但杀一个伤的是整个家族，留下的怨恨就深了。

谁知报应来得也快，台湾“民主化”之初，很有些冤死者的遗孀参加竞选，她们什么也不要说，只要在台上流下悲情的眼泪，选票就滚滚而来，她们在议会像泼妇似的拳打脚踢照样有人支持。那天看到马英九代表国民党向“二二八”事件死难者家属道歉，我不由得想起了中国那句老话，那就是：父债子还。倒是蒋家的孙辈坦然地过着平民生活，不受黑白分明选举战的选举文化影响，对祖辈的成败得失客观平和，让人敬佩。

国民党在台之初政治处理失败，留下后患，但经济处理得宜，人民受益长久，宋楚瑜先生在北大宣讲台湾经验并非夸夸其谈。比方台湾的土地改革就是世界级的经济学家和有抱负、有能力的政治家联手做的一件漂亮事，进行时没有惹出大麻烦，也没有留下什么后患，比日本战后的土地改革还做得好。

说起来其实也简单，就是政府向民间买地，由于价格合理，本土地主并没有多少不满情绪。政府拿到土地后也没有修建楼馆会所，而是扎实地进行基本建设，为以后台湾的经济起飞做了准备。而买卖土地流入民间的资金又有很大一部分回到资本运作市场，发展了民营企业，同样刺激了经济发展。

反观 1946 年在东北进行的土地改革，只能算是战时的急就章。因为当时东北的具体境况，那次土改的效果非常惊人，立波以暴风骤雨形容一点也没有错。但正是因为东北土改的成功，失去了反思、检讨的可能性，以后更在全国范围内推广，对生产力的负面影响长久而深远。人人都说失败是成功之母，其实有时候成功也可能是失败之父呢。

第三十六章
文学事业的顶峰

1

东北的土改进行了三年，东北的战事也进行了三年，立波写的描写东北土改的三十二万字的长篇小说《暴风骤雨》也花了整整三年的时间，用的功夫非常之深。在这期间他的个人生活也发生了大变化。

先说个人生活方面，立波的前妻林兰被放出来之后也到了东北，本来就不算开朗的她现在形单影只，更忧郁了。他们共同的朋友看到，就再次撮合二人在一起。林兰方面并不计较立波的无情，愿意和前夫复婚，立波方面倒是有些踌躇。决定复婚前立波开了几个条件：一条是林不能再出任何政治问题；二是益阳还有两个儿子，林必须当自己的儿子对待。因为没有看到过原件，别的几条是什么就不得而知了。

林兰对这不平等复婚条件一一答应，签字存档，和立波复婚。立波一生和不少的女人有或深或浅的关系，但真正和他做过长久夫妻的也就是姚、林二位。除了都像前世欠了立波的由着他牵着鼻子走这点相像以外，姚、林二位的个性还真是大不相同。林兰平时唠叨霸道孤僻，但一旦立波发火就能马上软下来，非常能屈能伸。芷青平时勤劳忍让合群，但关键时刻又硬气得很，哪怕吃一辈子亏也没有向立波低过一次头。

写作方面是这样的，立波 1945 年 10 月参加土改工作队到黑龙江省元宝屯，半年之后调到哈尔滨市担任《松江农民报》的编辑。在哈尔滨期间立波花了五十几天写出了《暴》书上卷的初稿。1947 年 7 月他和美术家古元、太太林兰一起到松江省的周家岗一边观察那里的土改，一边在一张只有三条腿，第四条腿是用砖头码起来的桌子上改写《暴》书的上卷，古元则画了不少的插图。这一次的改写花了四个月的时间。

1947 年底到 1948 年上半年，他和林兰住在哈尔滨，他们所住的欧式的别墅里面，花草茂盛，环境优雅。林兰是一位体态修长、衣着有品位、面带忧郁的太太，在那段时间里留下了不少很有小资情调的相片。但立波和那环境好似并不协调，他一有空就去乡下参加土改，去过拉林和苇河的屯子，也去过呼兰县的长岭区收集《暴》书第二卷所需素材。立波的穿着像老农，背着土里土气的包袱，风尘仆仆地跑来跑去。他并没有融进漂亮欧化的哈尔滨生活，就像他早年没有被大上海同化一样，固执地保留着自己农民的气质，只偶尔和朋友在街上找点本地特产吃吃。

1948 年夏天，《暴》书第二卷的准备工作完成，当时在东北局工作的王首道将军把他在松花江太阳岛上休假用的一间环境优美的房子借给立波写书。7 月份，立波和林兰一起搬到太阳岛上，开始写《暴》书第二卷。立波每天早上和晚上写作，中午在松花江里游泳，写了四十多天，把第二卷的初稿写出来了。9 月份夫妇俩回到原来住的地方之后，立波开始修改，一直改到 1948 年的 12 月，第二卷才定稿。写作是个耗费心力的活儿，立波竭尽心力投入创作，身体强健的他也大病了一场。后来这还成了规律，每次完成一部长篇小说就要大病一场。

《暴风骤雨》一书的创作是工程浩大、严谨认真的工作过程，立波一共花了三年多的时间。别的创作者，比方画家古元也同时工作，还得到不少的外部支持，太太林兰的全心陪伴，哪怕是现在这种富裕的和平年代，也很难看到这么认真的创作者或创作团队了。何况立波正当三十八九岁的盛年，文学养成和人生经历都到了火候，企图心也旺盛，这许多有利的条件会合在一起，水到渠成，才创作出了他一生中最有才气，也最受欢迎的作品。

2

我虽然没学过文学，但是个书虫，每天都要看点书才舒服。书看得多了也有些心得，觉得写得快的作品，看起来流畅舒服，但很少愿意再回去重看的，而且还很难留下深刻的印象。只有才华横溢又非常认真的创作者才能紧紧地抓住我们的心灵，让我们一看再看，久久难忘。比方花了二十年时间写出来的《红楼梦》能让我们看一辈子；比方钱锺书写《围城》，据说每天只写五百字，精练隽永，让人隔一段时间就想再翻翻。

立波也是这样的作家，他的两部最重要的长篇小说，《暴风骤雨》花了三年的时间，《山乡巨变》更是花了六年之久。这两部长篇的文字精致讲究，情节铺排起伏有致，人物刻画生动。虽说写的是土改、合作化这样的题材，但写得非常诙谐有趣，引人入胜。

我家里有两个装电视片的柜子，一个装看完了的片子，一个装只看过一部分的片子。因为太多的电视剧有精彩的好开头，但中间部分就开始拖沓起来，我这没耐心的人就选择放弃了。我常常说，我看过不少的电视剧，但能让我从头看到尾的就不多了。好多书也是一样的，前面和后面好像不是一个人写的。立波的书就不会这样，从头到尾都写得非常认真，不会拿读者开玩笑的。

种瓜得瓜，种豆得豆，所以现在还有非常多的人记得这两本书，说得出书中人物的名字，记得起书中有趣的情节。《暴风骤雨》和《山乡巨变》两书发表到今天已经五六十年了，土改和合作化又都是那么有争议的社会改革实践，有这种效果真不是件容易的事呢。《暴风骤雨》比起《山乡巨变》更有激情、才气，也更受欢迎。

还有一件让人特别是东北人津津乐道的事，立波这个南方人写起东北的语言、风土人情是如此的地道，连东北籍的作家都很难超越。豪爽的东北人对这一点不但认同、佩服，而且久久难忘。比方元宝屯的人就一直很自豪做了小说的素材，如今他们日子过得好了，还修了个很有规模的《暴风骤雨》纪念馆，要记住把他们写下来的立波和他的书。

这事要分两头说，立波是个没有知识分子的傲慢、聪明、有理解力又温和的人，是一个非常好的谈话对象，可以让你在不知不觉间放开胸怀的人。我十三岁的时候，他就是知道我最多秘密的人，我把小女孩子的各种想法说给他听，从没有担心过他会批评笑话我。据说他在东北乡下时，农民一天到晚找他聊天，早上他还没有起床就有人来，站在他炕头就聊上了。

这样的秉性让立波很快地熟悉了东北和东北人，他的理解力还让他能够生动地把这一切再现出来。我不像祖父那样放得开，和人熟悉需要过程，只有三分像他那样喜欢聊天就已经让我受益无穷了。在聊天中学到不少东西，也解决很多难题，我做的项目有些就是聊天聊出来的呢。

再说东北人也和立波对盘，立波虽然是南方人，但不管是个头还是性格都和豪爽的北方人更接近，他自己也说新中国成立后要是不离开东北也许还更好。我跟东北人接触不多，但和韩国人共过事，效果也出奇地好，他们爱憎分明，喜欢你的时候肝胆相照不拐弯抹角，和我这粗不拉叽的女生很容易就能变成同舟共济的战友了，他们干活痛快有拼劲，这点也很对我的胃口。

3

1948年4月《暴风骤雨》上卷在哈尔滨出版，马上就受到了热烈的欢迎，这书不但生动好看，也很真实地反映了东北和东北土改的方方面面，当时好多土改工作队人手一册，把它当作了教材。

《暴》书叫好又叫座，一出版就受到文艺界的推崇，刚刚出版一个月东北文委就召开座谈会，讨论《暴》书的创作，此后对该书的讨论、研究、赞扬、批评以及批判不断，一直延续到今天。

1952年，《暴风骤雨》得到苏联斯大林文学奖三等奖，是中国三部得奖作品之一，另外两部作品是丁玲的《太阳照在桑干河上》和贺敬之、丁毅的《白毛女》。有人说《暴》书受《被开垦的处女地》影响，这当然难免，毕竟立波是《被》书的翻译者。小说家和公司总裁一样不能由学校培养，但一定有师承，对自己最有感觉的作家和作品就是老师，老师的来源越丰富多彩，学生越有可能形成个人风格。立波的文学背景又土又洋，写的书有明显的师承，也很有个人风格。

苏联方面对这种联想一点也不在意，反而因为立波小说中的人物结构和《被》书有三分近似而特别喜欢《暴》书，对立波也念念不忘，非常欣赏。"文革"中立波被关了好些年，很多次他生日时都有能听得懂俄文的人偷偷告诉我，苏联在举办活动纪念你爷爷周立波的生辰，他们是听广播知道的。对一个在本国倒霉的外国作家这么看重，真让人感动，这民族也肯定是个看重文化的民族。

《暴》在叫好方面的效果也非常惊人，第二版就印了十九次之多，号称是当时文学类书籍中印数最大的。最可贵的是读者对书的印象可以深刻到过了几十年都忘不了。去年我去南卡参加卡尔逊纪念活动，参加过抗美援朝并担任过联合国协会理事的江承宗大使知道我是立波的孙女之后，竟然向我鞠了一躬，说感谢我祖父立波写了那么好的小说，让我不安了好久。立波得了斯大林文学奖以后，拿奖金给志愿军官兵买了不少的文学读物，其中也包括《暴风骤雨》。

我祖父立波对他的两位太太不怎么好，对他的两个大儿子也有亏欠，但他对文学事业兢兢业业，呕心沥血，很对得起他的读者。最美妙的是他的读者也热烈地回报他，对他的文章都大声叫好，念念不忘。立波的一生因为狂热地热爱文学事业和读者对他文学创作的回应而有意义，而光彩，而辉煌，而留下印记。这不是一件容易的事，大家都说文学女神是很小气的，十个狂爱她的人她不见得会回报一个，立波就是那被文学女神看上的幸运儿中的一个。

4

《暴风骤雨》的优点也是它的缺点就是太过入世，带着百分之百的政治观点写东北土改，完全没有拉开距离。立波去世后的这些年，特别是到美国以后我也听到、读到不少对《暴》书的负面评价。周立波这个作者也因为他有鲜明的政治色彩而受到现代评论家的批评和忽略。

这事我想从书和作者两方面来说说我个人的想法：

从书的方面看，上一章我也谈到了东北土改的局限性也就是《暴》书的局限性，所以我对那些能讲清道理的负面评论也很听得进去。但对一些粗暴武断，没有认真研究历史就断然下结论的否定言辞就多少有些不以为然了。我是个工作、家庭两头忙的中年妇女，没有多少时间关心世界各地的政治经济，都能够看出《暴》书的不足之处。职业的文学家、批判家过了这么多年才能够看出土改的问题，《暴》书的局限性真的不算什么了不起的事，对它的批评还多少和我一样有马后炮，站着说话不腰痛之嫌。

就文学成就而言，《暴》书比张爱玲所写的《秧歌》可读性和可信度都高很多，写得也认真得多。虽然拿一个作家写得最好的一本书和一个作家写得最差的一本书相比对张小姐有点不公平，但这要算张小姐的运气不好，写土改的书实在不多，也只好拿她的书出来作比较了，虽然这两本书的观点是完全对立的。

就作家而言干脆也以张爱玲来作比较吧。我也算是个张爱玲迷，认为她对当时社会、人性的深刻了解，对中国文字的精妙运用，她特殊迷人的表述方式带给人不可言喻的阅读快感等，都说明她是个不世出的文学天才。也对她果断地抛弃东方式的虚伪、毫不掩饰自己西方式的现实、对自身利益的保护非常欣赏，认为她够勇敢，就算是今天的海归都做不到，她在三十年代的上海就做到了。

但张小姐叫人难佩服的地方也非常明显：第一，她看男人的眼光就差到家了，和大汉奸相恋不算，那大汉奸还对她不忠，不忠之外还利用她，算是千挑万选挑了个男人的极差品。这当然是张小姐的私事，她自家吃亏外，别人没有损失，还可以从中得些经验教训，也不影响张小姐成为一个了不起的文学家。第二是她对民族大义也虚伪得可以，不抗战也就算了，还非要趁着大部分文人拒绝出书、文坛空虚之际名利双收，很有点发国难财的意思。发国难财也就算了，她小姐还高调地炫耀，这就失了做人的大义了。

让文学承担大义是太高的要求，失去做人的大义的作家也能够写出很多让人有阅读快感的好作品成为大作家，但这些作家是承担不起伟大作家这个词的。

说张爱玲是她那个年代不可多得的大作家这没错，但如今说得好像那年头只有张小姐一个作家似的，像周立波似的热血青年不值一提，像廖沫沙夫人那样的烈女湮没在历史的长河里无声无息，这便多少有点让人担心，这种瓜得瓜、种豆得豆的结果，如果万一再有那样的国难，谁还会来和你共存亡、共患难呢？谁还会傻到和周立波、周扬他们那样放弃一切，自己跑到抗日的第一线去呢？

最后说到作品和作家是否要带有鲜明的政治色彩的问题。伟大的作品是否应该是那些拥有超越政治、超越国界的人文关怀的作品？伟大的作家是否应该是那些有成为社会良心的自觉和担待的作家？这些话在中国很长的年代里是想一想、讲一讲都要惹大麻烦的。

如今的时代比立波的时代进步了不少，思考的余地要大得多。比方我在美国大公司工作，说老实话其实也没有什么民主可言，政治斗争也见得不少。也时不时地困惑，不选边站吧，没有人罩，只好多干活少拿钱；选边站吧，站错了又可能受牵连，下次裁员搞不好就要打包走人。但大家毕竟都还输得起，十天到半年之后找到新工作就又是一番新天地。不像几十年前的中国，黑白分明以命来搏，虽然英雄们都说脑袋掉了碗大的疤，二十年后又是一条好汉，但毕竟只有人说过，没有人见过，作不得准，作得准的是脑袋掉了就不能思想了。

在这个和平富裕，可以自由地旅行观察、读书思考的贤明时代里，我期待着冷静平和、闪烁着智慧光芒的思想大作的出现。

第三十七章
换了人间

1

1948、1949年对中国人来说是非常重要的两年，中国在这段时间里换了人间，从国民党的统治换成了共产党的天下。说这两年的故事我想从下面这张相片说起。

路易是没有父亲的儿子，但并没有影响他成为时尚青年，那年头时尚青年的装配包括自来水笔和手表。路易的同学中有人有了手表之后，路易也向往，就向有办法的同学订了一只，如富家子弟般很有派头地告诉人家去某某地址找我妈妈收钱。这种先斩后奏的方式在芷青处竟然行得通，该同学真的收到了钱，路易也过上了戴手表的瘾，至于芷青是怎么凑到这笔额外开销的就不得而知了。

路易戴上手表后欢喜不尽，决定拍照留念，就约了一位有手表的时尚同学，带上弟弟雅可拍了下面这张相片，三个男孩子看上去都很轻松愉快，看来山雨欲来的社会动荡对他们没有什么影响。据说路易戴着手表过了几天瘾之后又想起了妈妈的钱来之不易，就把手表退了，但钱有没有还给妈妈就不得而知了。据我推测钱没有还，恐怕又用到别的时髦物件上去了。

在我家故居的抽屉里发现过一叠征订单，才知我的父亲大人当时又迷上了办刊物。他自任主编出版过一个刊物，名叫《小朋友半月刊》，石印出来后，由他的堂兄担任发行人，结果订户很少。由于经费不继，到第二期就停刊了。他那退手表的钱，多半又花到那里面去了。我的父亲大人曾经是个轻狂少年呢。

时尚青年并不只路易一人，周扬家的三位公子处境艰难也并没有失去爱美之心。话说周扬家的二儿子迈克是路易的小学同学，二人在同一时间小学毕业。路易在五福中学读高中的一天，突然遇见了迈克，只见他穿着时髦的衣服，腰间还系着美国产的塑料皮带，这益阳看不到的稀罕物让路易大开眼界，久久难忘。同时路易惊讶地发现和他同年应该同级的迈克竟然还只是初中生，比他低了二三级，这事也得好好问一问。

两位少年长长地散了一次步，交流情况。原来迈克三兄弟失去父母的关爱后已经失学多年，直到这次他们跟着大哥去了一趟上海带回来一笔钱才可以复学，当然他们也没有忘了带回来一些上海的时髦物件，真是可爱又可怜的少年。在这次避开人群的长长的散步中，迈克神秘地告诉路易说：你的爸爸和我的爸爸并不是去了泰国，是在那边。路易也知道那边的意思就是延安的共产党区，这让少年路易悠然神往。

同样的话从别的途径传到芷青耳朵里就不怎么妙了，还隐隐透着杀气。芷青的女友中有人和国民党政府中人关系深，听人议论说：姚芷青说她的丈夫去了泰国，这是骗人的鬼话，她丈夫是在那边，是共产党。芷青听了这话不免心惊，从此她比以前更加谨言慎行，步步留心了。

2

芷青的担心并不多余，那是个没有王法、草菅人命的乱世。

国民党军队在东北战场失误也不是没有检讨，也知道东北土改是得民心的关键，就在中国南方搞了个二五减租。南方的地主原来是收三七租，就是说收一百担谷的话，佃农要交七十担给地主，收得很重，佃农苦得很。国民党政府推出的二五减租就是五五分，地主佃农各一半，这是平和社会

路易的同学、路易和雅可。请看两位大男孩手上刻意突出的手表。

矛盾的好事，但来得有点太晚了。人说兵败如山倒，东北战场失败之后的国民党对共产党军队的攻势完全没有招架之力，手忙脚乱之余这二五减租的事就干得连虎头都谈不上，完全没有配套的计划安排，只喊了几句空口号而已。

其实佃农还是很欢迎这办法的，清溪村口住的一个邓姓农民就很积极地响应政府，串联其他佃农，准备和地主谈判二五减租的具体方案。短视的地主们并不知道这是国民党政府挽救败局的最后机会，很不高兴平白少了百分之二十的租，也没把想和他们谈判的农民当人看，就雇了杀手去暗杀挑头的邓姓农民。地主们如果知道一年半载后他们将失去全部的土地，甚至生命，他们的子孙长达三十年在社会上没有立足之地，还会这样无所不用其极地不肯让利，不给他人留余地、留生路吗？

地主们雇的杀手水平马马虎虎，想用刀子穿过不怎么结实的房子刺杀正在睡觉的邓姓农民，可是精壮的邓姓农民并没有乖乖地贴着墙壁睡觉，动也不动地由着人刺，所以没有被刺死，计划一就算是失败了。接着地主来了个计划二，由某个部门派出一支行刑队伍直接去枪杀邓姓农民。这几个人到了邓姓农民家，把他招呼出来，出门没走几步路就直接用枪把他毙了，完全没有费事进行审理、判决什么的。

枪声突然响起惊动了一个人，他是县大队的队长或队副何金彪，益阳本地人，这天正和几个部下在清溪村的亲戚家喝酒，听到枪声，带着部下出来看究竟。见到了这队人和邓姓农民的尸体，就问怎么回事，他们说邓姓农民如此这般搞农民运动，通共产党，所以枪毙了。此外，他们还有别的任务，下一个枪杀对象是清溪村的姚芷青，因为她是共产党的老婆，自己也有嫌疑，也在枪毙名单上。

县大队长或队副是姚家的远亲，一听这话大吃一惊，拍枪大骂道，这地面由我所管辖，如何可以不通过我县大队就随便杀人，如果还想进村，我和我的手下就不会客气了，等等。这帮人就这么被骂走了，并没有再来，下命令者看来也不怎么硬，可怜邓姓农民莫名其妙送了一条命，芷青险险乎逃过了一劫。

周小姑的丈夫雷姑爷本来身体就不好，多年惊险的地下工作带来的身心劳累更拖垮了他的身体。新中国成立前夕国民党政府天天抓人杀人，波及好多熟悉的人，雷姑爷心理负担一重，病情加剧就过世了，没有能够等到解放的那一天，可惜。

3

1949 年的 8 月 3 号，益阳和平解放了，那天大部分的人都围在路边看解放军大队过路。突然队伍中走出两个人来，那二人带着一张做工朴实的木匾到了姚家湾，打听张炳南的家，找到之后，就把那块写着“革命烈士”的匾挂到了张家门口。张炳南是芷青的舅舅，1927 年大革命失败后就失了踪影，这时才知道他是去了井冈山，长征路上牺牲了。

过了几天又来了报信的，这一回报的是喜信，说周家老三绍仪即周立波参加了革命，是个有名的作家，现在还在东北，不久将回到家乡。报信的人来头不小，还带着警卫员，正是当时的中共益阳地委办公室主任万达。万达后来一直在湖南工作，并担任湖南省委书记多年，这是后话。

万达和其他共产党干部把路易当成自己的孩子看，对他关怀备至，认为他应该完成高中学业后再继续深造，成为红色专家。无奈路易一心想要追寻父亲的足迹，早日参加革命，等不得完成高中学业了。他不但自己要去，还串联了一帮堂弟、表弟、朋友一起去。磨来磨去的结果是由益阳县委开出介绍信，安排路费，送这帮半大的孩子去长沙考革命大学。

同行的有林家的子弟林凡，有名的工笔画画家，以及周二的儿子，周小姑的儿子等。

周小姑的儿子雷表弟当时只有十六岁，身材矮小，还是个初中生，嫩

新中国成立初期的母子三人，可惜这样愉快亲切的时光很快就消失了。

得很。革大考试口试的时候，考官问他：你是来干什么的？他答不上来，就跑向等在门边的表哥路易问道：觉哥哥，我是来干什么的？路易答：为人民服务。他跑回考官处学舌道：为人民服务。考官看到这一切，忍不住捂着嘴笑，并在他的报名表上做了记号。

雷表弟的单纯可爱让主考官喜欢，把他分到了省委机要处，几十年工作顺利少波折。只是每年过年拜年时表哥都会把“为人民服务”的笑话重复一遍，也够心烦的，好在他脾气好，每次都一笑了之。

满嘴革命道理的路易当然考进了革命大学，并且把名字改成了周健明，几个月的革大短训班毕业后被分配到湘西去剿匪。我的父亲大人对他高中肄业的学历倒是后悔了一辈子，不过为学历遗憾好像是周家的传统，还好这学历并没有影响他进了大学当讲师，自己教得兴高采烈外还桃李满湖南，走到哪里都有他的学生，也该知足了。

第三十八章
苏联之行

1

1949 年 10 月中华人民共和国成立后不久，苏联和中国决定合拍《解放了的中国》和《中国人民的胜利》两部纪录片。电影的编导是得过几次斯大林奖的有名编导格拉西莫夫，立波和刘白羽是这两部片子的中方文学顾问。片子拍了一年多，走过了中国共产党历史上所有重要事件的发生地，包括上海、湖南韶山、井冈山、瑞金和延安。1950 年的 6 月，立波随摄制组到了苏联，在那里待了三个月，完成影片的后期工作。

值得一提的有两件事。一件是摄制组在上海时因为立波在提篮桥西牢关过，格拉西莫夫觉得有第一手材料很重要，对那里作了拍摄和介绍。一件是立波已经到了湖南但没有回家，也没有通知多年没有见面的家人去见他。这和他总是把工作放到第一位有关系，恐怕也和他不知如何处理芷青和两个儿子的问题有关系。

两部纪录片 1951 年得了斯大林文艺奖一等奖,立波将所得奖金一千五百万元（旧币）全部捐献出来，买飞机支援当时正在进行的抗美援朝。据说奖金送来的时候体积惊人，堆满了一桌子，立波绕桌而行，愁道：“这可如何办才好？”是文艺界长久留传的有名笑话之一。

前面说过了 1952 年立波又因《暴风骤雨》一书得了斯大林文学奖三等奖，

奖金二万五千卢布全部捐给志愿军买书报。这两笔奖金折合成今天的钱到底值多少其实没有意义，这些钱和立波大部分的稿费、工资一样很快就捐出去了。立波常常说他不在乎金钱名位，只想写作，还真的不是什么沽名钓誉之言，他一辈子对钱财确实没有什么感觉。不过立波作为一个中国人连续两年得到斯大林奖金，应该是非常罕见的，他的文学作品不光是感染了中国人也打动了苏联文艺界。

立波在苏联期间见了苏联文艺界不少的重量级作家，参观了很多地方，回国后写了十几篇文章。加上 1953 年 3 月他代表文艺界参加中国党政代表团去莫斯科吊唁斯大林回国后写的文章，一共十四篇结成题为《苏联札记》的散文集在 1953 年 4 月出版。

2

立波在苏联时参观了他曾在延安细心研究、分析讲解过的俄罗斯大作

立波参加《解放了的中国》拍摄时，重返延安。

立波在苏联进行《解放了的中国》后期文字编辑

家托尔斯泰的故居，对托婚后在夫人的帮助下十五年没有出门，六十年静心写作，创造了“俄国生活一幅无比的图画”羡慕不已。立波自己也爱在屋里待着，轻易不出门，也留下了三百多万字的文学作品。立波十四篇《苏联札记》中就包括一篇写托尔斯泰故居游记的散文，题名《托尔斯泰的故乡》。文章写得很美，让读者对托老的家和他的写作生涯很有亲切感。

说到由作家的家居来读懂一个作家的故居游记，我父亲也写得好。话说我的父母 1995 年到我在芝加哥的家中住了些日子，我带他们参观了位于芝加哥郊区的海明威的故居，父亲回到中国后写了一篇题名《迷惘者的足迹——访海明威故居》的游记。这文章角度、内容、文字都好，我非常喜欢。而且看起来和我有同感的人还不少，这文章听说已经被收到大学中文系的选读教材里了。

等我们搬到加州后，又接父母来玩，带他们去在旧金山附近的杰克·伦敦的故居访问，父亲看了大受感动，宣称要再写一篇游记。这游记一写就写了好几年，据说是因为有些资料还不全。过了几年他们再来美国，我们又开了上百里的车带他们再访杰克·伦敦的故居，为父亲的文章查证资料。

记得我们第一次游是2002年，第二次游是2005年，如今是2008年了，父亲大人的杰克·伦敦故居游记居然还没有写出来，虽说是好文章不怕磨，这也磨太久了吧，让我这导游兼翻译等得都不耐烦了。

今年8月我要去美国南部，很想找一天时间去到马克·吐温在密西西比河边上的故居看看。不过讲到写游记，我还是更愿意写雄心万丈、命运奇特的男子汉杰克·伦敦，这比写非常了解小男孩心理、诙谐的马克·吐温更有意思、更刺激，也更让我有写作的冲动。

慢点，慢点，说老爸的游记怎么说着说着变成我的写作冲动了？难不成我真的等得不耐烦了，想亲自下海写杰克·伦敦故居的游记？写作冲动说来就来，越想越兴奋，连如何开篇布局都有点成形了。好吧，明天就去逼老爸看看，说不定这么一逼，我那一级作家老爸准备了六年的游记就写出来了。他若不写，我就来写，写得好不好难说，起码写得快，肯定不需要六年的时间，六个月应该差不多了。

3

立波延至1950年10月才回到家乡，省长亲自去火车站迎接，场面盛大。分别多年后的立波和芷青重逢，两人都很伤感，还把路易从常德召回家来团聚。立波在儿子面前一副爱恋妻子的样子，芷青虽然知道立波在延安另组家庭，但态度温和，没有要闹事的意思。

林兰和芷青见面之前很紧张，见到芷青非常客气，开口就叫姐姐。立波刻意把林兰从老家的后门带进家里，据说按照旧习俗只有大太太才能从正面进家门。这事立波特意告诉路易，有点表明态度的意思。芷青对林兰也很客气，还提出林兰的工作忙，可以把小孩留在湖南，由她照料。三个人隐隐然有点要共存的意思，但立波也没有明确的交代，对芷青和两个儿子今后的生活也没有作出什么安排。

芷青多年相依为命的婆婆刘姓太太和周大姑、周小姑在这件事上也态度暧昧。大、小姑马上就亲热地叫林夫人三嫂。立波接刘姓太太去北京养老，周大姑以送老太太的名义去了北京，从此伴着三哥住下，以林夫人代言人的身份对家乡的亲友发号施令。

比方路易见过父亲后感到亲切，很想去北京学习和工作，这样可以多多地接近父亲。他不忘自己孩子王的职位，呼朋唤友聚集了好几个少年，准备一起去北京，已经上船去了长沙了，由周小姑紧急派人送来周大姑的信，让路易不要去，说是会影响到立波的声誉。

这事据说是林夫人的意思。少女林兰在延安时天真没有政治头脑，后来的政治敏锐性也不怎么样，只是因为年轻时吃过大亏，一味地谨小慎微罢了。但她在复杂的大家庭中倒是很有政治手腕，该屈的时候屈，该伸的时候伸。这时候她已经知道芷青不是个厉害人，又搞定了婆婆和大姑、小姑，当然可以有她自己的意志了，这调皮有主意的大儿子是无论如何不能带在身边的。

周路易在革大时期的相片

林兰自己出身于大家庭，她是大房独女，她的父亲据说小老婆不少，她母亲厉害有办法，据说小老婆们在她面前连坐都不能坐，很有控制力。所以玩家庭政治对林兰来说驾轻就熟，没有困难。芷青虽然能干有胆量，但为人厚道，加上娘家、婆家都是平民，家庭关系简单亲切，没有玩家庭政治的经验，根本就不是林兰的对手，吃了哑巴亏都说不出来，她自己甚至感觉不出来别人的手段，只为自己的命不好而时时苦闷。

立波回到家乡去见了岳父姚外公，提出来要给姚外公一笔钱。姚外公很实在地告诉女婿分了田和房子，生活很好，不需要帮助。立波就捐了一笔钱在姚家湾附近的峰树山种树，要把那里变成花果山。

周雅可后来在苏联留学时的照片

立波年轻时不顾家，年纪大了之后个性大变，对家人和家乡唯恐照顾不力。当时他是文艺一级，工资三百多元，和当时国务院副总理的工资差不多，算相当高了。据说他单位的会计手上有一张名单，每月开工资照名单上这个十几元，那个几十元像发工资一样地寄出去，一发就是几十年，立波自己是看不到工资的。这张名单上似乎都是周家亲友，姚家好像没有人在上面。

对姚家亲友在他们母子困难时候的鼎力相助，芷青当然忘不了。路易工作后很长时间都从每个月八十元的工资中寄二十元给姚外公，芷青后来也一直省吃俭用地照顾姚家需要帮助的亲友。但她的能力真的很有限，能够照顾到的就不多了，这都是后话。

4

路易革大毕业后坚决要求去湘西剿匪，车队走到常德他却得了急性肠胃炎，剿匪部队把他送到医院，并留下两个队员照顾就开走了，这支队伍中的不少人后来死在了湘西的大山里。

父子相逢在北京

路易的病拖了好久都没有好，三个人就滞留在常德了，后来便在常德分配了工作。经过一场大病，路易的身体更弱，他的上级就给他开了一封介绍信让他到北京父亲处休养。

路易回到益阳准备行装，他决定带着十五岁的弟弟雅可一起走。雅可个子小，当时是高中一年级的学生，跟着芷青在益阳过生活。芷青对路易的决定没有提出反对的意见，但表现很反常，一向脾气好的她那几天摔碗摔碟地很发了几场脾气。

雅可方面反应也很大，从来没有离开过妈妈的他哭哭啼啼就是不愿意走。到了火车站看到哥哥给他买的是半票就借故大发脾气，耍赖道："我是一个大人，为什么只能用半票？"就是不肯上车。铁了心要把他带到爸爸身边的十八岁的哥哥咬咬牙给他买了一张全票，终于把弟弟带到了北京。

两兄弟到了北京，十五岁的雅可很快就被送到位于北京郊区的101干部子弟学校念书，跑出来迎接他们的班长正是周扬的二儿子、他们的好朋友周迈克，这让路易很放心，觉得小弟弟恋家、恋母的思乡病不会那么难办了。更让人放心的是学校的校长正是周扬，而周扬的太太苏灵扬当时则担任干部子弟学校女校的校长，两夫妇都承担教书育人的重担。

雅可性格安静寡言，和继母的关系不错。他高中毕业后和101干部子弟学校里的大部分同学一样去苏联留学，学习工程技术，回国后一直担任技术工作。路易在北京休息过一段时间后就回到湖南继续工作了。

晚年老爸常常得意扬扬地宣称他如何英明果断，改变了弟弟的命运，偶尔他也会觉得自己把小弟弟强行从妈妈怀里带走有些对不起芷青。我也觉得虽然前途很重要，但那么小的孩子就离开了妈妈，对母子二人都是很难过的事情。

第三十九章
重逢不是团圆

1

雅可离开益阳的时候芷青才四十一岁，正当盛年。以前的日子虽然丈夫不在，但围绕在她身边、依靠她生活的人不少，日子艰难但热闹。如今两个儿子都离家，婆婆也去了北京。周大姑、周小姑一个去了北京，一个去了长沙，只留下她一人在益阳。虽然她的责任不在了，轻松了不少，但也进入了真正的、彻底的空巢期，心里的空虚孤独感可想而知。

芷青还真的是那个时代的新女性，并不那么容易被打败，她给自己找的新的人生方向是出去工作，毕竟她一直都是职业妇女，也一直是地下党员，能力和资历都够。芷青托立波为她找一份工作，被立波拒绝了，理由每一次都一样，就是怕影响不好。

最后还是芷青的入党介绍人韩淑仪为她在湖南中级人民法院找了一份书记员的工作。韩淑仪当时担任长沙市妇女联合会的副主任，可惜不久后她在去北京开会时得急病开刀，不幸死在了手术台上。如果她没有过早地去世，芷青的职业生涯应该会走得顺利些，可以得到她不少的指点帮助，也许就不会在后来过早地离开职场了。

努力的芷青一边工作一边学习，不久取得了初中学历，被升为中级人民法院婚姻庭的审判员，人称姚法官。做法官要出去调查办案，芷青很快就学会了骑自行车，在长沙的大街小巷里穿行。做法官要参加验伤、验尸，芷青一开始呕吐恶心，但还是坚持下来了，成了小有名气的法官。

下了班之后芷青学会了打牌，也喜欢上了看电影，还开始写日记了。她的朋友很多都是终身不嫁的职业妇女，她们在一起共同语言一定不少。芷青再一次在没有路中找出一条路来，把自己的人生带到了一个新的平台。

2

“文革”初期我刚刚会认字，特别喜欢找东西看。那时没有什么书报可读可看，就把祖母当初办案的审判记录、判决书什么的翻出来看。似懂非懂地看了不少的案例后，有一天我找到祖母问开了。我那时最喜欢拖着大人讲故事，芷青的事情多，一般都会言简意明地说一段就走。那天对我的这个问题，她倒是放下手中的活很认真地回答了，没有因为我只有七八岁而敷衍，可见这问题问到了关键。

我的问题是：你是依据什么判断谁对谁错？该罚谁、关谁，该保护谁的？我读案例也读出了点心得，婚姻法只是一个大的框架，夫妻间的矛盾总是公说公有理，婆说婆有理，很难判定，是很考验法官的智慧的。

姚法官的回答是：第一是可能的情况下尽量照顾女方的利益，因为照顾了女方就是照顾了孩子，不顾孩子的妈妈比不顾孩子的爸爸要少得多。第二是重罚轻判，为女方出气之外，尽量劝和不劝离。

实在的芷青也不是完全没有算计，她说的第三条是对于法官而言重女轻男比较不得罪人。因为闹起来的时候男方喊打喊杀、气势汹汹，时过境迁回过味来，大多又会感谢法官帮他保全了家庭孩子。而那个时代的女子在事情闹大之前多半都忍了很久，法院再不帮她的话这怨气就积得深了，也许一辈子也化不开。

我小的时候祖母喜欢带我出去采买、走人家什么的，常常有大男人过

那时的立波和林兰，中间是我妈妈（她那时还是个大学生，正在和我爸爸恋爱），那个顽皮的小女孩是我的姑姑百穗，林奶奶看她的眼光充满了慈爱。比较那时的芷青和林兰，觉得芷青当时很有社会性，而林兰更专注于家庭，这是她们二人审时度势后的明智选择。可惜的是命运并没有让她们如愿。

来恭敬地叫姚法官，还尽量地照顾我们给我们些方便，比方卖肉的多切瘦肉、少切肥肉之类的。这些人都是芷青当年罚过、关过的凶悍丈夫，果然都变成了好丈夫，还都很感谢姚法官的保全之德。

这让我懂得了什么叫作“世事洞明皆学问，人情练达即文章”，没有读过多少书的芷青，依靠她对那个时代人情世故的深刻了解，把姚法官这个角色扮演得非常出色。她也因为自己的不幸而更能理解他人，特别是女人的不幸，而更具有悲天悯人的情怀。

姚法官头脑清晰、有决断，为不少的家庭解决了复杂的婚姻问题。但一碰到自己的婚姻问题就不那么有决断了，真所谓“当局者迷”。

芷青（下左）和她在法院的同事们，上面相片上写着“我们在婚姻庭”—— 中国传统社会长达数千年的对女性的打压将在她们这一代终结，中国第一部以保护妇女儿童为主旨的新婚姻法将由她们来诠释、执行，叫人怎么能不满怀豪情？

再来一张小百穗和我妈妈的相片，我姑姑小百穗没有能够长大成人，很可惜地早夭了。这么活泼可爱的孩子过早地离开自己，哪一个做妈妈的受得了？林奶奶作为母亲的悲剧真让人同情。

3

过了一阵子，林兰沉不住气了，闹着要立波和芷青离婚。立波被逼不过，开始和芷青谈离婚之事。好脾气的芷青这时候发了火，无论如何不肯离婚。她工作的单位领导找她谈，她把立波当年写给她的信拿出来，证明丈夫到了延安后还给她写过情深意长的信，在信中夸她如何能干、贤惠，把两个儿子和父母重重地托付给她。

芷青把丈夫的托付牢牢地记在心上，经历了战乱，经历了迫害，万般为难辛苦都没有让老人孩子受什么委屈，她对丈夫在延安的婚姻也表示理解，认为丈夫无论如何也会给她一个合理的交代。如今合理的交代没有，一开口就是要离婚，分明是过河拆桥，叫她如何咽得下这口气？

芷青这一倔，立波和单位领导拿她也没有办法，离婚的事也就不了了之了。芷青没有离婚，也没有向富裕的丈夫要什么经济补偿，倒是断了自己开展新生活的路。婚虽然没有离，但这婚姻既没有名义也没有实质，芷青算是被黑掉了。

谁都能看出来我对芷青偏心，舍不得开她半句玩笑，更别说对她的任何决定、行为说三道四了。但这次真忍不住了，想对芷青进言几句，这样的决定很是不妥，咱们都独立自主这么多年了，最为难的时候也是靠自己过来的，有什么离不开，舍不下的？放过了立波、林兰也是解放了自己。再说了，立波也从来没有尽过当丈夫的责任，有或没有都没什么区别。

我其实还有建言，芷青当时很可以争取一笔大大的赡养费，这是她含辛茹苦许多年应该得的，也是当时立波和林兰有能力也准备给的。拿了那笔钱后用于个人可以改善生活，报答恩人，见世面看世界，甚至再组家庭。用于公益可以投入芷青熟悉的女子教育事业，或照顾弱势群体，像孤儿什么的。立波当年捐了数不清的金钱出去，得益之人至今怀念他。试想这些钱如果一部分是以芷青的名义捐出去的，岂不是更美？

如果前面说得太雅，咱们就来点俗的。芷青一直想要一个女儿，后来也收了几个干女儿，我很小的时候看见过一两个，常常来向芷青请教针线。这样的女孩子收她十来个，打扮得花红水绿之后又开始帮她们找婆家，一个个拿出嫁妆体体面面地嫁出去，又等着她们一个个哭着回来诉说在婆家受的委屈欺负。芷青喜欢的女孩都温顺厚道，受丈夫婆婆欺负那简直是一定的。干妈妈当然要为她们做主，安抚女儿，教训女婿，在高级餐馆摆鸿门宴，请亲家吃饭开谈判，忙个不亦乐乎。有十个干女儿的话搞不好每个礼拜都有事情发生，日子岂不热闹?

生点子小病就有一大堆干女儿围着哭哭啼啼，小题大做。中国是个敬老的民族，几千年的文化为我们留下了数不清的如何过有尊严的甚至跋扈的老年生活的方法，简直不需要任何的想象力、创造力就可以过一个热热闹闹的晚年。可惜芷青没有想到这些，她身边的人也没有为她想到，错过了一个退一步海阔天空的晚年，真让人扼腕痛惜。

4

说到身边的人，我认为当时最能为芷青打破迷思困局的应该是她的婆婆刘姓太太。古话说“春秋责备贤者” 是有道理的，只有智慧能力都足够的贤者才有可能改写历史，他们可以做而没有做或者做错了才值得检讨责备，以为后人鉴。

当时芷青周围的人能够为她着想，站在她的立场上开导她，有能力帮她解决问题的人不多。周大姑成事不足、败事有余，周小姑不是那种一言兴邦、一言丧邦的人，再加上她当时孩子多，丈夫又去世了，自己要挂心的事也不少。路易和雅可都是男孩，年纪也小，没有可能理解和掌控这么复杂的事。

唯一有可能的只有刘姓太太，她深晓人情世故，语言能力也很强，加上立波、林兰、芷青都多少要听她的，最有可能是由她来安抚芷青、打破困局了。芷青本性厚道懂道理，安抚她应该不是难事。

可惜的是刘姓太太这时相当的沉默，没有出来替芷青做主。中国社会敬老有它的道理，有智慧阅历决断的老人也真的是家中的一宝。比方我读《红楼梦》读到今天，欣赏薛宝钗，喜欢贾宝玉，真正称得上是我偶像的还是贾家的老祖宗贾母。

贾母平时说说笑笑身心愉快，大小事情都交给中层干部王夫人她们打理，有什么小小的不同看法如对贾宝玉身边人是选袭人还是晴雯之类的，也基本保留，交给王夫人做主，放权放得够彻底。但一旦事情弄得不可开交到了她的手里时，她决断明快、赏罚分明，一看就是个能够处理大事的总裁级人物。

得力干部鸳鸯遇到困境，她旗帜鲜明为其做主；另一得力干部凤姐的委屈她也看得很清楚，能够及时安抚。事情一旦处理完毕，她马上恢复谈笑风生，从来不反复讨论、翻来覆去，是个很懂生活艺术的老人家，有威严又很容易侍候的大老板，值得晚辈们爱戴孝敬，也值得部下如凤姐鸳鸯她们全心效力。

我的太祖母刘姓太太精明干练、灵气过人、言语有趣，据说非常疼爱我，我也很欣赏喜欢她。但当芷青这个侍候了她半辈子的苦命儿媳妇陷入困境，自己也钻进牛角尖出不来的时候，她没有运用自己的智慧、影响力帮她一把，只能算作我的半个偶像。

刘姓太太在北方才女林兰当主妇的家庭过不惯，在北京住了不久就回长沙了。当时长沙有位著名的唐姓企业家屋里房子宽大，邀请几位德高望重谈得来的人住到他家去，其中就包括姚法官芷青，那房子在当时长沙是数一数二的好。

周大姑找到芷青说：妈妈一辈子最喜欢住好房子了，你现在住的地方很好，腾出来给妈妈住吧。老实的芷青果然就同意了，准备腾房子。刘姓太太脑子还是比周大姑清楚些，自己的儿子要跟媳妇离婚，还要媳妇腾房子给自己住实在说不过去，坚决不肯让芷青腾房子，也不再好意思去跟芷

精明能干又不失柔情的姚法官处理起自己的婚姻事来大失章法，和立波的婚姻当断不断，和并没有为她的个人幸福多作考虑的婆家人过往密切，断了自己开展新生活的路。芷青（下左二）和婆婆、周大姑、周小姑以及大、小姑的孩子们合影。

青同住，就由儿子每个月拿出八十块钱来为她另立门户，再让周小姑一家伴着她住。但她老了还是习惯于芷青的侍候，时不时地找借口让芷青过去看她，帮她做这做那，芷青有怨气也无可奈何。这些都是我小时候在芷青的日记中看到的，到今天想起来都不舒服。

我在朋友中比起来算是中国味很重的，对西方的文化习俗并不都认同，但是有一条我是很赞同的，就是权力和责任要挂钩，名不副实是要不得的。比方工作，不管什么职位都要把范围划清楚，在自己职权范围内的工作一定要做好，之外的就是别人的责任田了。灰色地带当然大家要分担，但也要有来有往才是长法，不能事事处处都是一个方面吃亏。

婚姻也是一样的，婚姻最好是感情的结合，但是共同建立家庭生儿育女以后生发出了许多责任要共同承担。有感情的婚姻有时候责任谈得太清楚也许会伤感情，能者多劳没啥好计较的。感情消失了那就应该讲理性了，权利和义务一定要分得清楚，所谓公平公正之后才会有平和。

有婚姻关系时婆家人是法理上的亲人，看在配偶的份上不管喜欢不喜欢、愿意不愿意都要礼尚往来，互相尊重。婚姻不存在了，如果姻亲们真的互相喜欢爱护对方也可以继续交往，但正式的婚姻顾问和我这个没有牌照的婚姻顾问都会建议姻亲关系应该随着婚姻的消失而慢慢隐去，这样才有助于受伤的一方尽快从伤痛中走出来，开展新生活。

可惜我不是芷青的婚姻顾问，回望过往，只能无奈地看着她带着浓郁的悲剧色彩走完她的后半生。

第四十章
金色年华

1

我上班时对面坐了个南美太太，她高大壮实，做事扎实，脾气不拐弯。我谈得来的女友多半都是机灵、漂亮、言语玲珑有趣的人，南美太太不怎么对我的胃口。但毕竟我们坐在一起有几年了，早一句晚一句地每天都聊一聊，对她的生活我还是了解的。

闲聊中我知道南美太太是个有福气的人，一儿一女都很优秀，经济状况也好。南美太太的房子早就付清了贷款，她甚至已经度过了七年的退休生活，因为太无聊，又找了一个工作来打发时间。这也难怪她谁的账也不买，不合意的人和事一句话就顶回去了，懒得费神周旋。

南美太太最大的福气是她的老公巴布，在她的口中巴布先生是个十全十美的丈夫。我也是个常常把丈夫挂在口中夸的人，但是我的丈夫比起巴布先生那就差了一截了。

巴布是个白人，在硅谷一家小有名气的公司当中层干部，公司上市时发过一笔不大不小的财，下半辈子不必再为钱的事操心了。他知情识趣嘴巴甜，心灵手巧会做手工，还做得一手好菜。他爱好运动，和儿女的关系好，每周都带着孩子们去爬山。特别是据南美太太说，他个子适中、不胖不瘦、相貌英俊、衣着整洁、不乱扔东西，有良好的卫生习惯，积极主动做家务如倒垃圾等，叫人好不羡慕。

谁知有一天我们聊天时提到丈夫，南美太太不紧不慢地告诉我，她已经和巴布离婚多时了。这真让我大吃一惊，虽说美国人讲究隐私，但我和南美太太也算是无话不谈，再说二十多年的夫妻要离婚应该比断一条手臂还要痛，我坐在旁边可没有看出南美太太有什么不正常。难道她没有经历任何不安、哭泣、失眠等？她又是为什么要和那十全十美的丈夫巴布离婚的？我不由得心惊肉跳，慌忙坐下来细问缘由，南美太太也不瞒我，一五一十地说给我听。

话说有一天南美太太在家发现了丈夫巴布也许有外遇，她立刻打电话给正在上班的巴布查证，直截了当地问他外遇之事是不是真的。巴布在电话里坦白承认自己已有外遇多年，但强调他还是多么爱自己的家。南美太太没有多听巴布的解释，再次确认丈夫真的有外遇后就挂了电话。

南美太太当时就开始整理巴布的东西，把所有巴布的个人物品都装在黑色的特大号垃圾袋里，在车库门外摆了一排。她要求女儿打电话告诉爸爸：下班后把东西拿走，但不必进家门也不必找她说话。南美太太宣称自己的律师会与巴布联系，夫妻间的直接对话就此打住，巴布就这么被赶出了家门。

南美太太说到做到，在之后的几个月里真的没有和巴布说过话见过面，直到离婚签字的那一天。她说就算是那一天她也很不愿意再看巴布一眼，是半侧着身子低着头签的字，对巴布的背叛从心理上和生理上都厌恶到了极点。

他们的家产被一分为二，南美太太仍然住在他们的房子里，但按市值把巴布的一半拿了出来，因此房子又需要开始还贷款了，他们无忧无虑的晚年生活泡了汤，南美太太的工作自此从消遣变成了必需。两个孩子一个已经有了自己的公司，一个是高中生，都责备爸爸，选择跟妈妈在一起。

当小公司老板的儿子非常体贴地搬回家住，并在经济上支援妈妈。还在念高中的女儿一向跟爸爸亲近，经不起这生活感情的大变化，原本很好的成绩一落千丈，失去了上大学的机会，如今在哥哥的公司打工，性情也变得古怪了。

最倒霉的还是巴布先生，他不知脑袋里想的是什么而一直和太太之外的另一个女人保持亲密关系，如今东窗事发，一夜之间失去了家庭。没精打采之下他离开了工作多年的公司，带着他那几垃圾袋的个人物品准备离开伤心地，暂时搬到另一个城市去疗伤。谁知精神恍惚时出了车祸断了腿，卖房子分的钱放到股票里又遇到股灾大大地缩了水，真是屋漏偏逢连夜雨，人生完全乱了套。

那天我和南美太太谈了好久，临走时她不无刻薄地加了一句：“我虽然又胖又老不漂亮，但巴布的情人比我还胖还老更不漂亮，是个有好几个孩子的寡妇呢。”可怜的巴布，真不知说你什么才好啊！

2

那天整个晚上我都在为南美太太的事担忧，觉得巴布怎么说也是个犯过错误的好丈夫，这好好的一对夫妻、幸福的一家人不能就这么毁了。第二天一大早见到南美太太我也顾不得在美国一般不能对别人的家事意见多多的习俗，劈头就说：“要不你让巴布回家吧。”

南美太太说，巴布如今也经常央求她让他回家，她女儿也一直为父亲求情。南美太太坚持这么做完全是为了自己，她认为自己做不到原谅丈夫的背叛，让巴布回家再过夫妻生活对她来说感情上太为难。南美太太告诉我她其实也经历过不安、哭泣、失眠等心情动荡，为此她找自己的老板谈过，告诉老板她正经历婚变，可能要常常请假什么的。老板很体贴地答应尽量照顾她。

南美太太还告诉我，她在婚姻顾问的建议下一直在参加离婚人员心理重建班，在那里交了不少的朋友后，她越发庆幸自己处理得当，快刀斩乱麻的处置还真的是把伤害降到最低的最明智的选择。她说重建班的同学有很多一开始选择克制、原谅，反反复复多年最后还是要走上离婚路，有些遭到背叛的人自艾自怨，伤心又伤身，得了心理病或癌症，比背叛者受的惩罚还大。

南美太太的结论是：“最起码我现在比巴布站得更稳些，我受到伤害，他受到惩罚，我心里较为平安。” 我这个亚洲人以为背叛是很多男人都会犯的错，受到感情伤害是女人的专利。据南美太太报告倒也不是这样的，她重建班的同学男女分配还蛮均匀的，真让我长了见识。南美太太是个实事求是的人，以后还是多次提到巴布的种种好处，我每一听到就笑说：“要不你让巴布回家吧。”南美太太微笑摇头，不再多作解释，看来恢复得还不错。

我到现在还是有几分同情巴布，但非常佩服南美太太。看起来不起眼的她还真的是个强者，这么尊重自己的感情，不肯将就。尤其是处理危机的方式果断干净不反复，不是一般人能做到的，可怜的巴布算是踢到铁板了。当年的芷青要有南美太太一半的能保护自己就好了。

3

20世纪五十年代的新中国成立初期，是我书中主角们的金色年华。当时周扬、周立波四十刚出头风华正茂，他们二十多岁时立下的民族独立、自由解放的宏愿一一实现，他们信仰的主义取得了统治整个中国的权力，他们个人的事业如日中天。如此际遇，古今中外能有几人？在他们的前面有可以预见的更灿烂辉煌的人生盛宴。

他们当时一个担任文化部副部长加中宣部副部长，大权在握，领导中国文化艺术界；一个是当时中国最顶尖、最有影响力的作家之一。学贯中西的他们应该还有机会、能力为古老而困难多多的中国及中华文明带来一些正面的影响和变化。

林兰和苏灵扬都还只有三十多岁，林兰优雅有才气，苏灵扬干练有活力，都是非常出色的女性。她们虽然在处理爱情家庭问题上面都有天之骄子的霸气、旧中国文明的阴暗，但随着年岁的增长，聪敏有慧根的她们会不会

五十年代初的立波是他最当红的时候，但那个时期他的相片总是面带忧思，心事重重，和他六十多岁刚从监狱出来时一脸的老顽童似的满不在乎大不相同，还真的不知道是哪个时期让他更能感受到幸福。

很难看出来立波当时正是最春风得意的时候。我一直认为天赋才华、功勋财富都会伴着对个人家庭社会的责任而来，这责任有时搞不好会压得人透不过气来。现在看来这想法是从祖父立波那里来的。

五十年代初富态、开朗的芷青，生活不应该在这时就止步。

生发出女性宽容慈爱的光辉，以敢于打破传统的新女性的姿态走出优美的人生路呢？

芷青的人生际遇比上面四位差了很多，但她也还只有四十岁出头，正处在一个女人的盛夏。她的两个儿子已经长大成人，责任已了，她本人能干又肯干。在这全新的时代里，她的未来并非完全不可为，也有很多的可能性。

他们这些人的后半生会有些什么样的故事发生？我要不要接着讲下去？我三思而后不行，决定暂时停下。自私的我想到写这本书时经历的感情冲击，对深入他们后半辈子的人生，了解他们的心路历程，探讨那个时代的成败得失还真的觉得太沉重。

虽然我的金主丈夫、咖啡提供者强烈要求我写到周扬去世为止。他忘不了20世纪八十年代站在清华校园里和一大群默默无语的清华同学一起阅读贴在墙上的周扬关于异化的长篇文章给年轻的他带来的心灵震撼。虽然我的父亲也强烈要求我继续写下去，他忘不了立波晚年对他提到的“文革”遭遇时说的“我受尽了人间的侮辱”！只有我母亲不催我，敏感的她写下的回忆文字也只写到“文革”初年就停止了。

我决定暂时或者永远地把这沉重放在一边。一向喜欢看故事、听故事、讲故事的我急不可耐地想要在轻巧、活泼、机智的故事里荡漾，来恢复我身心的愉悦。

和我的祖父立波不同，我是一个没有什么大志、一心追求平淡幸福生活的人，似乎也有心想事成的福气。王小波称我们这些人是沉默的大多数，我则认为自己是平凡的大多数没错，但并不沉默。而且信奉中国的一句老话，不说没关系，只要说那就要知无不言、言无不尽。但大声地呐喊倒也不是我的风格，因为我之所言不过是个人所知所感，当然我觉得言之有趣或有理才会说，但听的人要是有不同的看法想法那也很正常。

这书里写的人和事让我笑，让我哭，带给我豪迈的激情，也带给我沉甸甸不好过的心情，有时甚至让我烦闷得想大发脾气。虽说是前事不忘后事之师，但在我写下来的时候倒是希望不要把这些沉重带给看书的你，就像我祖父立波在诗中所写的，让人间事都付与流风吧。

2008 年 7 月 15 日初稿于加州 San Jose

2009 年 1 月 21 日改于加州 San Jose

2014 年 9 月再版修改于加州 San Jose

后 记

我是一个在美国生活了差不多二十年，又在世界一流的大公司工作了十来年的中年妇女。工作多年得心应手，一个女儿乖巧听话，高中都快毕业了。夫妻感情和睦，生活堪称美满。由于个性随和，交友广泛，业余生活也颇热闹。

每年两次的度假必有一次到亚洲不同的地区旅游并最后回到中国老家。让女儿认同自己的亚裔背景以及解我思乡之情是这一次次旅行的主要目的。我也常常对在中国的朋友戏称：我对母国的唯一贡献便是消费在中国。

像流水一样平淡的生活起了波澜，2006 年的春天，我的工作发生了一些危机。我处理危机的方式让周围的人和我自己大吃一惊，很不符合在美国大公司少数族裔女性员工的行为模式，神勇鲁莽到不像平时的我。

一天中午我和同公司的女友吃饭，告诉她我在上午季度汇报时的表现，自夸道："想不到能在这样的压力下表现出勇气，第一次感觉到祖父的血在我的身上流。" 说完这话我自己也很吃惊，为什么会提到祖父呢？朋友并不知道我的祖父是谁。

祖父周立波过世已近三十年，如今的年轻人没有多少人知道他，连我自己也很少想起他及他那一代的其他长辈们，我们毕竟生活在完全不同的社会环境中。曾带女儿去过祖父在益阳老家的纪念馆，瞻仰过在益阳回龙山上的祖父的雕像，但是很少对女儿说起祖父的事情。在美国生长的女儿只知道她的曾外祖父很会写文章，以前是中国极负盛名的作家。她有时也会奇怪为什么她的数学好而写作吃力，遗憾文学的遗传因子没有传给她。

春天事件后我休了十八年第一次的长假回到中国，第一次有时间帮忙处理家族遗留下来的问题，对祖辈的生活有了更多的了解，也回忆起了好多我小时已知的故事。

以我中年的阅历回望祖辈们的青年时代，不由得我对他们年轻时的勇气感佩，为他们的精彩生活喝彩，对他们，特别是女性长辈们的不幸命运扼腕痛惜，对他们所处的时代起了研究之心。盖棺论定三十年，他们的观点、行为有很多不被现在的时代认同之处，但他们对生活的真诚仍然深深地感动了我。他们年轻时真诚地寻找理想，拼命地为理想而奋斗，历经艰辛取得辉煌的成就，也经历悲伤失望，他们中有些人到了晚年还能不惜否定自己，反思个人和事业的成败得失，让我敬佩感动不已，让我不由得跟着他们的思绪走过漫长的历史，让我兴起了解并写下这段历史的冲动。

十几年的商场生活养成了我计算投资报酬率的习惯，花时间写这样一本书怎么算也是风险太大。中文二十年不写已经很生疏了，文法恐怕都不大通了。第一天打字，辛苦了四个小时才打了两百多字，实在叫人沮丧。

从小就是乖宝宝，努力在各种环境中做到最好而且得到不错回报的我，第一次服从自己的冲动，任性地做起了想做的事，写下了这本书。虽然困难重重，但也为我带来了享受，让我感受到了思辨的乐趣、写作的欢愉。按理我不应该对祖辈的生活妄加评点，但既然任性就任性到底，也就不时地加上我对祖辈生活的感想、评点。

按说写这本书的目的是为自己多过写给别人看，但人都有表达的欲望也希望得到认同。既然发表了，就希望有人会喜欢它，有人或许能从几十年前的生活中得到启发。更多的希望是我讲的故事有人爱听，我的文字能带给人阅读的快感和享受。

我的祖辈非常勇敢，他们真诚地思索、生活，一点也不知道几十年后的今天有我这么一个孙子辈在仔细地审视他们生活中的成败得失。我不算是个勇敢的人，是他们的勇气带我走过了他们不平凡的一生。

这本小书的完成有它的必然性也有它的偶然性，必然性是我是个爱讲故事的人，也有写日记的习惯，到了老年无所事事的时候多半会拿起笔来记录些陈年老事消磨时光。

偶然性是我还没有到老年，必须做能够做的事情都不少，写作的冲动这时跑出来实在是有点不是时候，冲动能够冒出头来并坚持下去要感谢的人很多。

舅舅徐叔华和表弟徐瑛都是剧作家，和他们一次偶然的谈话引起了我第一次的写作冲动，和徐瑛后来的几次深谈让我在保留多年习惯的理性思维之外也自由地带出了自己感性的一面。弟弟周牧之是我一辈子的当然反对派，我们不见时想念，见面就起争执的习惯吓坏了弟妹也让不少的朋友吃惊，他第一次读这本书稿时就哭肿了眼睛，第二次看时一夜打了十来个电话谈感想的强烈反应让我有通过了最严厉的批评家检验的成就感。

父亲受我的诱惑一步一步放开心怀，把内心最隐秘的感情毫无保留地坦露出来。对艾若伯伯我不敢像对父亲一样逼迫，但他老人家一开始就知无不言，言无不尽，没有包袱，让我们相谈甚欢。顾骧叔叔对我关爱有加，一见如故。如果有机会和温文尔雅的顾骧叔叔对谈，深入探讨我们对中国对世界、对文化对世俗、对家庭对男女的相同或不同的看法，一定是很愉快和有意思的事情。

母亲大人是文学家的儿媳妇和老婆，受文学和文学家所累不轻。近年来虽然对我本人的生活态度和状态满意，但对我人到中年想起一出是一出、忽然写起文章来似乎不以为然，只是出于对已成年子女的尊重没有说出来，但是她几十年来包括“文革”中对家中老相片的精心整理是这本小书的精华所在。三年来和他们二老就这本书和下一步写作计划的不断交谈似乎让母亲改变了对写作的态度，她年轻时对文学的热情也时时在和我的交谈中闪现，她甚至开始催促我说：“要写就要快一点。”

感谢所有给我的文章提过各种建议和意见的朋友们、专家们。你们所有的意见我都认真思考过了，你们对这本小书的关爱让它有了长足的提高。

有些地方也许没有照你们的意思改动，但对我今后的文字会有或多或少的影响。

感谢我在美国的、全部是技术或商业背景的朋友们对我写作的没有保留的支持，你们一口气把我的书看完连厕所也不上的夸张劲头是我写作的动力。在我有生之年一定要把你们生命中的悲欢离合、执着追求、思绪感悟用文字记录下来，作为和你们共度美好人生的回报。

感谢我在中国的，多半是文学艺术工作者的朋友们对我写作有意或无意的鼓励和支持。多年来你们对我的明示暗示，让我不知不觉间把书写放进了人生要做的事情中去，慢慢地有了些安排计划。

感谢好友黄克俭、感谢好友刘武，没有已经忙得不可开交的你们的热心和行动力，这些文字也许还在我的电脑里睡觉，最多也只会在朋友的小圈子里辗转流传。感谢前辈舒章先生，你的帮助和老外交家细腻的工作作风是我学习的榜样。

感谢女儿自告奋勇地要把我的书翻译成英文，有艺术和数学天分而很不喜欢写文章的你口气大大地计划只用一个月，每天工作两个小时的时间来把我写了两年之久的文字翻译成英文，让我啼笑皆非。转念一想，我把老爸老妈和他们那一辈人翻来覆去想了一辈子，写不了说不出的故事轻易写下来，何尝不引起他们复杂的思绪？到头来他们还是不遗余力地支持了我。既然不知天高地厚的女儿有了这个心，我就陪她一个月试试，看到底这小丫头能走多远？

感谢老公听了我一辈子的故事，在没有任何比较的情况下认定我是个会讲故事的人，还诬蔑我除了故事说得好以外其他的本事都属一般，把我几十年打理家庭的功劳苦劳一笔抹煞。但你对我写作的过程和结果都不闻不问，偶尔有点意见要是不想听取的话也能很轻易地搪塞，这种优质金主的好态度希望你一直保持。

感谢团结出版社和团结出版社梁光玉社长对这本书两年来的关注，等待我这个杂务缠身又慢吞吞的业余写手完成书写。虽然不是很愿意，梁社长后来还是同意我暂时只写到五十年代的做法。作为第一次书写的人，实在是非常荣幸能够和这样的出版社和出版人合作。

感谢这本小书未来的读者，从现在开始这本书就属于你们了，你们的阅读将会带给它新的生命。

周仰之

2009 年 11 月 10 日